Il cibo racconta Napoli
L'alimentazione dei napoletani attraverso i secoli fino ad oggi
Yvonne Carbonaro

Prima edizione
2017
SERIE ORO
Ideazione e coordinamento
Anita Curci

Collana
Storia

Edito da
Kairós Edizioni
via Bisignano, 11 - 80121 Napoli
kairosedizioni@virgilio.it
www.kairosedizioni.it

Presidente
Giovanni Musella
giomusella@libero.it

Direttore editoriale
Anita Curci

Redattore editoriale
Maria Rosaria Iaderosa
mr.iaderosa@yahoo.it

Copertina
Emanuele Musella
emanuele.musella.kairos@gmail.com

Ricerca iconografica e fotografie
Yvonne Carbonaro

Ristampa aprile 2018

ISBN
978-88-99114-73-2

Yvonne Carbonaro

IL CIBO RACCONTA NAPOLI

L'alimentazione dei napoletani attraverso i secoli fino ad oggi

kairós
edizioni
SERIE ORO

A coloro che conoscono questa città
e a quanti dovrebbero conoscerla

CIBO, CULTURA, VIAGGIO: NAPOLI IMAGO MUNDI

Un originale, appassionante, nutriente viaggio nella storia di Napoli attraverso una chiave di lettura che consente di coniugare le discipline più diverse ed un'ampia, affascinante visione d'insieme.

Più che una storia un'antropologia; una filosofia della vita, perfino, che, nella preparazione e nella consumazione dei cibi, ha modo di mostrare i caratteri costitutivi della città di Napoli e la sedimentazione di stili di vita scaturiti da aspri conflitti sociali e da contese cruente o raffinate per le egemonie culturali, ma anche dal gusto di élites o dalla immaginazione creativa popolare.

Dalla lotta per il cibo e la sopravvivenza è riemerso nell'epoca moderna il cannibalismo non come ritorno di un'ancestrale ed animalesca ferinità ma come strumento di odio e vendetta. Come cultura. Ma dal rapporto con il cibo sono altresì scaturite grazia, poesia, socialità.

In questo libro ve ne è il racconto denso e leggero. Rotture ed innovazioni storiche vengono narrate con tocco di scrittura lieve ma senza mai sfumare o edulcorare la consapevolezza di mutamenti a volte drastici, che la lotta per il cibo implica, e di come si integri con l'acquisizione ed il mantenimento del potere, i riti di dominanza che ne discendono, l'esibizione del cibo come simbolo di status sociale.

Il cibo è snodo cruciale di saperi e tecniche ed anche della loro democratizzazione. Il cibo nasce dalla natura-physis ed attraverso la umana cultura porta al divino. È l'ascesa (ascesi) che compiamo leggendo il Simposio. Uno dei libri più belli ed importanti della storia della umana civilizzazione ed al cui centro vi è il dibattito su Amore. Eros demone mediatore tra umano e divino. Così avrebbe titolato un suo memorabile saggio critico su Platone e il Simposio, Giovanni Reale, uno dei grandi filosofi e storici della Filosofia che ha annoverato il nostro Paese.

Il cibo come si può vedere porta lontano. Partendo da Napoli ancora di più, e come da nessun altro luogo al mondo.

Mangiare a Napoli è quindi il gesto meno abitudinario ed irriflesso che possa compiersi.

Il libro di Yvonne Carbonaro ci guida, nell'apprenderlo e compierlo, con penetrante delicatezza. Ci fornisce una consapevolezza nuova che mente e corpo vanno nutriti insieme.

A Napoli il cibo vuol dire in primo luogo questo. In questo luogo dove è stato declinato il diritto alla felicità come diritto universale dal grande Filangieri, dove nessuno pensa che si possa essere felici in solitudine, il buon cibo è tale solo in compagnia.

Il buon cibo richiede di nuovo una rivoluzione. Una grande e pacifica rivoluzione ambientalista.

La lotta per il cibo è oggi una lotta contro il cibo. Contro le multinazionali che piegano la scienza allo scempio della natura e della vita, che "alimentano" nuove e distruttive patologie dagli altissimi costi economici e sociali.

Il libro di Yvonne Carbonaro ci indica la strada di un'antica sapienza e di una contemporanea saggezza per usare la leva del cibo per ridare un senso nuovo e possibile alla parola futuro.

Il futuro è nella prossimità.

Nino Daniele
Assessore alla Cultura e al Turismo
del Comune di Napoli

PREFAZIONE
di Manlio Santanelli

La tenna è posta pe' fa' la cena,
e quanno stace la panza chiena
non c'è la minema melanconia.
Santa Lucia, Santa Lucia!
Canzone dell' 800

Trunc, frap, strec, crub, raaz, crich, zurp, gritz, mmmm, brip, mrou, strai, gosp, sturz, nsob, creech, bbbb, pfoz, trim, strev, crist, zzzz, mangh, tlix, quap, sprut, iiii, ratz, nzurt...Niente paura, non sono i sinistri scricchiolii da imputare ad una scossa di terremoto, né le altrettanto sinistre sonorità tipiche di una valanga che tutto travolge nel suo precipitare a valle; essi, meno minacciosi, provengono dalle mascelle di un napoletano che intende aver ragione della adamantina durezza di un *roccocò*, o quantomeno scalfire la sua compattezza per poterlo gustare in frammenti.

Perché, poi, proprio i napoletani, così accomodanti e comprensivi abbiano partorito il prototipo di un dolce tanto 'intrattabile', è mistero di fede che, in ultima analisi, richiederebbe l'intervento ermeneutico di chi è in stretta confidenza con l'antropologia culturale.

Noi, per chiudere la questione appena aperta, avanziamo un'ipotesi che ha un piede nel fantastico (sempre ammessa l'esistenza di ipotesi dotate di piedi). Per noi il roccocò può ben essere metafora dell'amore nella sua forma più ardua da vincere e convincere.

Di conseguenza, la donna che resiste alle pressioni dell'innamorato è tosta come un roccocò.

Ci supporta in questa fantasia la villanella che viene riportata da Yvonne Carbonaro, e che inizia con i due versi *Fatte molla e no cchiù dura / mo ca si' formosa e bella*... La villanella fa riferimento al frutto del fico, ma l'intento del poeta è lo stesso. Ciò premesso, e chiedendo venia della nostra insopprimibile prolissità, a questo punto possiamo dedicarci alla prefazione del libro *Il cibo racconta Napoli*. A proposito del quale ci torna gradito segnalare che, come Edmondo Dantès ne *Il Conte di Montecristo* detto libro 'torna ricco e spietato'.

È ovvio che questo ritorno è soltanto simbolico, essendo il libro in esame assolutamente originale. Ma con il citare Dumas intendiamo dire che l'autrice, con la sua straripante dovizia di informazioni e di nozioni storiche, oblativa e senza riserve, nel restituire alla nostra conoscenza un patrimonio culturale che spesso sorvoliamo senza il gusto dell'approfondimento, 'torna ricca e spietata'.

A tal proposito, non è un mistero che il cibo e l'alimentazione hanno condizionato sin dall'alba dei tempi la vita della specie umana, che grazie ad essi passò dalla fase migratoria a quella stanziale.

La pastorizia e la successiva coltivazione dei campi, infatti, nacquero dalla stanchezza delle popolazioni di andare errabonde all'inseguimento di prodotti commestibili là dove crescevano spontanei, e bastava allungare una mano per impossessarsene. La qual cosa ci induce a ritenere che il primo vizio dell'uomo sia stato la pigrizia (e forse in molti di noi continua ad esserlo).

Ma durante la lettura di questo prezioso testo, che pure ha per tema il cibo, siamo di continuo preda della suggestione che producono le pagine di un romanzo, per l'esattezza di un romanzo storico; perché se il cibo è il suo protagonista esplicito e apodittico, il contesto nel quale viene preso in considerazione ne risulta il contraltare continuo e altrettanto essenziale.

Accade dunque che leggiamo un libro di cucina, e alla fine ci rendiamo conto di aver letto anche un libro di storia, non soltanto napoletana. Seguire l'evoluzione dell'alimentazione attraverso i secoli diviene così un fascinoso viaggio nell'uomo dalle origini fino ai nostri giorni. Con la sua scrittura sempre garbata e precisa l'autrice ci colloca su una sorta di tappeto volante, e dall'alto di esso fa scorrere sotto i nostri occhi quello che siamo stati ieri; il che ci consente di comprendere meglio quello che siamo oggi, e forse anche quello che saremo domani.

Uno dei capitoli del libro più interessanti è senza dubbio quello relativo alle origini, alla Grecia e a Roma, anche perché di quel periodo se ne sa poco, molto poco.

Ma l'autrice vi entra decisa restituendoci un ritratto velato ma fedele dei costumi non solo gastronomici di quelle società, e ciò grazie alla archeologia, alla filologia e all'etimologia, che ella manovra con una disinvoltura sempre ariosamente professionale e mai pedantemente accademica.

La cena di Trimalcione, con la sua 'venerazione' dell'eccesso, che costituisce un esempio di esasperato barocco ante litteram, in virtù di un'invisibile macchina del tempo ci immette di colpo in uno dei noti festini che oggi si vantano di organizzare certi pezzi grossi della malavita napoletana in occasione di nozze, cresime e battesimi.

Una considerazione a parte meritano quelle annotazioni che l'autrice fornisce qua e là, affidandole all'attenzione dei lettori più occhiuti. Intendiamo riferirci all'altalenare dell'economia, che a seconda della prosperità o meno dei tempi passa dalla compravendita vera e propria, vale a dire l'acquisto di merci dietro pagamento in danaro, al baratto, mezzo di scambio più arcaico, che utilizza i generi alimentari come moneta sonante.

Un autentico tuffo al cuore ce lo procura la lettura di quell'annotazione secondo la quale l'arancia in greco viene indicata con il termine *portukàle*, e in molte altre lingue europee con termini molto simili.

È il nostro *portuallo*, non si scappa!

Parimenti, sentiamo il dovere di indirizzare un devoto pensiero a quello che chiameremo 'l'assaggiatore ignoto' – ruolo molto poco ambito – il quale come l'omologo milite, meriterebbe un monumento con l'ufficio di preservarne la memoria dalle mortificazioni del tempo. E per assaggiatore l'autrice intende tirare in campo quel personaggio addetto a "L'Oficio de Boca", che presso la corte aragonese (come del resto anche presso altre corti) era obbligato ad assaggiare i cibi – prima che fossero portati sulla tavola reale – onde scongiurare con il proprio avvelenamento quello destinato al sovrano o signore, del quale era alle dipendenze.

E un altro tuffo al cuore mi viene procurato dalla parola 'volante', inserita dall'autrice in un elenco del numeroso personale al servizio dei grandi signori. E con la velocità della luce mi torna a mente una particolare figura di servo incontrata in altri libri di storia del costume dei secoli scorsi: il volante, o volantello, se giovane.

Costui aveva, tra l'altro, il delicatissimo compito di precedere di corsa la carrozza del suo padrone, fendendo la folla a voce e a gomitate, perché si facesse da parte, e permettesse il passaggio della blasonata vettura.

Allo scopo di fornire un esempio della piacevolezza offerta dalla scrittura di Yvonne Carbonaro, riportiamo qui un passo della sua opera, riferito al libro di cucina di Ruperto (Roberto) da Nola, maestro cuoco alla corte di Re Ferdinando Primo di Aragona:

...Vi ritroviamo le pietanze, le spezie, le influenze arabe, i cibi agrodolci, le minestre, la pasta, il bianco mangiare, le preparazioni gradite al sovrano e alla corte, i piatti delle feste o della quaresima, le elaborazioni in caso di infermità del re. Per la pasta (il Ruperto) *utilizza il termine fideos, nome che nei paesi di lingua spagnola ancora indica spaghetti e vermicelli. Vengono riportate* (nel libro del Ruperto) *abitudini, usanze e curiosità, anche sul vino degli Aragonesi, il Catalanesca, ottenuto da uve che Alfonso fece importare dalla Catalogna intorno al 1450* (e piantare) *sulle pendici del Monte Somma. E soprattutto testimonia l'influenza spagnola nella cucina napoletana...*

Saldamente convinti che un solo passo del libro non renda intera giustizia alla scrittura dell'autrice, ne riportiamo un altro – estratto da una delle ultime pagine – che riguarda le paste della domenica:

Partiamo dalle "paste" di vari gusti e forme che ogni napoletano insieme al quotidiano la domenica porta a casa fragranti nel vassoio rettangolare bianco o dorato: la "guantiera". Non c'è pranzo domenicale o festa familiare senza le paste e ognuno ha la sua preferita che è ansioso di degustare al momento del dessert. Oltre al babà e alla sfogliatella riccia o frolla, sono assai richieste la Santa Rosa, la deliziosa, la zuppetta, la monachina, gli sciù, i cannoli con la ricotta e tante altre.

Qui la Carbonaro si fa magica evocatrice di un vero e proprio rito che, mentre ci precipita nei tempi della nostra prima famiglia, così ci stimola ad augurarci che quelle domeniche continuino ad essere degnamente onorate grazie alle rituali paste, ostie laiche per una comunione tra consanguinei.

Ma la scrittura di Yvonne, già di per sé evocatrice di aromi e sapori quanto si richiede ad un libro di cucina, si fa appassionata e nobilmente partecipe quando racconta la fame e l'indigenza del popolo napoletano sotto la dominazione spagnola, e per esprimere tutto il suo sdegno ideologico non si perita di montare sulla canzone popolare *In galera li panettieri* recuperata e portata al successo dalla *Nuova Compagnia di Canto Popolare*.

Inoltre non va omesso un ulteriore pregio del libro in esame, che potrà riuscire segnatamente gradito ai cultori come ai semplici appassionati della lingua napoletana.

Attraverso le continue citazioni di testi inerenti all'arte della cucina e alla storia del cibo in generale, costoro potranno seguire l'evolversi di una parlata che, dai primi stadi in cui è sovente debitrice di altri idiomi, va via via assumendo una sua identità letteraria tale, da permetterle di elevarsi da semplice dialetto a lingua, con tanto di letteratura che ne consacra una simile ascesa.

In limine finis, sentiamo urgere il bisogno di enucleare dal testo un cibo che a nostro avviso fa da filo rosso a tutta la narrazione: *il bianco mangiare*. Dolce dal piacevole aspetto, e dall'ancor più piacevole gusto, il bianco mangiare ci accompagna dai tempi dell'antica Grecia, in cui era chiamato *leucophagon*, fino alle mense delle nostre nonne. E se dubitiamo che le ultime generazioni sappiano di cosa si tratta, parimenti è nostra viva speranza che quella delizia venga restituita al suo antico splendore.

Le conclusioni, a qualunque genere di argomento appartengano, si presentano sempre ardue e riduttive, anche più delle loro premesse. Nell'intento di evitarne i rischi, o quantomeno di limitarli il più possibile, accediamo ad una similitudine che, senza rispondere a ragioni di comodo, a conti fatti non ci suona del tutto campata in aria.

Secondo detta similitudine, noi interpretiamo il libro di Yvonne Carbonaro come un esempio di musica da camera, e per l'esattezza come una grande sonata per due strumenti: il *cibo e la storia*; strumenti che si incontrano, si combinano, si provocano, si inseguono, dialogano, confliggono... Il tutto si snoda nel rispetto di una partitura indirizzata alla composizione di un manuale etnogastronomico, che al contempo non perda mai di vista il barthesiano 'piacere del testo'.

IL CIBO RACCONTA NAPOLI

INTRODUZIONE

Bello Napole mio! [...]
Dove 'n'autra Loggia,
dove alloggia lo grasso,
e s'affila lo gusto?
G. B. Basile

Il cibo racconta la storia e le leggende, gli usi e i gusti di una popolazione e la letteratura a sua volta racconta il cibo.

L'Italia, si sa, conta su una cucina ricchissima che si differenzia da luogo a luogo anche a pochi chilometri di distanza. Le ragioni di tanta esuberanza e varietà culinaria sono legate certamente alle intricate vicende storiche che hanno visto per secoli la suddivisione di territori, città, borghi e paesi assoggettati da dominatori diversi e rinchiusi entro rigidi confini, ma sono da attribuire anche a felici e differenti condizioni climatiche. Queste hanno favorito in ogni zona produzioni caratterizzate da biodiversità e conseguente disponibilità di ingredienti unici e inimitabili che la creatività e il buon gusto di un popolo, che ha saputo esprimersi al meglio in tutte le arti, ha esaltato, convertendo e trasformando le materie prime in arte della cucina.

Tra le cucine delle varie regioni italiane, la cucina napoletana conta su radici antichissime come antichissima è la storia delle popolazioni che hanno occupato questo luogo splendido dopo esserselo a lungo conteso. Naturalmente per cucina napoletana non si intende quanto è relativo alla sola zona urbana, giacché una grande città non può mai essere autosufficiente in merito agli approvvigionamenti, ma assorbe dall'entroterra agricolo quanto le necessita, compendiando e canonizzando anche le suggestioni culinarie provenienti dai luoghi di produzione.

Indagare sulle abitudini alimentari di coloro che abitarono il territorio di Napoli e le zone limitrofe, significa ripercorrere le stratificazioni della storia civile e politica considerando parallelamente la storia dell'agricoltura. Per tale motivo, ci si è soffermati a lungo sul periodo romano quale fondamento della nostra storia e della nostra cultura anche alimentare.

Ci si rende infatti conto, che proprio in base alla produzione agricola del territorio tanti cibi, già in uso nei tempi passati, sono oggi ancora sulle nostre tavole. Alcuni sono quasi invariati, altri con le variazioni dovute al tempo e alla trasformazione dei gusti.

Agli apporti giunti fin da epoche remote dall'Oriente, da cui è derivata la maggior parte dei prodotti adoperati al tempo dei Romani, se ne aggiunsero altri introdotti dagli Arabi di Sicilia e di Spagna.

Infine quelli che ci vennero dalle Americhe contribuirono a un notevole arricchimento della gastronomia locale, che acquisì la fortissima impronta che l'ha poi successivamente caratterizzata. Un esempio per tutti il pomodoro, per non parlare di patate, peperoni, peperoncini, ecc...

Divenuta già dal 1282 la capitale dell'unico grande Stato Nazionale della penisola, dato lo stretto e continuativo rapporto di intercambio, Napoli ha visto per secoli affluire sia dal suo fertilissimo contado, che da tutte le regioni interne e costiere del Regno, una grande quantità e varietà di prodotti di terra e di mare. Queste hanno conferito alla sua cucina una nobiltà e una ricchezza senza eguali, per esempio in epoca aragonese rispetto a quella delle varie signorie italiane, incluse le pur celebri e raffinate cucine delle corti dei Medici a Firenze o dei Gonzaga a Mantova, o in epoca borbonica a confronto con quella degli altri stati e staterelli italiani. Eppure di tutto ciò è rimasta assai scarsa memoria a livello nazionale!

L'eccellenza è determinata soprattutto dalle tante tipicità proprie di una terra così fertile che ai Romani piacque chiamare *Campania felix*, e dall'abilità di manipolazione delle stesse.

Con le ricercatissime elaborazioni create per i banchetti regali con apparati scenici mirabolanti, e le raffinate pietanze preparate dai mastri cucinieri alle corti dei grandi signori, ma anche con la capacità della gente semplice di utilizzare al meglio i prodotti dei campi, degli allevamenti o della pesca, la gastronomia napoletana ha stratificato una riserva infinita di gradevolissime sorprese.

Accarezza i sensi con sapori, profumi, colori e forme inconfondibili insieme a quelli dei vini, degli oli, dei formaggi, dei latticini, delle tante varietà di miele…

Oggi che è ormai universalmente riconosciuto che la cucina italiana è tra le migliori del mondo, che il cosiddetto "Italian food" è apprezzatissimo e ampiamente ricercato e che la "dieta mediterranea" a base di olio di oliva, pasta e vegetali è ottimale, si dimentica che olio d'oliva, pasta e vegetali sono da sempre alla base della "dieta napoletana" e che alimentazione e salute sono strettamente connessi.

Da sempre i napoletani si sono cibati di verdure, tanto che Luigi Pulci alla corte di Lorenzo il Magnifico, dove eccedevano in carni e selvaggina, li definì con disprezzo "mangiatori di foglia".

Furono chiamati poi "mangiamaccheroni", ed è innegabile che pietanze tipiche napoletane come la pasta e poi la pizza siano diventate patrimonio della cucina italiana e internazionale.

Si ricordano questi dati con il proposito di stimolare ed accelerare una revisione, fortunatamente già in atto da qualche tempo, dei fatti storici falsati da certa retorica risorgimentale che si è impegnata ad azzerare la memoria della grandezza dello Stato Meridionale riducendo gli aspetti positivi a vuota oleografia.

Per molto tempo al Nord si è continuato a chiamare con spregio "napoletani" tutti i meridionali, eppure l'intenzione dispregiativa finiva per evidenziare l'unicità di quello che era stato il Regno di Napoli, poi delle Due Sicilie, comprendente una così gran parte del paese. All'epoca, coloro che opposero resistenza alla colonizzazione piemontese furono massacrati come "briganti", il Sud fu depredato e umiliato, la capitale marginalizzata, trascurata e oscurata in tutte quelle che erano state le sue migliori espressioni di civiltà e di cultura, compresa quella gastronomica.

Anche attraverso un'indagine sul percorso dell'alimentazione si può procedere all'analisi e all'effettivo riscontro di ciò che è stato.

Dopo l'Unità d'Italia, per esempio, il ricettario di Pellegrino Artusi (nativo di Forlimpopoli ma fiorentino di adozione) si diffuse rapidamente e fu considerato il manuale principe della cucina italiana.

All'Artusi va il merito di aver dato dignità a quel "mosaico" di tradizioni regionali, di averlo per la prima volta pienamente valorizzato ai fini di una tradizione gastronomica "nazionale", hanno scritto i critici, dimenticando che alcune di quelle ricette erano già presenti nel magnifico testo del duca napoletano Ippolito Cavalcanti che però non vi è mai citato.

Proprio perché il cibo è memoria, ricordo che la mia nonna materna, che era nata alla fine dell'800 in Toscana da genitori di Volterra e si era sposata al Sud, talvolta cucinava con "il libro", cioè consultava l'Artusi di sua madre che, in una delle prime edizioni, è stato sempre presente in casa nostra. Lei univa la consuetudine dei piatti toscani a quella dei piatti campani delle sue cognate, che ricordavano a memoria le ricette di Cavalcanti. Conservo un quadernetto con le pagine molto consunte e a tratti illeggibili, in cui segnavano le dosi delle ricette e le variazioni che vi apportavano.

Il "mangiar bene", cioè il mangiare sano e con gusto, è talmente radicato nella mentalità e nelle usanze partenopee da perpetuarsi di generazione in generazione insieme alle pietanze e alle modalità di esecuzione. Nonostante l'appiattimento massificante della globalizzazione che nelle grandi città tende ad imporre "fast food" di importazione, i sapori della cucina di mammà, e la componente emotiva che ciò comporta, rimangono elementi fondanti e irrinunciabili di identità e di appartenenza. La consuetudine del pranzo familiare, inteso come momento di aggregazione e di incontro dei componenti, seppur limitato alle maggiori festività, persiste attraverso le generazioni, al di là della moda dei ristoranti etnici o l'omologazione dei giovanissimi su patatine, merendine, hamburger oppure, all'altro estremo, tendenze vegane e simili.

È un imprinting identitario a cui in un modo o nell'altro non sfuggono neanche adolescenti ribelli e esponenti delle varie forme di pensiero alternativo.

Oggi che cucinare "fa tendenza" e molti maschi si cimentano volentieri ai fornelli, il mestiere di cuoco, una volta oscuro *monzù* nelle case nobiliari, oppure affaticato lavoratore in ristoranti e trattorie, è diventato una professione alla moda. Emergono personaggi che acquisiscono celebrità e successo da star, alcuni dei quali uniscono alle competenze e raffinatezze delle scuole di formazione la robustezza di tradizioni regionali e familiari, ma si fanno spazio anche tanti sperimentatori di cucina "fusion" che amano mescolare, in associazioni talvolta improbabili, ingredienti e sapori in nome della globalizzazione.

Nel ripercorrere fin dagli inizi le caratteristiche culinarie del nostro territorio, si è cercato dunque, attraverso il filo della continuità di certe abitudini alimentari, di seguirne le tappe evolutive collegate all'evoluzione stessa della vicenda storica e dei progressi e regressi dell'agricoltura (e quindi dei prodotti disponibili). E nel considerare le inevitabili e necessarie trasformazioni nel tempo, si è cercato di individuare ciò che si è perpetuato nelle ricette di famiglia, nei ristoranti e pasticcerie che mirano a ritrovare i sapori della tradizione, così da rivelare quanto solidi siano i legami con il passato remoto.

Oltre a sottolineare quanto di identitario, come si è detto, è insito nel piacere del nostro cibo inteso come alimento del corpo e dello spirito, sensuale godimento, armonia di aromi ed equilibrio di saporosità e aspetto, un altro intento ancora è quello di recuperare l'orgoglio di appartenenza ad una civiltà talmente profonda, articolata e raffinata, da aver generato un'arte culinaria di così alta qualità.

Il presente lavoro è frutto delle ricerche storico-letterarie di chi scrive, ma anche delle sue personali esperienze culinarie e non vuol essere un ennesimo ricettario napoletano (ne esistono tantissimi, incluse pregevoli traduzioni e rielaborazioni di ricettari d'epoca insieme ad approfonditi studi) bensì un compendio, certamente non esaustivo, della storia dell'alimentazione napoletana intesa come collegamento tra le generazioni.

Non si ha la presunzione di svelare segreti o notizie inedite su un argomento che da lungo tempo è oggetto di numerose e attente indagini, ma di ricostruire il filo di rimembranze e cultura che lega i vari momenti della civiltà del mangiare. Per la ricostruzione si è fatto riferimento sia ai manuali classici, sia alle fonti letterarie, da Petronio a Basile alla Serao a Eduardo, incluse alcune canzoni napoletane, antologizzando stralci di testi scritti che offrono, tra l'altro, la possibilità di riflettere sull'evoluzione della lingua napoletana nei secoli.

Si è presa in considerazione l'iconografia e, perché no, anche le tante leggende e vicende magari create dall'immaginario popolare ma che, tramandate nel tempo, ormai accompagnano sempre certe pietanze e certi dolci rivestendoli di un'aura fantasiosa.

Tantomeno si propone come un testo scientifico, sebbene il riferimento alle fonti scritte sia rigoroso. Mira piuttosto ad essere un testo divulgativo di agevole lettura, volto a socializzare i concetti esposti con il maggior numero di persone interessate al senso della cucina intesa sia come parte integrante ed essenziale delle vicissitudini e dei gusti di un popolo, sia come esaltazione e consumo consapevole dei prodotti locali.

Ci piacerebbe infine far conoscere anche ai non napoletani aspetti meravigliosi di questo luogo e di questa gente. Aspetti non abbastanza noti perché offuscati da un'assordante e orrenda propaganda che punta, addirittura esaltando mediaticamente fatti delinquenziali, solo su quanto di negativo ha afflitto e affligge questa città che è tra le più antiche d'Europa, e che è anche tra quelle che nella storia ha attraversato le più alterne fasi di fortuna, rialzandosi ogni volta faticosamente, come sembrano indicare le sculture dei leoni di Piazza dei Martiri.

I

Gli usi alimentari a Napoli dagli Osci ai Greci ai Romani.
Le testimonianze di Pompei. De re coquinaria. La cena di Trimalcione.

I.1. Come si alimentavano Oscosanniti, Greci e Romani

Partire dalle origini ci sembra fondamentale per ricostruire il lungo percorso compiuto dalla cultura alimentare napoletana e ritrovare le radici e le ragioni di tante pietanze e consuetudini alimentari ancora oggi vive e presenti. Numerose sono le sorprese che tale viaggio nel tempo ci riserva facendoci sentire, in tante cose, incredibilmente vicini ai nostri progenitori.

Napoli e il suo territorio hanno visto in epoca preromana l'incontro delle popolazioni autoctone degli Osci, che furono nel tempo sottomessi e inglobati prima dai più potenti cugini, i Sanniti, e successivamente dai coloni greci che vennero a stabilirsi lungo le coste al fine di crearvi scali di appoggio per il commercio marittimo. Tra questi e i preesistenti abitanti delle zone litoranee vi fu certo una lunga fase di incontro e scontro di culti, civiltà e abitudini alimentari su cui incisero anche influenze etrusche[1].

Le genti italiche sannite (Osci, Irpini, Ausoni) che abitavano le zone interne della Campania, dal Sannio all'Irpinia dal Casertano al territorio salernitano, vivevano in maniera frugale, erano dedite all'a-

1 I Greci fondano Cuma e successivamente, intorno al 470, *Neapolis* (seconda fondazione dopo la precedente Partenope, detta poi *Palepolis*, di tre secoli prima). In quello stesso periodo gli Etruschi, espandendosi verso il sud si erano insediati a Capua, per essere poi sconfitti nel 474 nelle acque di Cuma dai Greci di Siracusa finché nel 423 i Sanniti occupano Capua.

gricoltura e alla pastorizia. Si nutrivano dei prodotti della terra: **legumi, frutta, castagne, pane di farro non lievitato**. La loro bevanda era l'acqua mulsa o **idromele** cioè una mistura di miele e acqua fermentata con frutti. Oltre a consumare **carni ovine**, **suine e cacciagione**, producevano **formaggi** (*caseus* da cui: *'o ccaso* in napoletano, *'u caso* nel Beneventano) sia di pecora e capra che di mucca[2].

L'allevamento, che si concentrava per lo più nella fascia appenninica ai confini con il Molise e con la Puglia, costituì per secoli una primaria fonte di sopravvivenza per quelle genti; ne è testimonianza l'antica città sannita e poi romana di *Saepinum* nel Molise, florida per il commercio degli ovini e punto di passaggio obbligato della transumanza. Nei tempi successivi la zootecnia ha continuato ad essere fondamentale per le popolazioni locali anche grazie alla sempre crescente commercializzazione di carni, prodotti caseari, castagne e granaglie verso le terre napoletane in continuo incremento demografico. Solo a partire dal secondo dopoguerra, si è assistito a un calo di questa attività, ripresasi in tempi recenti nell'ambito di un rinnovato ciclo qualitativo di agroindustria e allevamento.

I Greci italioti[3], dediti al commercio marittimo di prodotti quali ceramiche e armi, portavano con sé nelle colonie le proprie tradizioni, i propri riti e consuetudini e i tanti meravigliosi miti con i quali erano soliti spiegarsi gli eventi naturali e l'origine dei frutti della terra.

La loro alimentazione nella fase iniziale delle colonie era semplice, a base di **verdure, pesce e forme di pane di orzo o di farro**, quest'ultime sono citate nel III Libro dell'*Eneide* (profezia di Celeno ad Enea):

---

2 Secondo alcuni studiosi il nome originario della città di Benevento, *Maloenton* significa zona piena di mandrie di pecore e di capre, con evidente riferimento all'attività silvo-pastorale praticata largamente dai Sanniti oppure deriverebbe da *mallos* vello di pecora. Ai Romani nel 272 a.C. si deve la trasformazione in *Beneventum*, ad indicare un buon auspicio.

3 Il nome scientifico dei Greci che si stabilirono nella Magna Grecia è Italioti, così che da parte degli studiosi si parla di ceramica italiota, cultura italiota ecc., mentre Sicelioti erano coloro che si stabilirono in Sicilia. Il termine Italiota è andato acquisendo però significato dispregiativo accanto ai tanti stereotipi antimeridionali. Pietro Trifone esaminandoli singolarmente, e sono davvero tanti e mortificanti, nel suo articolo *Il belpaese dove il no suona* scrive che secondo il grecista Pietro Janni, che a sua volta si rifà al *Grande dizionario della lingua italiana* di Salvatore Battaglia, la prima attestazione di *italiota* in senso spregiativo risale a Carducci.

Cratere greco di Pithecusa (Ischia) da *Arte e Civiltà* T. C. I. 1960

[...] *Giungerete in Italia e potrete entrare in porto;/ma non cingerete di mura la città destinata / prima che una terribile fame e l'offesa fatta /... vi costringa a consumare con le mascelle le rose mense.*

Le "mense" erano dischi di pane di farro o di orzo su cui si disponevano i cibi destinati ai commensali che non li mangiavano, perché durissime, e restavano ai servi insieme a qualche avanzo. Potrebbero essere considerate le antesignane povere delle piadine, della pita delle bruschette e della pizza. Quelli che abitarono le coste della Campania nel tempo arricchirono i loro menù[4] ma non raggiunsero mai i fasti culinari dei loro cugini della potente Siracusa[5].

La **pasta** era già conosciuta nella Magna Grecia e chiamata *làganon* da cui il latino *laganum*, impasto di acqua e farina da stendere e tagliare a strisce. Rimasto nel Sud come *lagana* sta ad indicare sia la sfoglia, detta anche "pettola", sia l'attrezzo con cui la si stenderà, *laganaturo*, e le strisce di pasta che si cucinano con i legumi *làgane e cici.*

4 Menu è una parola francese; ma avendo in italiano e in napoletano acquisito l'accento grafico sull'ultima sillaba, si è deciso di fare uso di quest'ultima versione: menù.
5 Siracusa era celebre in tutto il mondo greco per i sontuosi banchetti. Vi nacquero Miteco Siculo, autore del primo libro di cucina del mondo occidentale (V sec. a.C.), e Labdaco, considerato dai cuochi greci maestro assoluto dell'arte culinaria. Attraverso l'opera di Ateneo di Naucrati (200 d.C.) *Deipnosophistai* "Sapienti a banchetto", oltre ai titoli di trattati gastronomici tra cui *I pesci* di Morione, *L'arte della panificazione* di Crisippo di Tiana e un altro su *I dolci*, ci sono pervenuti esametri di Archestrato di Gela (IV sec.a. C.) da *Hedypatheia*: "Delizie", che il poeta romano Quinto Ennio riprese poi negli *Hedyphagetica*: "Squisitezze", di cui però è rimasto poco.

Dal termine etrusco e italico *makària*: "ammaccare", schiacciare, sempre attraverso il latino, si è giunti a "maccheroni".

La **carne** veniva consumata in occasione di sacrifici offerti agli dei per festività, propiziazioni e ringraziamenti.

Consumavano il **vino** e l'**olio**, la conoscenza dei quali diffusero in Italia. Infatti, anche se nòccioli d'**oliva** sono stati trovati in siti archeologici italici fin dalla Preistoria, quasi certamente l'olivo non veniva coltivato. Il suo sfruttamento agricolo sembrerebbe essere successivo all'arrivo dei coloni greci, e del resto deriva dal greco la parola *elaìa:* olivo. In Grecia si era diffuso in epoca arcaica provenendo dall'Oriente. Le ricerche archeo-botaniche ne hanno documentato la presenza già nel VI secolo a.C. a Paestum e a Velia nel Cilento.

Secondo la mitologia, per aggiudicarsi la protezione su Atene si sfidarono Poseidone e Atena. Il dio del mare colpì con il suo tridente la roccia e da lì apparve un cavallo. La dea della saggezza, invece, piantò il primo ulivo e a lei fu assegnata la palma della vittoria per i benefici che l'olio avrebbe apportato all'umanità.

In quanto al **vino**, considerato un dono del dio Dioniso-Bacco, se ne parla già nell'*Odissea*. La sua conoscenza e produzione nella Magna Grecia sarebbe dovuta ai coloni che vi introdussero i semi della *vitis vinifera*. In Campania[6] molte uve che tendiamo a considerare autoctone, Aglianico (da Ellenico o da Eleatico di Elea-Velia), Greco Bianco, Fiano, Falanghina, Biancolella, Piedirosso, sarebbero invece di origine greca.

La storia della **mandorla** nell'Italia meridionale è strettamente legata al processo di colonizzazione. Il mandorlo, originario delle zone asiatiche, e importato dai Fenici nel Mediterraneo, si estese nella Magna Grecia dove si diffuse in cucina. Il mito racconta l'infelice storia d'amore tra Fillide, una principessa Tracia, e Acamante, figlio di Teseo, sbarcato nel regno per una sosta durante la navigazione verso Troia. I due giovani s'innamorarono, ma Acamante dovette ripartire

---

6 In quanto al nome Enotria, inizialmente riferito alla Calabria e poi esteso all'Italia meridionale, e quindi all'Italia tutta, non significherebbe come spesso si è detto "terra del vino", ma "terra di Enotrio" mitico eroe greco insediatosi nel sud dell'Italia *17 generazioni prima della guerra di Troia* secondo lo storico di epoca augustea Dionigi di Alicarnasso.

con gli Achei. Fillide, dopo aver atteso dieci anni la fine della guerra, non vedendolo tornare con le navi vittoriose si lasciò morire dalla disperazione. La dea Atena, commossa, decise di trasformarla in un albero di mandorlo. Quando Acamante seppe che Fillide era stata così trasformata, abbracciò la pianta, che fece sbocciare i suoi fiori come avviene da allora ogni anno a primavera.

Ritroviamo l'uso delle mandorle nelle preparazioni alimentari dei Romani e più tardi nella maggior parte delle ricette medievali.

Anche il **carciofo** deve il suo arrivo ai Greci colonizzatori.

I Greci conoscevano sicuramente la pianta *Cynara cardunculus* cioè la specie selvatica. Secondo il mito, il carciofo nacque dalla trasformazione di una ninfa bellissima dagli occhi verdi con sfumature viola e dai capelli cinerini, Cynaria, che fu trasformata da Giove, innamorato non corrisposto, in un carciofo duro e spinoso come il carattere della ragazza che lo aveva rifiutato. La domesticazione del carciofo *Cynara scolymus* dovrebbe essere avvenuta in Sicilia, a partire dal I secolo circa.

Il **prezzemolo**, *petroselinon*, era ben conosciuto dai popoli antichi e utilizzato nei riti propiziatori o in farmacopea per preparare unguenti con virtù medicinali atti a favorire la diuresi e a lenire i dolori mestruali.

La mitologia racconta che quando i serpenti divorarono l'eroe greco Archemonus, araldo della morte, il prezzemolo crebbe dove il suo sangue bagnò il suolo. I Romani usavano piantarlo sulle tombe. Dal Medioevo in poi si cominciò ad adoperarlo in cucina per innumerevoli preparazioni, tanto che a Napoli, riferendosi ad una persona troppo presente dappertutto si dice *petrusino a ogne menesta*.

Il **sedano**, dal greco *selinon*, era una pianta sacra in Magna Grecia, e nell'antica Selinunte, dove si coltivava e a cui diede il nome, era raffigurato sulle monete. I Romani lo usavano molto in cucina. Santa Ildegarda di Bingen (1098-1179) riteneva che fosse di aiuto contro la depressione. Dal '400 all'800 si attribuirono al sedano proprietà afrodisiache. Dal nome latino *apium* abbiamo il napoletano *accio.*

La **melagrana** era conosciuta nell'antichità col nome "mela di Cartagine". Originaria dell'Asia, la pianta era stata portata in Europa dai Fenici. Dai Greci il frutto fu considerato sacro a Giunone. Secondo il mito Proserpina, avendo assaggiato alcuni chicchi della melagrana, che rendeva inscindibile l'unione matrimoniale, fu legata per sempre a Plutone. Il frutto, molto diffuso in epoca romana, veniva utilizzato in cucina. Nell'attualità ne sono state riscoperte le innumerevoli proprietà salutari. Con il tempo le abitudini alimentari delle due etnie si mescolarono, così come le divinità greche con i relativi miti si sovrapposero e si fusero con quelle delle popolazioni locali.

Divinità dei raccolti e dei frutti, da *Imagini delli Dei de gl'antichi*, raccolte da M. Vincenzo Cartati Reggiano (1647)

I Romani per ottenere il controllo della Campania, regione fertile e ricca, dovettero scontrarsi più volte con i Sanniti[7].

Conquistarono *Saepinum* con la terza guerra sannitica e ne fecero il più importante centro di pagamento del dazio delle pecore, oltre ad

7 Prima di riuscire ad assoggettare quella popolazione fiera e militarmente ben preparata dovettero combattere con alterne vicende dal 343 al 290 (le tre guerre sannitiche) e subirono anche nel 321 l'umiliazione delle Forche Caudine. Napoli fu conquistata durante la seconda.

incrementare la produzione sannita di formaggi pecorini ancora oggi molto apprezzati. Nel 326 avevano già occupato Napoli, *polis* greca in cui era presente anche una componente osca.

Dov'è oggi piazza San Gaetano, sull'agorà, sorse il foro romano. Sotto la chiesa di San Lorenzo Maggiore è visibile una parte del *macellum*, il mercato romano, uno spazio porticato rettangolare, su cui si aprivano le botteghe, e un cortile interno scoperto con un edificio circolare destinato alla vendita degli alimenti. Con il *foedus Neapolitanum* le furono lasciate ampie autonomie nell'utilizzo della flotta commerciale.

Durante gli scavi della metropolitana in Piazza Municipio è stato ritrovato il porto prima greco e poi romano e, quasi integre, le imbarcazioni di servizio che facevano la spola con le merci tra la città e le grandi navi onerarie alla fonda in mare aperto.

Costumi, tradizioni greche e lingua poterono sopravvivere per secoli al punto che ancora oggi permangono nel napoletano tanti termini di origine greca antica o greca bizantina.

In ambito alimentare ne ricordiamo alcuni: "crisommola" da *kroìsos melon:* frutto d'oro, l'albicocca; "petrusino" da *petroselinon* il prezzemolo; "vasinicola" da *basilikon*, il basilico; "cerasa" da *kerasos*, la ciliegia; "zìmmaro" da *ximaros*, il caprone; "mesàle" da *misalion*, la tovaglia da tavola. Alcuni li abbiamo già citati, altri ne troveremo nel corso di questa trattazione.

Tra gli apporti della cultura greca non mancarono le infrastrutture di cui dotarono il territorio.

Furono i Greci a creare l'Acquedotto della Bolla captando le sorgenti della piana di Volla (a circa 7 km da Napoli) per portare acqua al centro della città. Di enorme importanza fu poi la realizzazione voluta da Augusto del lunghissimo acquedotto, detto successivamente Claudio[8]. Dopo la sua costruzione, nelle zone attraversate dall'impianto,

8 Lungo 93 chilometri, dalle sorgenti aveva il suo termine nella Piscina Mirabile di Baia (nel comune di Bacoli), riserva d'acqua della flotta misenate. Partendo dal Serino, alimentava varie città e campagne prima di giungere a Napoli dove si collegava con il preesistente della Bolla completato dai Romani e rimasto in funzione con alterne vicende fino al 1885. Nell'ultimo tratto fino allo sbocco nella *Piscina Mirabilis* approvvigionava con una derivazione le ville di Nisida e Posillipo, a partire natural-

comparvero gli archi dell'approvvigionamento idrico (oggi i ruderi dei Ponti Rossi), il che agevolò decisamente le colture delle ville rustiche.

Grandi *praedia rustica,* proprietà agricole con immense case rurali adibite a coltivazione intensiva e lavorazione dei prodotti, comparvero nelle fertili zone intorno alla città[9], nei territori di Marano, Mugnano, Quarto e nella zona vesuviana.

La conquista e la colonizzazione romana avevano creato un assetto caratterizzato dalla divisione di ciascun *ager* secondo linee ortogonali, atte a segnare sia i confini delle proprietà che le vie di comunicazione. Come in tutto l'Impero, venivano seguiti i criteri indicati da Columella (4-70 d.C.) nel suo trattato di scienze agrarie in dodici volumi: *De re rustica* che, insieme agli studi di Catone il Vecchio e Varrone, costituisce la maggiore fonte di conoscenza sull'agricoltura romana.

Relativamente all'area urbana attuale, resti di *villae rusticae*[10] risalenti al II secolo d.C. sono stati rinvenuti un po' dovunque nelle zone periferiche[11]. Queste strutture rurali svolgevano un importante ruolo produttivo. Erano solitamente amministrate da un *procurator*, in genere un liberto incaricato di soprintendere il lavoro degli schiavi impegnati nelle coltivazioni, sia che la produzione si limitasse all'uso interno sia, soprattutto e più di frequente, nei casi dei grossi quantitativi che comportavano la lavorazione e la vendita. Si trattava spesso di vere e proprie industrie agroalimentari con massiccia produzione e commercializzazione: vino, olio, verdure, frutta, prodotti caseari ecc...

---

mente dalla villa imperiale di *Pausilypon*, e più oltre, gli impianti termali e le numerose ville marittime e rustiche della zona flegrea.

9 Non lontano, verso il lago Patria, Scipione l'Africano possedeva una *villa rustica* a Liternum dove, ritiratosi a vita privata, morì nel 187 a.C.

10 Yvonne Carbonaro, *Le Ville di Napoli* , Tascabili Newton Compton, 1999, e Yvonne Carbonaro Luigi Cosenza *Le Ville di Napoli,* Newton Compton, 2008.

11 A Ponticelli è stata recentemente aperta al pubblico la *Villa di Caius Olius Ampliatus*. Altre sono state da tempo individuate ad *Annianum* (Agnano), ad *Antinianum* (Antignano, il cui nome secondo alcuni verrebbe da *Antonianum*, perché lì vi sarebbe stata una villa dell'imperatore Antonino, secondo altri invece da *ante Annianum:* prima di Agnano), a Capodimonte, in contrada San Rocco e nella parte più alta e interna di Posillipo. È del 1990 il ritrovamento tra la Montagna Spaccata e Quarto del sistema di cunicoli di una cisterna romana che approvvigionava una villa rustica, insieme ad altri reperti, sempre nella zona tra Quarto e Pianura, zona che sempre più, insieme a via Terracina, va rivelandosi densa di resti archeologici di grande interesse.

Oltre alla parte destinata ai rifornimenti delle ville urbane e della stessa città, di cui costituiva la base delle preparazioni gastronomiche, il resto dell'ingente produzione veniva inviato a Roma e nel resto dell'Impero.

I.2. Le testimonianze della cucina pompeiana

Per la conoscenza degli usi alimentari dell'epoca gli scavi di Pompei, insieme a quelli di Ercolano, Oplontis e Stabia e delle *villae rusticae* di Boscoreale hanno costituito una inesauribile miniera di informazioni e rappresentano un giacimento ancora non completamente esplorato[12]. L'eruzione del 79 d.C. coprendo la zona sotto una spessa coltre di cenere solidificata, nel conservarci testimonianze complete della vita quotidiana, ci ha consentito di sapere come si nutrivano gli abitanti non solo di Pompei ma di tutto il territorio, Napoli compresa.

Naturalmente, nel I secolo dopo Cristo, a tavola gli usi oscosanniti e quelli dei coloni greci coesistevano ormai fusi con gli usi romani, compresi quelli che i Romani avevano attinto dagli Etruschi, e quelli poi giunti dalle varie campagne in Oriente, soprattutto dopo la definitiva conquista della Grecia continentale nel II secolo a.C.

In occasione della mostra *Mito e natura*, al Museo Archeologico Nazionale di Napoli e a Pompei nella piramide allestita nell'anfiteatro, sono stati finalmente riproposti al pubblico, insieme ad affreschi di nature morte, i reperti organici carbonizzati ritrovati nell'area archeologica di Pompei che una volta erano permanentemente esposti nel Museo e che da anni erano stati rimossi per riapparire in parte al Palazzo Reale di Milano per la mostra *Natura, mito e paesaggio dal-*

12 Pompei, città osco-sannita, così come Ercolano e Stabia, per secoli subì alternativamente l'influenza sia dei Greci di Cuma e di Neapolis che degli Etruschi di Capua. Conquistata dai Romani nel III secolo a.C., dopo un lungo periodo di autonomia fu definitivamente sottomessa da Roma tra l'89 e l'80 a.C. nonostante la strenua difesa dei Pompeiani. Tra il 1800 e il 1900 sono state rinvenute e saccheggiate, ad opera di privati, varie tenute agricole sommerse dall'eruzione del 79 d.C. nella fertilissima zona di Boscoreale a nord di Pompei. Da scavi recenti, condotti con criteri scientifici abbiamo riferimenti più precisi sulle ville: Regina, di D'Acunzo, di Publius Fabius Synistor, della Pisanella, di Numedius Popidius Florius, di via Casone Grotta, di Marcus Livius Marcellus.

la Magna Grecia a Pompei in concomitanza con Expo 2015. *Entro il 2016, un nuovo Museo del Cibo verrà allestito nell'area archeologica di Pompei* – aveva allora annunciato il soprintendente speciale di Pompei, Ercolano e Stabia, Massimo Osanna, in occasione della mostra *Nutrire l'Impero. Storie di alimentazione da Roma e Pompei* al Museo dell'Ara Pacis di Roma. *L'idea* – aveva chiarito – *è quella di raccogliere il complesso dei preziosi reperti organici ritrovati a Pompei.*

Dai resti di cibi carbonizzati (legumi, grano, aglio, cipolla, fichi, uva passita, datteri, pinoli, nòccioli di pesche, pagnotte, frutti di mare) e dagli splendidi scorci di nature morte degli affreschi e dei mosaici con cesti di frutta, tralci d'uva, melograni oltre a pollame, pesce ecc... sappiamo con certezza che l'alimentazione della gente comune era prevalentemente a base di verdura, frutta, formaggio, uova, pane.

I.3. I prodotti alimentari in uso a Pompei e nel territorio campano

a) verdure e frutta

Plinio il Vecchio nella *Naturalis historia* aveva classificato varie centinaia di piante commestibili tra cui diversi tipi di lattuga, cavolfiore, cicoria, ortica, porri, cipolle, aglio, rape e broccoli di rapa, basilico, carote, crescione, meloni, zucca gialla, cardi, asparagi, olive, piselli, ceci, lenticchie, noci, nocciole o avellane, mandorle; e diversi tipi di frutta fresca: mele, melagrane, cotogne, pere, uva, fichi e prugne oltre a ciliegie, albicocche e pesche di cui era stata importata la coltivazione solo dal I secolo a.C.

Sappiamo che la frutta si conservava essiccandola o immergendola nel miele, gli ortaggi in salamoia o in aceto. Riportiamo un breve elenco di quelle più utilizzate:

Le **nocciole** venivano chiamate **avellane**, da Avella città in provincia di Avellino, già dagli scrittori classici[13]. Più tardi Isidoro di

13 Riccardo Regis in una sua ricerca etimologica scrive: *Per quanto attiene alle nocciole, già Catone* (De agri cult. 8,2; 133,2) *parla di "nuces Abellanae" e "Praenestinae"* (ovvero di Preneste, oggi Palestrina)*; Plinio* (Nat. hist. XV,88; XVII,96) *menziona più volte le (nuces) "Abellanae" e "Praenestinae" e solo in un caso "Ponticae"; Columella* (De re rust. XII,59; V,10), *contemporaneo di Plinio, riferisce di "nuces avellanae" e di "avellanae Ta-*

Siviglia (*Isidorus Hispalensis*; Cartagena, 560 circa – Siviglia, 4 aprile 636) in *Etymologiae* scrive: *Abellanae ab Abellano Campaniae oppido, ubi abundant, cognominatae sunt.*

Le **noci** erano e sono presenti nel territorio vesuviano e in tutta la Campania. Le più pregiate restano quelle di Sorrento.

Il **fico** è stato diffuso nel bacino del Mediterraneo pare per opera dei Fenici che lo usavano quale principale alimento durante i loro viaggi in mare. È citato da Omero nell'*Odissea*. Aristotele, Teofraso e Dioscoride ricordano che i fichi secchi erano merce ricercata. A Roma Catone, Marrone, Columella e Plinio lo indicano come pianta sacra legata alla genesi di Roma, si credeva infatti che la lupa che aveva allattato Romolo e Remo avesse la tana proprio sotto ad un fico. A Pompei rientrava abitualmente nell'alimentazione.

Tra i vari tipi di frutta la **mela annurca** è certamente uno dei prodotti più caratteristici del territorio, le sue origini sono antichissime. Secondo Plinio sarebbe originaria della zona di *Puteoli*. Egli chiama i frutti *Mala Orcula* per la vicinanza con "l'Orco", il lago d'Averno, bocca degli inferi, da cui deriverebbe "Annurca". Coltivate in varie parti della regione, sono presenti nelle pitture parietali della Casa dei Cervi di Ercolano e della Casa del Frutteto di Pompei.

La **pesca** originaria della Cina ci è giunta dalla Persia, perciò *mala persica*. Plinio il Vecchio fa esplicito riferimento alla pesca duracina[14] in *Naturalis Historia* (liber XV – 11).

Per ciò che riguarda gli **agrumi**, i Romani conoscevano il **limone** come si evince dagli affreschi di Pompei, ma non ne facevano uso considerandolo troppo aspro. A Pollio Felice, proprietario di una villa panoramica a Nisida, Stazio dice: [...] *Surrentina tuus spectat praetoria Limon* (Il tuo Limon guarda verso le proprietà sorrentine) e nel cunicolo che attraversa il colle di Posillipo era scritto *Villa Polli Felicis, quae est epilimones* (La villa di Pollio Felice, che è tra i limoni).

Lo stesso dicasi per l'**arancia**, dato che conoscevano solo quella amara, il melangolo.

---

rentinae" nocciole di Taranto. L'albero del nocciòlo è indicato con le due varianti del nome: "corylus" (De agri cult. 18,9; Nat. hist. XVI,74), *e "corulus"* (De re rust. XII,59).

14 Da cui in spagnolo *durazno* (in alcune parti della Spagna e dell'America Latina).

In Europa la prima coltivazione di limoni e di arance dolci è stata avviata in Sicilia dagli Arabi, come vedremo in maniera dettagliata più avanti.

Il **cavolfiore**, *brassica oleracea,* era considerato il cavolo pompeiano per eccellenza. Catone nel *De Agri Cultura* gli attribuì il primato tra le verdure. *Se a un banchetto volete bere molto e mangiare con appetito* – raccomanda – *prendetelo crudo prima del pasto e fate altrettanto dopo, vi sembrerà di non aver ingerito nulla e potrete bere quanto volete.*

L'**aglio**, *allium sativum*, veniva considerato da Plinio il Vecchio altamente nutritivo oltre che terapeutico. Era largamente utilizzato sia da contadini che da rematori e soldati. Sacro a Marte veniva distribuito ai combattenti per prevenire le infezioni e scacciare la paura.

L'espressione latina *allium olere*, puzzare d'aglio, si usava per indicare i ceti più bassi. Forse per questo motivo è poco presente nel *De re coquinaria,* mentre lo sono abbondantemente l'erba cipollina *allium fistolosum*, lo scalogno *allium ascalonicum*, il porro selvatico, *allium ampeloprasum*, il porro coltivato, *allium porrum* e la cipolla *allium cepa*.

La **cipolla** veniva largamente consumata sia come condimento sia come pietanza, e ne erano note le proprietà diuretiche.

La **ruta** era una delle piante aromatiche maggiormente utilizzate sia in cucina che nei preparati al mortaio per usi terapeutici, oltre ad essere ritenuta un potente afrodisiaco. Tale convinzione permase nella Scuola Medica Salernitana: *Ruta viris minuit Venerem, mulieribus addit.* Ancora nel '600 a Napoli le umili *cantonere* che aspettavano i clienti agli angoli delle strade se ne adornavano le chiome.

Il **basilico** dal greco *basilikos*, erba degna di re, (poco usato oggi in Grecia, dove è diffuso il *minimum,* un basilico dalle piccolissime foglie) era ritenuto dai Romani magico e sacro a Venere.

Nella letteratura italiana lo ritroviamo nella cruda novella di Boccaccio *Lisabetta e la pianta di Basilico.* In cucina sembra che si sia affermato quando Cosimo I de' Medici lo inserì fra le fragranze de il *Giardino dei Semplici* nel 1545. Oggi è molto diffuso a Genova, e naturalmente a Napoli: *'a vasinicola*, inconfondibile aroma della pizza e degli spaghetti al pomodoro.

Vaste produzioni di **pinoli**, che si ricavano dalle pigne del pino domestico, erano diffuse sulla fascia costiera vesuviana fin dal tempo dei Romani. È rimasto un ingrediente importante nella cucina napoletana.

La **zucca** presente nella penisola italica, portata forse dai Fenici e coltivata prima dagli Etruschi e poi dai Romani era del genere "lagenaria" (di forma cilindrica lunga fino a due metri).

Discoride e Plinio chiamavano la zucca *il refrigerio della vita umana, il balsamo dei guai*. Era piuttosto insapore, così che i cuochi romani la impiegavano in mille piatti diversi. Il poeta Marziale nell'epigramma 31 del libro XI *Atreus Caecilius curcubitarum in partes lacerat secatque mille*... (Cecilio come Atreo taglia le zucche in mille pezzetti...) parla di un certo Cecilio che usava solo zucche con cui creava ogni sorta di vivanda e, cucinandole e camuffandole in tutti i modi e le forme possibili, le serviva come antipasto, nella minestra, per pietanza, nel contorno. Le altre varietà: bislunga o rotonda, grande o piccola, verde, gialla, striata, rossa, vennero invece introdotte in Europa nel XVI secolo con la scoperta dell'America.

I **legumi**: piselli, fave, ceci, lenticchie, cicerchie, erano largamente utilizzati.

In quanto ai **fagioli**, l'unico *phaseolus* conosciuto era il dolico, il fagiolo dall'occhio, giunto a Roma nel I sec. a.C. dall'Africa tramite mercanti greci. Era un alimento poco considerato sulle tavole ricche e destinato al popolo tanto che Virgilio lo definisce (all'accusativo) *vilem phaseolum.* Tutte le altre varietà sono arrivate poi dalle Americhe.

I **carciofi** portati, come si è detto, con il relativo mito dai Greci della Magna Grecia, erano ben noti e apprezzati presso i Romani e consumati a scopi sia alimentari che farmaceutici. Li ritroviamo negli scritti di Marco Terenzio Varrone, Gaio Plinio Secondo, Plinio il Vecchio, Columella e naturalmente in Apicio, che nel *De re coquinaria* parla di cuori di *cynara* lessati in acqua o vino. Con Galeno (129 -216 d.C.), medico greco della città romana Pergamo (oggi Bergama in Turchia), il carciofo entra ufficialmente nella medicina e nella farmacopea.

Seguendo la tradizione sannitica della pastorizia, si producevano **formaggi** (*casei*) sia di pecora che di mucca, alcuni dei quali venivano affumicati. Oltre naturalmente a quelle di gallina si consumavano tutti i tipi di **uova**: di piccione, quaglia, pavone e così via.

Un discorso a parte va fatto su quell'alimento basilare che è sempre stato il **pane**. Certamente è uno degli alimenti umani più diffusi, fin dalla Preistoria, e anche uno dei più documentati.

Plinio il Vecchio spiega che il primo tipo di cereale usato per la produzione del pane fu il farro, da cui la parola antica *farrina*, poi in latino e in italiano farina, che indica il ricavato della macinazione di qualunque cereale.

I Romani, inizialmente consumavano dure focacce di farro non lievitate. Alla fine del V secolo a.C. giunse il grano dall'Africa che, a differenza del farro, si macinava meglio consentendo di ottenere pane di maggiore qualità e leggerezza. Il rifornimento del grano avveniva mediante le navi frumentarie, e crebbe sempre più nel tempo dato che a Roma il pane veniva spesso distribuito gratuitamente. Uno dei principali porti di arrivo delle rotte granarie era Pozzuoli. L'uso dei mulini agevolò la macinazione.

Il pane lievitato fu conosciuto solo in tarda età Repubblicana in seguito alla scoperta del fenomeno della fermentazione. Tale fenomeno sarebbe stato osservato per la prima volta dagli Egiziani, i quali avevano notato come della farina lasciata sulla riva del fiume, inacidendosi, faceva delle bolle e che quell'impasto rendeva il pane più leggero e digeribile. Dalle fonti letterarie e dagli affreschi pompeiani che ne rappresentano la preparazione e lo smercio, e perfino dalle forme di pane carbonizzate che sono state analizzate, sappiamo molto sul pane, e sappiamo che il lievito veniva preparato una volta l'anno dopo la vendemmia con il mosto d'uva unito all'impasto di farina e acqua (il lievito madre).

Ogni panificio aveva una o più macine di pietra manovrate da schiavi, che sono state disseppellite in buono stato di conservazione.

A Pompei sono stati ritrovati ben 34 forni in cui si sfornavano vari tipi di pane differenti per i ricchi e per i poveri.

Le forme di pane bianco, confezionate con farina di frumento di prima qualità macinata molto sottile, prima di essere infornate venivano marchiate con il sigillo della famiglia a cui erano destinate.Tale uso si è perpetuato a lungo in alcune regioni del Sud, per esempio a Matera. Il pane comune includeva molta più crusca e infine il pane dei poveri era realizzato con impasto più scadente ed economico.

Forno con macine di pietra, Pompei

Nelle campagne si utilizzavano anche farine di orzo, segala, leguminose, ghiande e castagne. In genere, si produceva con la farina di qualità superiore (*siliga*) il *panis siligineus* e con farine sempre meno raffinate il *panis cibarius*, *secundarius*, *plebeius*, *rusticus*.

Il pane integrale era detto *panis autopyrus.* C'era poi il *panis militaris castrensis* per i soldati e il *panis nauticus* per i marinai. Più morbido era il *panis parthicus*.

Si producevano anche pani costosi e raffinati come l'*artolaganus* che si confezionava con miele, vino, latte, olio, pepe e canditi, insomma una specie di panettone, mentre il supercalorico *panis adipatus* con lardo e pancetta ricorda il casatiello con i *cicoli*.

Il *panis furnaceus* era cotto al forno, l'*artopticus* veniva cotto in casa sotto una campana (uno strumento simile si usava fino a qualche anno fa nelle nostre zone rurali), il *subcinerinus* o *fucacius* veniva cotto sotto la cenere mentre il *clibanicus* era una focaccia cotta sulla parete esterna di un vaso[15] o su una pietra arroventati, come si fa ancora in Irpinia sulla pietra del focolare con la pizza di "(g)rarigno": il granturco, che all'epoca ancora non esisteva in Europa.

---

15 Così come si cuoce il pane indiano sulla parete interna del tandoor che è un forno d'argilla a forma di campana rovesciata o cilindrico.

I pani potevano avere forma allungata, rotonda o quadrata, con incisioni a croce per dividerlo in quattro parti: *panis quadratus*.

Le pagnotte trovate a Pompei sono rotonde e portano otto incisioni che consentivano di ricavare otto porzioni. I panettieri pompeiani si occupavano del ciclo integrato della produzione: importazione e acquisto dei cereali, macinazione, creazione e conservazione del lievito, impasto, cottura e vendita. Alcuni diventarono molto ricchi[16].

In merito all'**acqua**, nel 79 d.C. la città era da tempo servita dall'acquedotto, di cui si è detto, voluto da Augusto e completato da Claudio, che partiva dal Serino e attraversava con condotti sotterranei, ponti e canali, la pianura che comprendeva Sarno, Palma Campania, Napoli, e Pozzuoli, fino a Miseno, ma pare che all'epoca dell'eruzione non fosse in funzione per i danni del terremoto. E, secondo Alberto Angela[17], non per il terremoto del 62 d.C. come sostenuto da molti, bensì per quello del 79 che precedette di alcuni mesi l'eruzione stessa. Da Palma Campania un ramo giungeva a Pompei nel *Castellum Acquae*, che ripartiva l'acqua in tre direzioni diverse della città: alle terme, alle abitazioni dei ricchi e alle botteghe, alle fontane pubbliche.

Queste s'incontravano ai quadrivi, di forma quadrangolare presentavano un cippo con bassorilievi raffiguranti divinità delle acque. Sotto i marciapiedi correvano tubature di piombo, materiale diffusissimo anche per coppe, stoviglie e cosmetici di cui in epoca romana s'ignorava la tossicità.

In epoca sannitica e fino a prima della realizzazione dell'acquedotto, l'acqua piovana veniva raccolta in bacini scavati nei giardini oppure attraverso l'*impluvium* delle case confluiva nel *compluvium* e da questo in una cisterna sottostante. Nei periodi di siccità si utilizzava anche l'acqua dei pozzi pubblici che, scavati nel banco di lava e tufo, raggiungevano la falda freatica alla profondità di oltre 30 metri e vi

---

16 Interessante a tal proposito, e tra quelle recentemente riaperte ai visitatori, è la *domus di Paquius Proculus*, ricco fornaio candidato alle elezioni, con pavimento a mosaico composto di tanti *emblemata* uniti insieme e che evidentemente il riccone aveva acquistato all'ingrosso senza badare a spese. È tra i mosaici più estesi e meglio conservati di Pompei, a cominciare dal cane alla catena e i riquadri con animali, remi, timoni, delfini, ancore, testine umane.

17 Alberto Angela, *I tre giorni di Pompei*, ed. Rizzoli, 2015.

si attingeva probabilmente con una ruota idraulica, azionata a mano o con animali. Si attingeva naturalmente anche dal fiume Sarno ed è stato ipotizzato dagli studiosi che proprio dopo l'emergenza terremoto si fosse nuovamente fatto ricorso alle sue acque[18].

L'**olio**, come si è detto, veniva prodotto in Campania da tempi remoti. Nella penisola sorrentina, il Capo Minerva, cioè la Punta Campanella, era consacrato al culto della dea della Sapienza, ritenuta inventrice delle olive e dell'olio. I Romani ne facevano grande uso a scopo alimentare, oltre a ricavarne unguenti e profumi e bruciarlo in onore degli dei. Negli affreschi pompeiani compaiono numerose scene riguardanti l'olivicoltura e vari frantoi a vite sono stati trovati nella regione. Così pure i *dolia*, le grandi anfore di terracotta interrate per la conservazione di olio e vino, come quelli rinvenuti nella villa Regina a Boscoreale e nella grande villa romana di Somma Vesuviana che, sepolta dall'eruzione del 472, sta emergendo dalla campagna di scavo grazie alla sinergia tra archeologi dell'Università di Tokio e dell'Università di Napoli Suor Orsola Benincasa.

Il **vino** era molto diffuso tra gli uomini e considerato alimento essenziale. Nel I sec. d.C. vino poco pregiato veniva dato ai rematori e agli schiavi che facevano lavori pesanti. Era invece vietato alle donne, alle quali era riservato il **mulsum**, vino mescolato al miele: ¼ di miele per un litro di mosto già fermentato da tre settimane.

In Campania, incluso il territorio pompeiano, si producevano grandi quantità di vino per esportazione, sia rosso *atrum*, sia bianco *candidum*. Per la conservazione botti ed anfore venivano spalmate internamente di resina di pino o di pece greca.

Il vino più celebre e decantato da tutti gli scrittori latini da Catullo a Cicerone, Macrobio, Varrone, Diodoro Siculo, Orazio, Dionigi d'Alicarnasso, Tito Livio, Vitruvio, Tibullo, Ovidio, Plinio il Vecchio, Silio Italico, Stazio e altri era il rosso **Falerno**, quello che faceva esclamare a Marziale (Ep. 93 Libro IX): *Addere quid cessas, puer, inmortale Falernum?* (Perché, fanciullo, smetti di mescermi l'immortale Falerno?) e a Virgilio nelle Georgiche: *Nec cellis ideo contende Falernis*

18 Per approfondimenti sulla ricerca italo-giapponese: *La provenienza dell'acqua potabile nell'antica Pompei*, consultare: *http://www.fastionline.org.*

Magazzini con dolia, villa di Somma Vesuviana

(Perciò non gareggiare con il Falerno). Considerato il re dei vini, aveva il suo territorio, quello che i Francesi chiamano *terroir*, nell'*ager Falernus*, in provincia di Caserta: a Mondragone, Falciano del Massico, Carinola ecc... Celebre era anche il Falerno del Monte Gauro a Pozzuoli. Ricavato da uve Aglianico e Piedirosso già coltivate dai Greci, nel II secolo a.C. veniva prodotto dai Romani in maniera massiccia interessando almeno 150 grandi ville rustiche tra le cui rovine di frequente è stato reperito il *torcular*, il torchio per l'uva, e sono stati recuperati pollini della vite allora coltivata e persino una vite fossile.

Se ne contavano tre varietà: la più rinomata era il *Faustianum*, di media collina, il *Caucinum* di alta collina e il generico *Falernum* di pianura. Veniva esportato dovunque in speciali anfore vinarie appositamente create e cotte in fornaci della zona. Era molto caro e da una scritta di Pompei sappiamo che un bicchiere costava quattro assi, il doppio di un qualunque buon vino. Con la fine dell'Impero la produzione andò scemando ma non si esaurì mai del tutto, tanto da essere stata poi ripresa con il DOC Falerno del Massico.

La **birra**, bevanda antichissima ricavata dalla fermentazione di cereali come frumento e orzo, molto consumata in Mesopotamia e poi in Egitto, non fu amata da Greci e Romani che la consideravano bevanda dei barbari. Plinio nel XXXVII Libro della *Naturalis Historia* scrive che la birra a Roma era conosciuta ma poco consumata, per lo più impiegata dalle signore per la pulizia del viso e per nutrire la pelle. Era invece molto diffusa nel resto dell'Impero dalla penisola Iberica all'Europa centrale. Il nome birra deriva dal latino *bibere* bere, e la parola spagnola *cerveza* deriva da Ceres, la dea greca dell'agricoltura.

b) carni, pesce e dolci

Le **carni** nei tempi più antichi raramente erano di manzo, dato che i bovini erano riservati ai lavori dei campi e ai sacrifici agli dei. Con il tempo però si crearono anche allevamenti destinati all'alimentazione. Si preferivano maiale e agnello, pollo, ma anche pavoni, fenicotteri, cicogne e cacciagione varia. Molto prelibati erano considerati i ghiri, che si allevavano e ingrassavano in apposite gabbie.

Le carni venivano in genere arrostite al forno o cotte allo spiedo dopo una prima bollitura.

Molte varietà di **pesce** venivano pescate nelle acque limitrofe con reti, lenze, palamiti. In epoca imperiale divenne uso, per i ricchi proprietari di ville marittime, investire nell'itticoltura.

I primi allevamenti di ostriche erano stati creati da Sergio Orata nel 108 a.C. proprio in Campania, a Baia, e si erano poi estesi lungo tutta la costa napoletana sia verso nord nella zona flegrea, che verso sud. Erano particolarmente apprezzate le murene, oltre che anguille, orate, triglie, sogliole, pesci costosi che venivano consumati da chi se lo poteva permettere.

Per i meno abbienti c'erano pesciolini e alici. A Pompei sono stati rinvenuti resti di vari pesci e molti sono raffigurati in affreschi e mosaici. Si faceva grande uso di **garum**, da *gáron*, un tipo di pesce con cui già i Greci lo producevano. Era una salsa di pesce preparata con le interiora delle sardine o delle alici, insieme a pezzi sminuzzati e uova di pesce, tutto sotto sale. Dopo settimane di fermentazione si metteva a colare per ottenere il prodotto finito. La parte residua chiamata *hallec* o *faex* era destinata ai poveri. Questa aveva un pessimo odore, tanto da far scrivere a Marziale *il fiato di Papilo è così forte che riesce a trasformare in puzza di garum il profumo più intenso* (Epigrammi, VII, 94).

Fauna marina e lotta tra polpo ed aragosta, Casa del Fauno, Pompei, Museo Archeologico Nazionale Napoli

Il *garum* di buona qualità però doveva avere solo un forte odore di pesce. Ve ne erano molte varietà: il *garum excellens* e il *gari flos flos*, estratte dalla ventresca del tonno, dallo sgombro e dalla murena, *flos murae*.

In quella città multietnica che era Pompei esisteva perfino un *garum* per gli ebrei e Alberto Angela, nel citato libro, parla di *un garum contenente parti di animali marini con pinne e squame (escludendo quindi molluschi e crostacei vietati dalla legge ebraica), frutto di tecniche e lavorazioni previste dalle regole religiose. In effetti sulle anfore si legge "garum cast", ovvero l'abbreviazione di "garum castimoniale", che lo stesso Plinio il Vecchio descrive come un preparato in accordo con le leggi ebraiche.*

La salsa veniva talvolta allungata con acqua o aromatizzata con erbe per attutirne l'odore. A Pompei se ne produceva di ottimo e ne sono state trovate varie anforette sigillate. Era un ingrediente fondamentale insieme all'alloro delle polpette pompeiane di carne di maiale e pane bagnato nel vino cotto. Possiamo considerare il *garum* come l'antenato della pregiata "colatura di alici"[19] che si produce oggi a Cetara, antico porto peschereccio celebre per le sue acciughe. Il *liquamen,* infine, era una sorta di sale liquido.

Per la produzione del *garum* come per la conservazione di insaccati e formaggi era necessario il sale e Pompei aveva a disposizione fuori dalle mura, lungo la fascia costiera, le vaste *Salinae Herculeae.*

Il **sale** è stato un elemento fondamentale per le civiltà del Mediterraneo. Le "vie del sale", dal mare verso l'interno, segnarono le prime vie commerciali dell'antichità.

A Roma dalla parola *sal* derivò *salarium*, la razione di sale che si dava come paga ai soldati insieme con i viveri[20].

I Romani lo offrivano agli dei, lo usavano come farmaco oltre che per insaporire i cibi e soprattutto per conservarli e confezionare gli insaccati. Marco Porcio Catone, il Censore, intorno al 160 a.C. nel suo *De Agri Cultura* parla del **prosciutto**, illustrando un metodo di conservazione delle cosce suine mediante salatura e successiva asciugatura.

Il **pepe**, originario dell'India, era conosciuto dagli Egiziani e dai Greci. Nella Roma imperiale se ne faceva un uso enorme, sebbene fosse carissimo. Molto presente nel ricettario di Apicio, Plinio il Vecchio ne lamenta l'uso eccessivo in relazione all'alto costo.

Come si è detto, i Romani adoperavano molto frequentemente il **miele**: quello più comune era ottenuto dalle arnie per affumicazione; quello più costoso per colatura. Era mescolato abitualmente al vino e a varie bevande, ed erano soliti conservare e confezionare con il miele varie pietanze agrodolci.

Da Apicio apprendiamo varie ricette per la conservazione della frutta (Libro I – 12): *Per conservare le mele cotogne: scegli mele perfette con rametti e foglie; accomodale in un barattolo e coprile con miele e mosto*

---

19 In Thailandia ho avuto la sorpresa di assaggiare una salsa di pesce che ricorda la colatura di alici, chiamata *nam pla,* usata al posto del sale per insaporire i cibi e considerata un ingrediente essenziale in tante cucine asiatiche.

20 Dalla stessa radice derivano *salve* augurio e saluto, *salus* salute, *salubritas* sanità e così via...

cotto; si conserveranno a lungo. Per conservare i fichi freschi, mele, prugne, pere e ciliegie: cogli diligentemente tutta la frutta coi piccioli e mettila nel miele badando bene che non si tocchi.

È un dono prezioso che la natura ha fatto all'umanità che fin dalle epoche preistoriche ne ha compreso l'immenso valore.

Il nome stesso *melit* avrebbe origini ittite. Ittiti, Sumeri, Babilonesi, Egiziani già sapevano allevare le api nelle apposite arnie e ne facevano grande uso a fini alimentari, farmacologici e cosmetici. Un vasetto sigillato di miele ritrovato in una tomba egizia di più di 3000 anni fa è risultato ancora commestibile.

Apprezzatissimo dai Greci, come testimoniato da Omero e da Pitagora, per secoli è stato l'unico dolcificante adoperato, fino all'arrivo dello zucchero di canna, una rarità portata dalle carovane provenienti dall'India.

I **dolci** romani in genere erano a base di formaggio fresco, ricotta, frutta secca e accompagnati con vino passito, *passum*, erano confezionati con il miele. A dimostrazione del suo immancabile uso si riportano alcune ricette. Catone ci ha lasciato quella delle palline dolci fritte:

Globulos sic facito: Caseum cum alica ad eundem modum misceto; inde, quantos voles facere, facito. In aenum caldum unguem indito. Singulos aut binos coquito; versatoque crebro duabus rudibus; coctos eximito; eos mel-

Frutta e miele, Casa di Giulia Felice, Pompei

le unguito; papaver infriato: ita ponito (Mischierai formaggio fresco o ricotta e semola di grano nella stessa quantità; poi farai quante palline vuoi. Scalderai in una padella l'olio. Le cucinerai una alla volta o due alla volta; le girerai frequentemente con due cucchiai di legno; quando saranno cotte le toglierai; le bagnerai con il miele; le cospargerai di semi di papavero e le servirai).

Nel *De re coquinaria* di Apicio, di cui parleremo più dettagliatamente, al Libro VII n. 13 dell'elenco si legge: *Dulcia Domestica et Melcae: palmulas vel dactylos excepto semine, nuce vel nucleis vel pipere trito interfecies. Sale foris contingis, frigis in melle cocto, et inferes* (Si prendono dei datteri secchi, si toglie il nòcciolo e si riempiono con un trito di noci o pinoli e pepe; si salano leggermente all'esterno, si mettono a cuocere nel miele e si servono tiepidi).

Altri dolci:

– Raschia dei sedani e mettili nel latte. Quando si saranno imbevuti mettili nel forno in modo che non si secchino. Levali caldi e cospargili di miele, pungili perché si imbevano. Cospargi di pepe e servi.

– Spezza del pane di siligine cui avrai tolto la corteccia e fanne grandi pezzi, bagna col latte, friggi nell'olio, rinvoltali nel miele e porta in tavola.

– Trita pepe, pinoli, miele, ruta e mescola col passito. Cuoci nel latte e con una sfoglia di pane. Cuoci, quando tutto si sarà rappreso con poche uova. Bagna nel miele e porta in tavola coperto di pepe.

– Prendi fior di farina e cuocila in acqua calda in modo da farne una pasta calda; poi distendila in padella. Quando si sarà raffreddata tagliala a bocconcini e friggila nel migliore olio caldo. Toglila, bagnala di miele, cospargila di pepe e porta in tavola. Farai meglio se userai latte invece di acqua.

Togliendo il pepe e aggiungendo le uova questa ricetta ricorda vagamente gli struffoli che sarebbero addirittura di origine greca: *strongoulo*s. In un affresco della villa di *Oplontis* (Torre Annunziata) della *gens Poppea* compare ancora in colori smaglianti una splendida torta decorata di frutta sulla sommità che fa pensare ad una cassata (da *caseus*: ricotta) guarnita con frutta, che sembra candita, e che certamente era conservata nel miele.

I.4. I pasti dei Pompeiani

In epoca romana i Pompeiani benestanti facevano una prima colazione in casa: *ientaculum*, a base di carne.

Il *prandium* a mezzogiorno consisteva in un pasto leggero: pesci, uova, legumi e frutta, ma questo spesso si consumava fuori casa.

La *cena*, che dal primo pomeriggio si protraeva fino alla sera e talvolta all'alba, era il pasto principale. Si componeva di *gustum*: antipasto di uova o formaggi e ortaggi, magari ostriche innaffiate con vino e miele; *mensae primae*: due o tre portate di ogni genere di carne arrostita o bollita; *mensae secundae*: dolci e frutta.

Ormai anche a Pompei l'austerità, tanto quella di tradizione sannitica quanto quella della Roma repubblicana, era stata abbandonata dai ceti ricchi. Seguendo la tendenza ellenistica le case agiate si erano ampliate con gradi spazi di rappresentanza. L'uso antico di cenare in maniera parca, nell'atrio, seduti intorno al focolare, era stato sostituito dalla moda orientale di mangiare distesi e il momento del convito si era trasformato in simposio, in riunione sociale.

Torta con frutta, villa di Oplontis

Si invitavano gli amici nel *triclinium*, stanza da pranzo arredata con tre letti uniti e appoggiati alle pareti, disposti a ferro di cavallo. Su ogni letto si accomodavano tre persone, che si distendevano sul fianco col capo verso la mensa centrale così da poter mangiare e conversare.

I letti erano in muratura, o in legno e bronzo con intarsi d'argento, ne ritroviamo degli esempi nei raffinati letti della Casa del Menandro. Favoriti dal clima mite, c'erano anche dei triclini all'aperto, in giardini e *viridaria*. La cena era rallegrata da giocolieri, danzatori e musici. Dopo cena si beveva a volontà, il vino veniva servito in coppe di metallo. Nei musei si conservano splendidi esemplari di coppe d'argento finemente cesellate.

Si prendeva il cibo con le dita, anche se già conosciuta, non si usava la forchetta, si adoperavano il cucchiaio per le minestre e il cucchiaino. Il coltello veniva utilizzato dagli schiavi, detti *captores* o *scissores*, che tagliavano le carni. Bellissimi cucchiai d'argento, insieme a mestoli, coppe[21], vassoi, saliere, recipienti per salse e specchi, fanno parte del Tesoro di Boscoreale[22]: 111 pezzi rinvenuti in una villa rustica in località Pisanella, con annessa la *pars urbana*, l'abitazione riservata al proprietario. Altri pregiati oggetti da tavola, custoditi nel Museo Archeologico Nazionale di Napoli, sono stati trovati nella Casa del Menandro a Pompei. Fanno parte di un insieme di 118 oggetti comprendenti coppe, tazze, bicchieri e brocche per bere *argentum potorium*, piatti e vassoi per mangiare *argentum escarium*, cucchiai, mestoli, pepiere e due specchi *argentum balneare*.

Argenti di Boscoreale, Museo del Louvre, Parigi

21 Le coppe presentano delle scritte in greco che attestano la concezione epicurea propria dell'epoca e del territorio: *Godi finché vivi poiché il domani è incerto. La vita è una commedia, il godimento il bene supremo, la voluttà il tesoro più prezioso: sii lieto, finché sei in vita* e su una delle tazze con gli scheletri: *Guarda quelle lugubri ossa, bevi e godi finché puoi: un giorno anche tu sarai così.*

22 Molti pezzi sono esposti in Francia al Louvre dove furono esportati clandestinamente e non ci sono mai stati restituiti. Ciò avvenne nel 1895, quando nell'Italia unita non si seppe o non si volle dare seguito alle antiche leggi borboniche che stabilivano "il divieto di esportazione degli oggetti d'arte senza autorizzazione".

I Romani avevano la passione per gli argenti, i più raffinati apprezzavano pezzi artisticamente lavorati, magari di fattura greca o etrusca, i nuovi ricchi miravano alla quantità e al peso come si deduce dai discorsi del petroniano Trimalcione che si riportano nel paragrafo seguente.

Per strada vi erano molti locali pubblici: *cauponae* o *tabernae* e i *thermopolia* dove si servivano cibi e bevande calde, chiamati *popinae*.
A Pompei se ne contano 89 e ricordano gli attuali snack-bar per forestieri di passaggio, per chi a mezzogiorno pranzava fuori casa e per i molti che vivendo in case piccolissime non avevano cucina e con pochi soldi potevano così nutrirsi con vivande cucinate (il cibo di strada del tempo). Erano locali aperti sulla pubblica via, il bancone di mescita era in muratura con incassati i *dolia*, le giare per contenere le pietanze o le bevande calde in inverno e fresche d'estate.
Il più elegante era il *thermopolium* di Vetutius Placidus, che era una vera e propria *caupona*, dove nelle stanze sul retro ci si poteva sedere e consumare i piatti del giorno riportati nel menù. Si tratta di un *thermopolium* molto curato nelle decorazioni con il larario affrescato con la raffigurazione del *Genio* del padrone, i Lari protettori della casa, il dio del commercio Mercurio e il dio del vino Dioniso.

Thermopolium, casa di Vetutius Placidus, Pompei

La struttura era anche dotata di un giardino con un *triclinium* all'aperto ombreggiato da una pergola retta da colonne in laterizio rivestite di stucco rosso. Il proprietario abitava nella casa annessa alla bottega in cui è ancora visibile il triclinio dipinto in "terzo stile".

Da qualche anno nella moderna Pompei alcuni ristoratori si stanno dedicando con impegno a replicare le antiche ricette. Per dovere di informazione, ci sembra giusto citarne alcuni che sembra abbiano compiuto un interessante lavoro di ricostruzione.

Sono il *President* e la *Caupona.* Il *President* struttura con stella Michelin a prezzi non proprio contenuti e arredi moderni, propone talvolta serate a tema con menù di varie epoche tra cui quella romana, sia nel proprio spazio che in occasione di eventi negli scavi di Pompei, Ercolano, Oplontis. Ci sembra utile, come simpatico esempio di sperimentazione e di ricerca, riportare il menù in latino con traduzione italiana a fronte, appositamente stilato per l'occasione con la collaborazione di esperti archeologi:

GUSTUM (Antipasto)
Scriblita (Focaccia con spezie)
Morek (Formaggio all'aglio)
Caseus (Ricotta)
Caseus Caprinus (Formaggio di Capra)
Patina Urticarum (Tortino di ortiche ed erbe spontanee)
Brassica pompeiana (Cavolo pompeiano in salsa di Garum)
Cucurbitae (Zucca)
Aurata Ephesia racemo (Orata di Efeso al grappolo d'uva)
Ostrae (Ostriche)
MENSAE PRIMAE (Piatti di mezzo)
Esica Omentata (Pollo piccante)
Porcellus assus (Maialino arrostito)
MENSAE SESUNDAE (Dolce e frutta)
Poma (Frutta fresca)
Mala (Mele)
Mala granata (Melograni)
Pira (Pere)
Uvae (Uva)

Mustacei (Datteri)
Caricae (Fichi secchi)
Crustum cum caseo, melle (Cassata Oplontis)
VINUM (Vino)
Falernum Rubrum (Falerno del Massico Rosso, Villa Matilde)
Falernum Album (Falerno del Massico Bianco, Villa Matilde)
Vinum passum (Vino passito "Elaudi", Villa Matilde)

Di recente apertura, la *Caupona,* che riprende il nome latino di osteria, si autodefinisce "archeoesperienziale" e invita ad un viaggio nel tempo, avendo ricostruito, all'interno, arredi e decorazioni parietali del *thermopolium* di Vetutius Placidus e della *domus* dell'importante uomo politico Marcus Lucretius Fronto, e all'esterno un giardino in puro stile pompeiano. Cibi e bevande ripresi dal *De re coquinaria*, vengono serviti in piatti e bicchieri di terracotta da personale in costume romano. Una immersione totale e molto suggestiva nel passato. Non sappiamo però quale sia il livello di fedeltà alle antiche ricette.

Il 5 novembre 2016 a cura della Coldiretti è stato proposto negli scavi di Pompei alla presenza di Dario Franceschini, ministro dei Beni e delle Attività Culturali, un antico menù pompeiano: *gustum, primae mensae, secundae mensae,* preparato secondo le ricette dell'epoca e consumato secondo le modalità del passato là dove veniva gustato.

L'evento, chiamato "eatstory – da noi il cibo ha una storia", realizzato a fini promozionali può comunque ritornare utile per far conoscere ai visitatori degli scavi, italiani e stranieri, i forti legami con il passato della nostra cultura alimentare.

I.5. Apicio *De re coquinaria*

Del citato manuale di Apicio abbiamo un rimaneggiamento del III-IV secolo: *Decem libri qui dicuntur de re coquinaria et excerpta a vinidario conscripta* contenente circa 468 ricette.

È una sorta di enciclopedia della cucina romana che ha fatto testo per tutto il Medioevo e che ha influenzato tutti i ricettari successivi.

Dell'autore Apicio non si hanno notizie precise. Sarebbero esistiti addirittura tre personaggi con lo stesso nome: un gastronomo amante dello sfarzo e del lusso vissuto sotto Tiberio a cavallo fra il I secolo a.C. e il I secolo d.C., uno vissuto agli inizi del I secolo a.C. noto come grande spendaccione o un altro ancora del II secolo d.C.

Le fonti letterarie riportano: Marcus Gavius Apicius, *ad omne luxus ingenium natus* (Plin. Nat. Hist. 9,66), *vir dives et prodigus floruit primis annis primi saeculi post Christum natum*. (Tac. Ann. 4,1,2).

I dieci libri sono così intitolati: *I – Epimeles; II – Sarcoptes; III – Cepuros; IV – Pandecter; V – Ospreon; VI – Tropetes; VII – Polyteles Uolatilia; VIII – Tetrapus Quadripedia; IX – Thalassa Mare; X – Halieus Piscatura,* più l'*XI – Apici Excerpta a Vinidario* (I L'esperto in cucina; II Le carni tritate; III Gli ortaggi; IV Raccolta di varie ricette; V Legumi; VI Volatili; VII Vivande prelibate; VIII Quadrupedi; IX Il mare; X Il pescatore e l'XI con una selezione di vini).

Ciascun libro contiene un gran numero di ricette e consigli anche dietetici e farmaceutici. Molte pietanze e molti accostamenti, soprattutto con l'onnipresente *garum*, sono lontani dai gusti di oggi, ma non mancano preparazioni che ci risultano familiari.

Nel Libro I, che include consigli rivolti al cuoco, troviamo, tra le ricette per aromatizzare il vino, una con le indicazioni per realizzate vino alle rose o alle violette (*Rosatium et violacium*), molto simile al modo di confezionare i rosoli. Più avanti, tra quelle relative alla conservazione, la nona recita: *Ut pisces diu durent. Eodem momento quo friguntur et levantur ab aceto calido perfunduntur* (Per conservare i pesci fritti. Nello stesso momento in cui friggono li toglierai dal fuoco, cospargerai di aceto caldo).

E così troviamo l'antenata della nostra "**scapece**". Il termine ci è giunto dallo spagnolo *escabeche* derivato dall'arabo[23] e da noi si preparano gli ineguagliabili *cocozzielli a scapece* (zucchine) e a Natale il capitone fritto e condito alla scapece[24].

Nel Libro II, dedicato a vari tipi di polpette e salsicce, ci ha colpito la ricetta delle *Lucanicae*, **salsicce** di Lucania[25] affumicate, molto

23 Dalla Spagna è poi trasmigrato in America latina dove *el escabeche de pescado* è molto diffuso in Perù, Puerto, Rico, Antille; in Cile, in Messico si preparano così anche varie verdure tra cui le cipolle e i peperoni.

24 In italiano anche al maschile: lo scapece.

25 *Lucanicae* da Lucania, era il nome latino della salsiccia. In Lombardia e Veneto,

simili a quelle che si confezionano abitualmente nelle nostre regioni meridionali, Campania, Calabria e Basilicata appunto:

Per fare le lucaniche: si trita pepe, comino, peverella, ruta, prezzemolo, spezierie dolci, coccole di lauro, salsa d'Apicio; e si mescola il tutto con polpa sminuzzata, pestando poi di nuovo il composto insieme con salsa, pepe intero, molto grasso e finocchi. Insacca poi il tutto in un budello allungandolo quanto è possibile. E così si sospenda al fumo.

Il Libro III propone vari tipi di verdure e ortaggi crudi o bolliti, conditi in vario modo oltre che con l'immancabile *garum*. C'è anche la ricetta di una "Poltiglia per combattere la stipsi" (*Pulmentarium ad ventrem*) e si sottolineano gli effetti salutari di vegetali e legumi.

Nel Libro IV abbiamo una varietà di piatti a base di formaggio, asparagi, erbe selvatiche, rose, latte, frutta e ancora *garum* in tutte le salse. È spiegato come confezionare la **lasagna**, che chiama *patina*, di cui propone due versioni: *apiciana* con carni e pesci più pregiati e *cotidiana* con ingredienti a portata di ogni tasca.

E dice in sintesi:

Per confezionarla utilizzare vari tipi di carni e pesci, cuocerli e, dopo averli sminuzzati, mescolare con uova crude, pepe olio vino, mettere in tegame e far addensare con amido, quindi versarne una quantità sulla sfoglia làgana già adagiata, ricoprire con un'altra sfoglia e continuare a strati.

Da *làgana* deriverebbe il nome italiano "lasagna".

Il Libro V è sui legumi e ci sorprende, per la somiglianza con quella attuale, la ricetta dei piselli con le seppie.

Il Libro VI riguarda polli, oche, anatre, piccioni, tortore, pernici, pavoni, fenicotteri e tutti i possibili tipi di selvaggina, fatti arrosto o bolliti e tutte le salse per accompagnarli.

Il Libro VII si occupa di preparazioni speciali di carni, patè di fegato, salse per i bolliti, trippa, zampetto di maiale (*trippa e pere 'e puorco* come oggi a Napoli), dolci al latte tra cui un budino, uova e miele o una frittatina di uova e latte. E ancora funghi, tartufi, lumache, uova.

Nel Libro VIII sono spiegati tutti i modi per cucinare cinghiale, cervo, capra, montone, manzo, vitella, agnello, capretto, maialino, lepre, ghiro.

---

dove erroneamente ne rivendicano le origini, vengono ancora chiamate lugàneghe.

I Libri IX e X passano in rassegna tutte le possibili preparazioni di pesce, molluschi e le relative salse. Segue un'appendice con la lista di spezie, frutta secca e varie altre ricette, compresa una a base di scorpioni![26]

I.6. Napoli "città degli otia" dei patrizi romani

Neapolis, città greca, fu scelta dall'aristocrazia romana per erigervi lussuose ville sul mare con ampie terrazze per godere delle bellezze paesaggistiche, portici per passeggiate lungo la costa, esedre e strutture di riposo sulla riva, porticcioli privati, vaste peschiere per il costoso hobby della piscicoltura di specie ittiche rare e *ostriaria* per l'allevamento di frutti di mare, il tutto in un' incredibile gara di sfarzo e ricchezza.

Emblema dell'opulenza del tempo i raffinatissimi banchetti di Lucio Licinio Lucullo nella sua grandiosa villa. Dice Plutarco:

[...] *Vi erano d'obbligo, come antipasti, frutti di mare, uccellini di nido con asparagi, pasticcio d'ostrica, scampi. Poi veniva il pranzo vero e proprio: petti di porchetta, pesce, anatra, lepre, pavoni di Samo, pernici di Frigia, murene di Gabes, storione di Rodi. E formaggi, e dolci, e vini.*

Lucullo, il generale romano vissuto tra il 115 e il 57 a.C., dopo la vittoria su Mitridate, rimasto in Asia per riscuotere i tributi, aveva accumulato grandi ricchezze. Per alimentare con acque marine i suoi sterminati allevamenti ittici, avrebbe fatto scavare un canale corrispondente all'attuale via Chiaia, che immetteva acqua in una serie di vasche. L'intero complesso occupava tutta l'area del monte Echia e la parte pianeggiante, con propaggini che si allungavano a comprendere Megaride. Celebre luogo di delizie, comprendeva vasti giardini, in cui

26 Ciò a noi sembra raccapricciante, eppure in Cina gli scorpioni sono considerati delle prelibatezze e a Pechino nella via del cibo (Wangfujing), sono esposti ordinatamente infilzati sugli spiedini così come cavallette, topolini, ragni, larve, serpentelli, secondo un proverbio cinese che dice che "tutto quello che vola, nuota, striscia e cammina si può mangiare". In tutto l'Oriente da sempre si usa cibarsi di insetti. In Messico poi fin dall'epoca precolombiana si mangiano abitualmente i *chapulines*, una specie di cavallette, e le formiche vengono consumate in vari paesi. Esistono comunque nel mondo allevamenti di insetti per uso alimentare e, dalla ricerca di fonti alternative di proteine ad alto valore biologico, pare che sarà questo il cibo del futuro (sic!).

il ricco condottiero, al ritorno dalla campagna di guerra nel Ponto, aveva piantato il ciliegio *prunus cerasus,* dalla città greca *Kerasunta.* Il racconto secondo cui anche il pesco, che produceva le sconosciute "mele persiane" *mala persica,* sarebbe stato per la prima volta da lui importato dall'Oriente verrebbe smentito da Plinio il Vecchio che nominando le varietà di pesche, le dichiara importate da una trentina di anni, dunque nel I sec d.C.

Oltre alle enormi vasche per la itticoltura, vi erano ninfei e ameni spazi vicino al mare dove venivano organizzate le celebri cene luculliane. Si tramanda la vicenda secondo la quale Cicerone ed altri amici, presentatisi a cena senza che fossero stati avvertiti i cuochi, allo scopo di verificare come veramente Lucullo mangiasse quando non aveva ospiti di riguardo, con grande sorpresa godettero di una cena principesca a base di prelibatezze di carne e di pesce di ogni genere, dolci e vini.

I.7. La cena di Trimalcione

Tra le fonti letterarie che possono darci notizie sui pranzi dei ricchi, il *Satyricon* di Petronio è certamente la più illuminante.

Petronius elegantiae arbiter, così lo chiama Tacito, raffinatissimo patrizio vissuto alla corte di Nerone, nel suo prosimetro (romanzo in prosa e versi), giuntoci mancante di molti brani, descrive *La cena di Trimalcione.*

In epoca ellenistica il corrompersi dei severi costumi aviti ha mutato il senso dei banchetti che, soprattutto per i nuovi ricchi, diventano una mera esibizione di lusso. Con caustica ironia Petronio dipinge la volgarità e la rozzezza di Trimalcione, liberto arricchito che con lusso pacchiano tende invano ad emulare i costumi aristocratici. La cena si svolge in una città della Campania, esplicitamente chiamata *Graeca urbs* (81,3). *Neapolis* in età Romana conservò, come abbiamo già sottolineato, oltre il nome, la lingua ed il carattere greco. Dalla descrizione del luogo, come di un grande emporio sul porto, potrebbe però anche essere *Puteoli.*

Trattandosi di un' opera di fantasia non è detto che il riferimento debba necessariamente collegarsi ad una città reale, ma di certo è una

Gatto in lotta con pollo; anatre, pesci e conchiglie,
Museo Archeologico Nazionale Napoli

grande città costiera. Tutta la costa napoletana fino ai campi flegrei era punteggiata, come si è detto, di *villae maritimae* e di ricche dimore destinate agli *otia* culturali di patrizi e intellettuali romani.

Neapolis era considerata alla stregua di Atene: vi si poteva imparare il greco e studiare la filosofia stoica ed epicurea. Possedervi una villa era segno di status e presto, ad imitazione degli aristocratici, anche i liberti arricchitisi con i commerci vennero a crearsi degli insediamenti in zona.

Va ricordato a tale proposito Publio Vedio Pollione, uno degli uomini più ricchi della tarda età Repubblicana, che proveniente da una famiglia di facoltosi liberti di Benevento, riuscì a raggiungere il rango di equestre e ad assumere, benché solo cavaliere, il governo dell'Asia, una delle più ricche province romane.

Cicerone, dopo un incontro con lui in Cilicia, affermò *nunquam vidi hominem nequiorem* (mai ho visto un uomo più iniquo).

Fedelissimo ad Augusto, che non lo aveva però in grande simpatia, edificò a Posillipo la fastosa grandissima villa *Pausilypon*, oggi Parco archeologico protetto, che lasciò poi in eredità all'Imperatore.

Petronio non risparmia gli strali pungenti della sua satira contro la sguaiata ostentazione di ricchezza nelle esagerate stravaganze di certi banchetti, e i triviali comportamenti dei nuovi ricchi. Dal suo scritto però abbiamo un'idea di certi virtuosismi gastronomici di cui evidentemente erano capaci i cuochi che lavoravano a servizio di padroni molto facoltosi.

A tale scopo si riporta qui di seguito la traduzione di alcuni stralci dal capitolo 31 al 70, della *Cena Trimalchionis* relativi alle innumerevoli e scenografiche portate imbandite tra le esibizioni di musici, attori e giocolieri oltre alle esternazioni di dubbio gusto del padrone di casa, che in parte abbiamo omesso per economia di spazio.

[31] [...] Così finalmente ci mettemmo a tavola, con valletti di Alessandria che versavano acqua ghiaccia sulle mani [...] Fu servito comunque un antipasto di gran classe, che tutti ormai erano a tavola [...] Quanto al vassoio, vi campeggiava un asinello in corinzio[27] *con bisaccia, che aveva olive bianche in una tasca, nere nell'altra. Ricoprivano l'asinello due piatti, su cui in margine stava scritto il nome di Trimalcione e il peso dell'argento. E vi avevano saldato ancora dei ponticelli, che sostenevano ghiri cosparsi di miele e papavero. E c'erano dei salsicciotti a sfrigolare su una graticola d'argento, e sotto la graticola susine di Siria con chicchi di melagrana. [32] Si era alle prese con tali delizie, quando lui, Trimalcione, giunse lì trasportato a suon di musica, e, come lo ebbero deposto tra guanciali minuscoli, chi fu colto alla sprovvista non si tenne dal ridere. Da un mantello scarlatto lasciava infatti sbucare la testa rapata, e intorno al collo, rinfagottato dall'abito, si era messo un tovagliolo con liste di porpora e frange spenzolanti qua e là. Aveva poi nel dito mignolo della mano sinistra un grosso anello placcato d'oro, e nell'ultima falange del dito seguen-*

27 "Corinzio" sta per argento corinzio oppure per una mitica preziosa lega di rame, argento e oro che sarebbe venuta fuori dalla fusione dei vari metalli statue e oggetti preziosi nell'incendio causato dai Romani nella distruzione di Corinto del 146 a.C.

te un anello più piccolo, d'oro massiccio, avrei detto, ma certo con sopra saldate come delle stelle in ferro. E, per non far mostra di quei preziosi soltanto, mise a nudo il braccio destro, che era adorno di un'armilla d'oro e di un cerchio d'avorio con una lamina luccicante all'intorno. [33] [...] fu collocato un vassoio con sopra una cesta, in cui c'era una gallina di legno con l'ali aperte a cerchio, come stanno di abitudine quando covano. Si accostano subito due schiavi, che in un concerto assordante prendono a frugare tra la paglia e tiratene fuori uova di pavone su uova, le dividono tra i convitati. A questo colpo di scena, Trimalcione volge il capo, e "Amici, – dice – *uova di pavone ho fatto mettere sotto la gallina. Ma ho paura, per Bacco, che ci sia già la famiglia! Ad ogni modo, proviamo se sono ancora da bere. Sì, si possono bere". Riceviamo dei cucchiaini da mezza libra almeno e rompiamo quelle uova rivestite di pasta frolla. Io però fui a un pelo dal gettar via la mia porzione, ché in effetto mi pareva ci fosse già il pulcino. Ma poi, quando sento da un commensale di vecchia data "Qui dev'esserci qualcosa di buono" frugo con la mano dentro il guscio e trovo immerso nel tuorlo pepato un beccafico bello grasso. [34] [...] Entrano poi subito due Etiopi ben chiomati con certi otri minuscoli, sul tipo di quelli che servono nell'anfiteatro a innaffiare l'arena, e ci versano vino sulle mani. Che d'acqua nessuno ne offriva. [...] Arrivano all'istante delle anfore di cristallo accuratamente sigillate, che portano attaccate al collo etichette con la scritta: Falerno Opimiano di cent'anni [...] Mentre noi dunque beviamo, tutti compresi ed estatici davanti a quelle lussuosità, uno schiavo portò uno scheletro d'argento, costruito così che le sue giunture e vertebre snodate potessero piegarsi da ogni parte. [...] Trimalcione commentò: "Ahinoi miseri, come è nulla l'intero omuncolo! Cosi saremo tutti, dopo che l'Orco ci avrà rapiti! Dunque viviamo finchè possiamo ancora spassarcela!"*

[35] Agli applausi tenne dietro una portata non grandiosa certo come ce l'aspettavamo, ma il suo aspetto bizzarro attirò l'attenzione generale. Si trattava di un'alzata rotonda, che aveva disposti in giro i dodici segni, su ciascuno dei quali l'imbanditore aveva collocato quel cibo che meglio si adattava al soggetto: sull'Ariete ceci arietini[28]*, sul Toro un pezzo di manzo, sui Gemelli testicoli e rognoni, sul Cancro una corona, sul Leone un fico*

28 *Cicer arietinum*, qualità di ceci la cui forma ricorda la testa di un ariete.

d'Africa, sulla Vergine una vulvetta di scrofa, sulla Libra una bilancia, con una focaccia al cacio in un piatto e una al miele nell'altro, sullo Scorpione un pesciolino di mare, sul Sagittario un uccello occhiofisso, sul Capricorno un'aragosta, sull'Acquario un'oca, sui Pesci un par di triglie.
Nel mezzo poi una zolla strappata con l'erba sosteneva un favo. Un valletto egizio faceva girare del pane in una teglia d'argento.
[36] [...] ecco quattro valletti accorrere danzando a suon di musica e togliere il coperchio dell'alzata. Ciò fatto, vediamo lì dentro capponi e pancette, e in mezzo, a far da Pegaso, una lepre fornita d'ali. E notammo ancora agli angoli dell'alzata quattro figure di Marsia, dai cui otricelli scorreva una salsa pepata, con sotto dei pesci che nuotavano in una specie di euripo[29]*. Tutti applaudiamo a incominciare dai servi e ridendo muoviamo all'assalto di quella roba prelibata.*
[40] [...] quando fuori dal triclinio si levò un gran baccano, ed ecco che cani della Laconia incominciarono a correre per ogni verso senza risparmiare neppure la tavola. Li seguiva un'alzata, dov'era deposto un cinghiale di prima grandezza e con tanto di berretto, dalle cui zanne pendevano due canestrini intrecciati di palme, uno pieno di datteri freschi, l'altro di datteri secchi. Intorno poi dei cinghialetti di pasta dura, come appesi alle mammelle, stavano ad indicare che si trattava di una femmina. [...] Intanto, a trinciare il cinghiale, non si presentò quello Scalca che prima aveva fatto a pezzi i capponi, ma un gigante dalla gran barba, avvolto di fasce le gambe e coperto di un mantelletto multicolore, che, impugnato il coltello da caccia, lo immerse con forza nel fianco del cinghiale, dalla cui ferita uscì un volo di tordi. C'erano lì pronti con le canne gli uccellatori e li catturarono sul momento mentre svolazzavano per il triclinio. Poi, dopo aver fatto consegnare a ciascuno il suo, aggiunse Trimalcione: "E adesso guardate quel porco selvatico che ghiande delicate si mangiava". Immediatamente i valletti si accostarono ai canestrini che pendevano dalle zanne e divisero in parti uguali tra i convitati datteri secchi e datteri freschi.
[49] [...] Ancora non aveva tutto distribuito, che un'alzata con un maiale gigantesco si insediò sulla tavola. [...] il cuoco afferra un coltello e con mano guardinga incide qua e là il ventre del maiale. Sul momento dai tagli che via via si allargano sotto la spinta del ripieno traboccano salsicciotti e ventresche.

29 Stretto, canale. Dal nome del canale che divide l'isola di Eubea dalla Grecia.

[52] […] (dice Trimalcione) "*Per l'argenteria ci ho una vera passione. Posseggo dei calici da tredici litri, su per giù un centinaio [...], con Cassandra che ha ucciso i figli suoi e i bimbi morti per terra che li diresti vivi. Posseggo una tazza, che Rummio lasciò al mio patrono, dove Dedalo rinchiude Niobe nel cavallo di Troia. Quanto agli scontri di Ermerote e Petraite, li tengo sui bicchieri. Tutta roba massiccia, che non venderei a nessun prezzo". […]*
[59] […] e, mentre la servitù si sparpagliava ai suoi posti, venne introdotto su un vassoio di duecento libbre un vitello lesso, con in più tanto d'elmo. Seguì sùbito Aiace, che, impugnata la spada, come in via di ammattire, procedette al massacro, e, dopo aver duellato ora di punta ora di taglio, raccolse infilzandoli i pezzi del vitello e li distribuì tra noi che assistevamo ammirati.
[60] […] Vi era già stata deposta un'alzata con sopra delle focacce, il cui centro era occupato da un Priapo cotto al forno, che secondo l'usanza reggeva nel grembo assai vasto frutti d'ogni genere e grappoli d'uva. Ingordamente allungammo le mani a quel trionfo [...].

Mentre il banchetto procede con altre portate come *una gallina ingrassata a testa e disossata con contorno di uova d'oca incappucciate*, giunge un altro ospite da un altro banchetto e a Trimalcione che gli chiede che cosa avesse mangiato, risponde enumerando varie pietanze: *[66] […] "Come primo piatto un maiale coronato di sanguinacci, con tutt'intorno salsicce e ventrigli d'uccelli cotti alla perfezione; inoltre barbabietole e pane integrale. La portata seguente era una focaccia al cacio fredda, con sopra versato caldo del miele spagnolo di qualità. Di focaccia così me ne mangiai più che un pezzetto, di miele poi mi riempii da scoppiare. Il contorno era di ceci e lupini, con noci a volontà e una mela a testa. […] Ci avevano messo davanti un pezzo di carne d'orso[…] Alla fine ci hanno servito formaggio fresco e mostarda e una lumaca per uno e listerelle di trippa e fegatini al tegamino e uova incappucciate e rape e senape […] basta, basta! Ma no, che fecero ancora girare dentro un bacino delle olive in salamoia, con certi maleducati che arrivarono a pescarne tre manciate. Quanto al prosciutto, lo mettemmo in libertà perché non ne potevamo più".*

La cena in casa di Trimalcione continua, sebbene i convitati siano più che sazi. E continuano anche esibizioni e lazzi di cattivo gusto. *[69] […] Né ci sarebbe stata una fine a tanti strazi, se non avessero servito il dessert, tordi di siligine*[30] *imbottiti di uva passa e di noci, cui tennero dietro anche mele cotogne trapunte di spini, così da sembrar ricci.*

Ma il colmo è raggiunto, fino alla nausea, quando viene servita un'oca ingrassata circondata da pesci e uccelli, tutto fatto con carne di maiale.

[70] [...] Trimalcione esalta le qualità del suo cuoco, che ha chiamato Dedalo per le sue doti di architetto gastronomo [...].

Pur trattandosi di un'opera letteraria, il *Satirycon* testimonia che l'abbondanza ed esuberanza alimentare sulle tavole dei maggiorenti era tale che, sebbene costoro potessero permettersi di ottenere quanto di più costoso e prelibato ci fosse nelle più remote province dell'Impero, in un'epoca in cui non esistevano frigoriferi la maggior parte del fresco veniva comunque reperito in zona, dove produzione e varietà non avevano confronti. Tutto ciò con le invasioni dei barbari ebbe però una brusca interruzione.

30 *Panis siligineus*, confezionato con la siliga, pregiata e sottile farina bianca di frumento.

II

Dall'Alto Medioevo agli Angioini. Ricettari medievali. Martino da Como. I banchetti alla corte aragonese. Ruperto da Nola.

II.1. L'Alto Medioevo

Un breve excursus, nell'intricata storia di mille anni, ci sembra utile per comprendere meglio certi cambiamenti nell'alimentazione inevitabilmente collegata e intrecciata con i gusti, le necessità e gli apporti dei dominatori di turno, oltre che con le trasformazioni dei sistemi agricoli dovute all'esaurirsi delle colture intensive nei grandi latifondi.

Dopo la caduta dell'Impero Romano e le invasioni barbariche, a Napoli[1] la dominazione bizantina contribuì con il Ducato a mantenere viva un'ideale continuità con la cultura e la lingua greca delle origini. Il Ducato era però pressato e circondato dai Longobardi della *Longobardia Minor*, padroni di buona parte della Campania.

Date le difficoltà dei tempi, l'alimentazione divenne parca ed essenziale. Il declino delle prospere ville rustiche era stato inevitabile conseguenza del mancato servizio dei porti per lo smercio dei prodotti agricoli. L'instabilità dello Stato, la scarsa sicurezza delle vie sia di mare che di terra, con la conseguente progressiva diminuzione degli scambi commerciali fino alla totale interruzione, avevano determina-

1 Nella speranza di ottenerne protezione contro gli invasori goti, Napoli riconobbe l'autorità dell'Impero Romano d'Oriente. La guerra greco-gotica, con fasi alterne, sempre tutte disastrose per gli abitanti, durò venti anni e si concluse con l'ingresso in città delle milizie di Bisanzio nel 554.

to la decadenza della villa rustica come struttura produttiva, che per secoli aveva costituito il motore ben oliato e ben rodato dell'economia agricola dell'Impero. Senza contare che la fine della schiavitù aveva fatto venir meno l'immensa risorsa di manovalanza a costo zero.

Il paesaggio agrario fuori dalle mura si era inselvatichito e le strutture agricolo-residenziali, in condizioni di abbandono, si erano trasformate in una successione di campi adibiti a pascolo. Molte costruzioni furono via via fortificate per difesa da invasioni e saccheggi e, basandosi su un'economia di sussistenza, si andarono trasformando in punti di riferimento di piccoli centri rurali che costituirono poi il tessuto dell'economia curtense di epoca medievale.

I centri rustici derivanti dalla trasformazione delle *villae* sparse nell'*ager* campano, divennero "casali"[2]. I contadini del napoletano, che per necessità di sopravvivenza continuarono comunque a coltivare le terre, per esigenze di lavoro e di sicurezza andarono raggruppandosi intorno alla chiesa o alla casa del signore in cerca di protezione.

Tale graduale processo si era andato stabilizzando verso la fine dell'VIII secolo precisamente nel 763, quando con il Ducato, divenuto autonomo, cominciò ad aprirsi un periodo di relativa tranquillità e prosperità fino all'arrivo dei Normanni[3].

II.2. Reperimento e conservazione degli alimenti

Il reperimento del cibo, che nei momenti più bui si limita ai prodotti spontanei dei boschi e dei prati quando si riescono a trovare erbe, cicoria di campo, asparagi selvatici, funghi, castagne, frutti di bosco e soprattutto selvaggina; nei periodi di calma si basa anche su quanto si può coltivare e allevare. Dalle invasioni barbariche, oltre al **cinghiale selvatico**, il suino domestico diventa una delle risorse più rile-

2 Come attestato ancora in un documento di età ducale (18 Ottobre 1113), riguardante l'affitto di un fondo in *villa Secundillani*, e che compare come Casale in un documento angioino del 1279.
3 Furono chiamati nel 1029 dal duca Sergio per riconquistare Napoli, invasa dai Longobardi. Aversa fu il primo insediamento dei Normanni che rapidamente s'impossessarono di tutto il Sud. Napoli perse la sua sovranità a favore di Palermo tolta agli Arabi. L'imperatore Federico II, normanno-svevo, offrì poi alla città vari segni di pacificazione: dalle mura, alla fortificazione dei castelli all'Università.

Macellazione del maiale, Tacuinum Sanitatis

vanti: il salvadanaio di famiglia. Ciò fu determinato non solo perché il primo era facilmente reperibile allo stato selvatico e il secondo abbastanza facile da allevare, ma anche perché le semplici tecniche di conservazione conosciute – salatura, affumicatura, essiccatura – consentivano di accumulare per lunghi periodi scorte alimentari commestibili e molto nutrienti. **Salumi**, prosciutti e pancette diventarono moneta di scambio e appartiene al latino tardo il termine *salumen* che nel Medioevo indicava qualsiasi prodotto (anche pesce) conservato sotto sale.

Mentre nel Nord d'Italia, sempre nel latino altomedievale, va affermandosi la parola *formaticum* per indicare il formaggio "messo in forma" e dunque duro, per poi stabilizzarsi nel volgare italiano nel termine generico di "formaggio", in Campania perdura *caso* dal latino classico *caseus* sia per **formaggi** duri che a pasta molle, entrambi prodotti come da tradizione con latte ovino o vaccino.

È a questo tormentato periodo, caratterizzato come si è detto dalla prevalenza dei pascoli sull'agricoltura che va fatta risalire la nascita della **mozzarella di bufala**. Se incerta è l'origine delle bufale in Campania, e varie sono le teorie se autoctone o introdotte addirittura dai Longobardi, le prime notizie sulla mozzarella, si troverebbero in un documento longobardo del XI secolo secondo il quale la principessa Aloara, vedova del principe di Capua Pandolfo Testadiferro, distribuiva una *mozza*[4] con un pezzo di pane ai monaci dell'abbazia di San Lorenzo ad Septimum alle porte di Aversa.

Secondo altre tesi, la mozzarella sarebbe stata inventata dai monaci lavorando il latte con un procedimento veloce direttamente nei pascoli delle valli acquitrinose, creando così un latticino da trasportare più facilmente nei conventi in altura.

Vendita di formaggi, *Tacuinum Sanitatis, Codex Vindobonensis Series Nova 2644*, Österreische Nationalbibliothek, Vienna

Secondo altri ancora gli inventori sarebbero stati più tardi i Normanni, divenuti padroni di Aversa, a tutt'oggi nota per la produzione di mozzarella. Dell'uso, della lavorazione e del consumo dei prodotti derivati dal latte di bufala (il *casicaballus*, il *butyrus*, la *recocta*, il *provaturo*), restano attestazioni in documenti risalenti al XII secolo conservati presso l'archivio episcopale di Capua.

4 Così veniva inizialmente chiamata ciascuna delle porzioni rotonde che si ricavava dalla mozzatura della lunga pasta filata durante la lavorazione del latticino.

A sua volta nel suo libro sulla mozzarella[5] Lejla Mancusi Sorrentino scrive: *L'invenzione della vera mozzarella è avvenuta in Campania grazie alla presenza dei bufali un tempo allevati nelle zone paludose dei dintorni di Caserta, Salerno e Napoli. In pratica i bufalari trattarono il latte di bufala con la tecnica dei formaggi a pasta filata usata già da molti secoli per il latte bovino. La prima citazione è nella Naturalis Historia di Plinio che menziona il laudatissimum caseum del Campo Cedicio, località individuata nell'attuale Terra dei Mazzoni. Sin dai primi ricettari di area italiana del '300 e del '400 è documentato che provatura* (affine alla mozzarella), *provola e mozzarella comparivano sulle tavole di personaggi d'alto rango, ma un significativo incremento si ebbe alla fine del Settecento con la realizzazione della Reale Tenuta di Carditello voluta dai Borbone.*

Il **fior di latte** di mucca, che si realizza con latte crudo e con analoghe modalità di lavorazione di pasta filata e mozzata, ha origine in Campania in tempi certamente molto remoti nella zona di Agerola sui Monti Lattari[6], il cui latte era molto apprezzato da Galeno per le proprietà salutari e curative.

La **provola**, sia di mucca che di bufala, prevede una fase di filatura più lunga per ottenere una pasta più consistente, viene affumicata con paglia umida bruciata per alcuni minuti. Acquisisce un sapore, un colore e un aroma tipico del fumo e può essere conservata un po' di più.

La **ricotta** può essere sia di latte bovino che bufalino, quella di latte ovino infine è di antichissima memoria, Ulisse la trova nella grotta di Polifemo. Il termine deriva da latino *recoctus*, cioè il siero cotto due volte.

La **ricotta di fuscella** campana, messa in cestelli allungati di giunco intrecciato, le *fuscelle*, è molto leggera e va consumata freschissima.

---

5 Lejla Mancusi Sorrentino, *La mozzarella storia origini e curiosità*, ed. Grimaldi.
Ai suoi scritti faremo frequente riferimento giacché, quale esperta di gastronomia, ha provveduto alla ristampa degli storici ricettari napoletani ed è autrice di innumerevoli pubblicazioni sulla cucina napoletana, tra cui *I 12 capolavori della cucina napoletana, Manuale del perfetto amatore del caffè, La pizza, regina di Napoli, Cioccolandia, Sua Maestà il Limone, Maccheronea, La pasta è servita, Pasticceria alla napoletana, Pasta amore e fantasia, Ricettario napoletano.*

6 Circa la possibilità che l'etimologia dell'oronimo Monti Lattari sia legata al latte, nel VI secolo Cassiodoro parla (al singolare) di *remedia Lactarii montis* e Procopio di Cesarea *montem, quem Romani Lactarium vocant..*

II.3. Prodotti diffusi o introdotti in Europa dagli Arabi

Agli Arabi di Spagna (711-1492) e di Sicilia (807-1072) dobbiamo molti prodotti oggi abituali nelle nostre elaborazioni culinarie come lo zucchero di canna, la melanzana, il riso, gli spaghetti, le spezie, i limoni e le arance.

Lo **zucchero di canna**, che i crociati avevano conosciuto attraverso gli Arabi, si diffuse in Europa a partire dal XII secolo e ancora di più dopo la scoperta dell'America, mentre lo zucchero di barbabietola nasce alla fine del '700 dalla lavorazione industriale della pianta.

La **melanzana**, oggi diffusissima e alla base di tante preparazioni meridionali, è originaria dell'India e fu portata nell'area mediterranea dagli Arabi agli inizi del Medioevo. Per molto tempo fu considerata pericolosa. Si diceva addirittura che provocasse turbe psichiche e disturbi intestinali, questo perché non commestibile da cruda e per l'annerimento dopo il taglio. Da ciò il nome *mala insana* che le venne attribuito. Un'altra spiegazione sull'origine del nome in italiano partirebbe dal nome arabo *badingian* che in Italia con il prefisso "mela", diventa "mela-badingian", più tardi melangiana (ancora in uso nel dialetto siciliano) e poi melanzana, in napoletano *mulignana*. In alcune zone della penisola venne chiamata petonciana o petonciano o anche petronciano per la parola araba *badingian* preceduta dal prefisso "petro". Nome con cui è menzionata fino ai primi anni del 1800 in alcuni testi. Dall'arabo *badingian* in Spagna derivò *berenjena*, con l'articolo *al-badingian* derivano invece *albergínia* in catalano e *aubergine* in francese.

Il **carciofo** era conosciuto da Greci e Romani. Gli Arabi, che lo coltivavano abbondantemente, lo chiamavano *al-karshuf* o *ardi-shoki*. Da tali nomi che significano "spina di terra" e "pianta che punge", sono derivati i nomi del carciofo nelle varie lingue europee.

Così l'italiano *carciofo*, lo spagnolo *alcachofa*, il francese *artichaut*, l'inglese *artichoke* e il tedesco *artischocke*. Nel secolo XV il carciofo veniva consumato a Napoli dove era giunto dalla Sicilia. Importato a Firenze nel 1466 venne chiamato appunto "frutto di Napoli".

Il **riso**, originario in forma selvatica dell'Asia orientale e della Cina meridionale, fu da quelle popolazioni coltivato fin dalla Preistoria.

In Occidente fu conosciuto grazie ad Alessandro Magno. Per i Romani, a detta di Orazio, era un prodotto medicamentoso che, sotto forma di decotto, veniva prescritto ai pazienti più ricchi per curare alcune malattie. Continuò ad essere utilizzato a scopi medicinali dalla Scuola Medica Salernitana[7] e qualche risaia era presente nel territorio di Salerno. Era invece ampiamente utilizzato come alimento dagli Arabi che lo portarono in Spagna poco dopo il 1000 d.C. La prima vera coltura intensiva nel Regno di Napoli si deve agli Aragonesi nel XV secolo, nelle piane acquitrinose nei pressi di Paestum.

Gli Aragonesi ne avrebbero fatto dono a Pisa. Giunse poi a Milano e Galeazzo Maria Sforza nel 1475 lo donò a Ferrara, dove fu ampiamente coltivato e sfruttato per l'alimentazione.

Dalla Lombardia la coltivazione del riso si estese con rapidità a tutte le zone paludose della Pianura Padana, divenendo un sostegno indispensabile per la popolazione.

Presente in varie preparazioni meridionali, non ha però mai avuto la larghissima diffusione né l'accettazione che avrà la pasta.

Lo troviamo già nel *Liber de Coquina* nella ricetta del "Bianco Mangiare", delicato dolce di riso, latte, mandorle, zucchero e zenzero, proveniente dalla Francia e molto in uso nella corte angioina: II-17. *Et potes cum riso integro preparare et lacte caprino, ad usum ultramontanum. Quando datur, superponantur amigdale suffrisse, zucara et zynziber album integrum. Et uocatur gallice blanc mangier, id est: alba comestia.* Tale dolce, senza più il riso è rimasto nella cucina siciliana.

---

7 Nel *Regimen Sanitatis Salernitanum,* trattato della Scuola Medica Salernitana del sec. XI, si danno indicazioni su norme igieniche, uso del cibo e delle erbe e loro indicazioni terapeutiche, tra cui l'uso del riso come medicamento per i disturbi gastro-intestinali. Un altro importante trattato di dietetica di area meridionale, successivo di circa un secolo e mezzo (tra 1258 e 1266), è il *Tacuinum Sanitatis* che Manfredi fece tradurre in latino dal testo arabo di un secolo prima di Ibn Butlan, forse a Napoli, come indicherebbe la formula di chiusura del manoscritto: *Explicit Tacuinum. Dei excelsi diutorio Nea(po)li de arabico in latinum traslatum*… È un'opera di carattere medico-alimentare che ebbe larga diffusione, tanto che il Signore di Milano Giangaleazzo Visconti (1351-1402) ne volle una versione illustrata, oggi di grande interesse circa la vita quotidiana del sec.XIV. I *Tacuina Sanitatis* ebbero vasta diffusione e, di questi codici miniati giunti fino a noi, tre sono considerati di maggior pregio: quello della Biblioteca Nazionale di Vienna, quello della Bibliothèque Nationale de France a Parigi, e quello della Biblioteca Casanatense a Roma, chiamato anche *Theatrum Sanitatis*.

Fabbricazione della pasta a fili, Tacuinum Sanitatis Casanatense

Gli **spaghetti**. *Furono gli arabi a portare in Italia gli spaghetti* – come sostenuto dall'Accademia italiana della cucina – *…alcuni testi rivelano come in Sicilia, intorno all'anno 1000, fossero già presenti e da lì esportati in tutto il Mediterraneo.*

Va ricordato che all'epoca non erano ancora noti con il nome di spaghetti bensì di pasta lunga a fili e *tria* dagli arabi.

I primi documenti italiani in cui la pasta essiccata viene nominata, risalgono al 1100, molto prima del 1295, anno de *Il Milione* di Marco Polo a cui si attribuisce il merito di aver fatto conoscere in Italia gli spaghetti che si consumavano in Cina.

Dunque, sempre secondo la succitata Accademia: *Manca nella ricostruzione storica l'anello di congiunzione tra l'invenzione cinese della pasta fresca e l'inizio dell'uso dell'essiccazione.*

L'arte della essiccazione è la vera discriminante nella produzione degli spaghetti: deve avvenire dall'interno verso l'esterno, e non viceversa altrimenti la pasta marcisce. Non si sa con certezza se il procedimento venne inventato dagli Arabi o se lo impararono da qualcun altro, comunque è grazie a loro che le prime botteghe italiane per la preparazione della pasta in forma di fili sorsero in Sicilia e si estesero al resto della penisola, soprattutto a Napoli ma anche a Genova. Sarebbe dunque agli Arabi e non ai Cinesi[8], che dobbiamo i nostri vermicelli chiamati anche spaghetti quando un po' più sottili.

Lo **zenzero**, sia fresco che essiccato era molto diffuso nell'Asia meridionale. Già nel romanzo epico sacro della religione Hindu, il *Mahabharata* del VI secolo a.C. è citato un piatto di carne stufata con zenzero e altre spezie. I Romani nel corso della loro espansione imperiale lo importarono dall'India per le proprietà medicinali, e poi furono gli Arabi ad avviare le piantagioni in Africa e a commerciarlo.

Nel Medioevo in Europa si usava candito nei dolci. Nel 1200 e 1300 insieme al pepe nero era una delle spezie più ricercate.

Il **pepe e le altre spezie**. Alla fine del primo Medioevo il controllo del traffico del pepe era saldamente nelle mani degli Arabi. Era talmente caro da essere spesso usato come moneta. Successivamente il commercio fu monopolizzato dalle Repubbliche Marinare di Venezia e di Genova che, sulla "via del pepe" a suo tempo tracciata dai Romani, fondarono la loro prosperità.

Le più utilizzate nell'Alto Medioevo erano soprattutto: zenzero, zafferano, chiodi di garofano e pepe.

Nel Duecento si aggiunsero: cubebe (un tipo di pepe), macis, zucchero, cannella, liquirizia, cumino, anice, coriandolo e nel Trecento noce moscata e cardamomo.

Lo **zafferano** secondo la mitologia greca sarebbe nato dalla trasformazione del mortale **Crocus**. Il giovane, innamorato della ninfa Smilace, si tolse la vita esasperato dai continui ostacoli posti al loro amore dagli dei, che mossi a compassione dal gesto trasformarono lei in una pianta, con foglie a forma di cuore e il giovane in un fiore viola dal cuore color del sole, lo zafferano. Nel Medioevo verrà introdotto in Spagna dagli Arabi, che vendevano la spezia ai mercanti delle Repubbliche Marinare a caro prezzo, finché un domenicano, tornando dalla Spagna, pensò di coltivarla in Abruzzo. Da allora lo

8 In Cina la cultura degli spaghetti si sarebbe sviluppata indipendentemente, del resto la tecnica di fabbricazione è completamente diversa e tutta manuale.

zafferano dell'Aquila è considerato il più pregiato ed è DOC. Diffuso in varie regioni italiane dalla Lombardia alla Sicilia, nella cucina napoletana di oggi non è molto presente.

L'**arancio** è un albero originario della Cina e del sud-est asiatico, alcuni testi romani ne parlano già nel I secolo. Probabilmente giunto in Europa per la via della seta, la prima coltivazione si impiantò in Sicilia. Venne riscoperto dai marinai portoghesi e diffuso in Europa nel XIV secolo. In greco l'arancio si chiama *portocáli*, in rumeno *portocală*, in albanese *portokall*, in napoletano *purtuallo* e ancora oggi in arabo la parola usata per parlare del frutto è *burtuqāl*, mentre dalla parola persiana *nāranğ* (preferito dagli elefanti) deriva "arancia", *naranja* in spagnolo e *narancs* in ungherese. Bisogna però distinguere che l'arabo *burtuqāl* indica l'arancia dolce *citrus sinensis*, mentre il termine di origine persiana *nāranğ* indica l'arancia amara, *citrus aurantium*.

Il **limone**, *citrus limon*, è originario dell'Asia. Dagli scavi di Pompei si deduce che era già conosciuto in epoca romana, Virgilio infatti ne parla come di un antidoto contro i veleni. I Romani, come abbiamo accennato, probabilmente a causa del sapore acre non lo gradirono per usi alimentari.

La riscoperta fu dovuta agli Arabi. Essi lo diffusero assieme ad altri agrumi nel Medio Oriente. Crociati e pellegrini di ritorno dalla Terrasanta portarono alberelli di limone nel sud dell'Italia.

In Sicilia e ad Amalfi se ne diffuse la coltivazione e l'uso in gastronomia e profumeria. Alcuni trattati italiani medievali presentano ricette chiamate *limonia*, *lumonia*, *lomonia* o *limonea*. Composizioni appellate *aymuwiya* compaiono anche in testi arabi dal XIII secolo. Queste possono essere semplici o molto complesse, con bietola, riso, prezzemolo, melanzane, porri, carote, coriandolo, zenzero, menta, ma anche con carne di pollo e mandorle.

Nel succitato *Liber de Coquina* troviamo la ricetta: II-12. *De limonia: ad limoniam faciendam, suffrigantur pulli cum lardo et cepis. Et amigdale mundate terantur, distemperentur cum brodio carnis et colentur. Que coquantur cum dictis pullis et speciebus. Et si non habentur amigdale, spissetur brodium cum uitellis ouorum. Et si fuerit prope horam scutellandi, pone ibi succum limonum uel limiarum uel citrangulorum* (Per

fare limonia soffriggi il pollo in lardo e cipolle. Trita le mandorle, che siano già pelate, poi stempera con lardo di maiale e mettile a cucinare assieme al pollo con spezie; e se non hai mandorle ispessisci il detto brodo con rossi d'uovo, e quando sarà ora di servire mettici succo di limoni o di arance amare).

La stessa ricetta si ritrova in volgare in *Anonimo Meridionale* (tra '300 e primo '400): *Affare limonia suffrigi li pulli con lardo et cum cepe. Trita le amandole che siano mondate et si le destempera con lardo de carne de porco, et si le coci colli dicti pulli et con spetie, et se tu non ay amandole, spessa lu dicto brodo con ruscio de ova, quando serrà presso ora de menestrare, mictige suco de lumuni o de citraculi.*

Boccaccio in *Amorosa visione*, ambientata nella Napoli angioina incontra Fiammetta in un "gioioso loco" con una magnifica fontana adorna di sculture, un grande prato e alberi di agrumi: limoni e aranci, che simultaneamente offrivano fiori profumati e frutti maturi in una condizione di eterna primavera, a immagine del Paradiso.

Il **cocomero** conosciuto in Egitto già 5000 anni fa, fu introdotto in Europa dai Mori nel XIII secolo. A Napoli viene chiamato *mellone d'acqua* per distinguerlo dal bianco, il *mellone di pane* che si conserva appeso per Natale.

II.4. Con gli Angioini è Napoli la capitale del Regno

Sconfitti gli Svevi nel 1268, il re Carlo D'Angiò aveva spostato la capitale da Palermo a Napoli[9].

La città rifiorì e il benessere ricomparve anche a tavola. All'interno della cerchia urbana recintata da mura, gli orti e i giardini, che numerosissimi circondavano e inframmezzavano le aree anche più densamente popolate, continuarono quasi ininterrottamente ad essere coltivati con sempre maggiore profitto.

In particolare quelli dei conventi tra le cui mura le suore si dedicavano a confezionare dolci e rosoli con i prodotti e le erbe dei loro

9 Incrementò l'edilizia religiosa e civile. Fu nominato il Seggio del Popolo (Grasso) e gli venne riconosciuto il diritto a pubblici incarichi. Tradizionalmente i Seggi appartenevano ai soli Nobili di Piazza, derivavano dalla trasformazione delle "fratrie" di epoca greca e si occupavano della cura della cosa pubblica.

viridari. Fu dato avvio alla bonifica del territorio paludoso a oriente della città, costruendo il Dogliolo o Casa delle Acque, e altri terreni furono guadagnati alle coltivazioni e alla produzione di derrate alimentari con cui rifornire la città e la corte.

Napoli godette insomma, di un periodo di crescita civile ed economica[10]. Il porto, che già aveva visto notevolmente ampliati i commerci e gli scambi marittimi, fu potenziato con la costruzione del molo angioino e di varie altre strutture.

Grazie al gran numero di mercanti provenienti da Genova, Pisa, Firenze, Venezia, Provenza, Marsiglia, Catalogna, Fiandre che vi tenevano rappresentanze stabili che curavano gli affari e i rapporti commerciali, e che introdussero anche usanze proprie in ambito culinario, andò crescendo la possibilità degli scambi e il reperimento di spezie orientali e prodotti in uso tra gli Arabi, molti dei quali si erano già diffusi in Europa.

II.5. Come si mangiava alla corte angioina

Nel reame angioino, prima intorno al re Carlo II e poi al re Roberto accorrevano religiosi, insigni giuristi, artisti, poeti e letterati, tra cui ricordiamo Giotto, Petrarca e Boccaccio.

Negli anni la corte divenne sempre più splendida di feste, tornei e banchetti, soprattutto durante il regno delle due Giovanne e quello di Renato.

Boccaccio visse a Napoli nell'ambiente dei ricchi mercanti, frequentò la vita mondana che ruotava intorno alla corte, e nella nobile brigata conobbe Fiammetta, forse Maria D'Aquino, figlia naturale di re Roberto. Nel *Filocolo*, scritto in quel periodo, dice: *zovente abbiamo veduto i dilicati cibi pe' grossi lasciare, tornando poi a quelli, quando l'appetito de gli altri è contentato*. Qui il riferimento al cibo è appena accennato, e comunque ce ne fa intuire la grande varietà dicendo che nell'ambiente pietanze delicate si alternavano ad altre più pesanti.

10 Dopo Carlo II, Roberto e la nipote Giovanna I, la prima donna a cingere la corona del regno, con i successori del ramo d'Angiò Durazzo: Carlo, Ladislao e Giovanna II, e infine Renato, il regno angioino ha termine nel 1442.

Nel *Decameron* il cibo è spesso protagonista. Nella novella VIII-3 tra le altre vivande si parla di pasta ed è probabile che Boccaccio avesse conosciuto il termine maccheroni a Napoli dove aveva soggiornato fino al 1340: *...una contrada che si chiamava Bengodi, nella quale si legano le vigne con le salsicce, e avevasi un'oca a denaio e un papero giunta, ed eravi una montagna tutta di formaggio parmigiano grattugiato, sopra la quale stavan genti che niuna altra cosa facevan che far maccheroni e raviuoli, e cuocergli in brodo di capponi, e poi gli gittavan quindi giù, e chi più ne pigliava più se n'aveva...*

A tavola, Tacuinum Sanitatis

II.6. Ricettari medievali: il *Liber de coquina* e l'*Anonimo Meridionale*

Vari sono i ricettari del periodo altomedievale[11] che circolavano nei vari Comuni d'Italia. Relativamente alla corte angioina sono da ricordare il *Liber de Coquina* e l'*Anonimo Meridionale.*

a) il Liber de coquina

Di autore anonimo, fu redatto a Napoli alla Corte di Carlo II d'Angiò tra il 1285 ed il 1309, quando a Napoli insieme alle arti e alle lettere fiorì una fastosa e ricca cultura alimentare, grazie sia agli apporti francesi sia ai contatti con le raffinate corti islamiche.

È uno dei più antichi ricettari medievali, capostipite di molti dei successivi. Ne esistono vari codici, due dei primi anni del '300[12].

Il testo consiste di due parti: *Tractatus de modo preparandi e condiendi cibaria omnia*, la prima parte, che contiene 88 ricette divise in 5 capitoli. Vi sono presenti molte nozioni di dietetica ma mancano ricette di influenza araba, presenti invece nel *Liber de Coquina sive de preparatione ciborum,* la seconda parte. I titoli sono ricavati da note a margine del curatore medievale. Gli autori di entrambe le parti sono ignoti.

Si pensa che il *Tractatus* sia stato scritto originariamente da un autore francese, mentre il *Liber de Coquina* da un autore dell'area napoletana. Quest'ultimo è stilato in un latino molto maccheronico ma anche piacevole da leggere e comprensibilissimo.

Vi sono riportate ricette *Ad usum Romanorum, Ad usum Anglie, Ad usum Francie,* anche *sarracenio* e *yspanico* ma soprattutto ad *Ad usum Campanie.* Contiene dunque ricette provenienti da diverse corti d'Eu-

11 Per l'elenco completo dei ricettari medievali in Europa consultare: Gennaro De Gregorio, *Bibliografia gastronomica – dalle origini al medioevo*, vol I, stampato in proprio, Besuschio, 2016.

12 Un'autrice pugliese, Anna Martellotti, sostiene che sarebbe la copia di un'opera redatta nel secolo precedente alla corte dell'imperatore Federico II. Comunque si tratterebbe di un testo nato nel Regno meridionale che vedeva Napoli come uno dei principali centri e che ne diventò poco dopo la capitale.

ropa ma è da considerare il primo libro di cucina napoletana e francese, essendo stato scritto, come sostengono i più, alla corte degli Angiò. Tratta ampiamente della preparazione di verdure, pollame, paste e pesce. Secondo i *Taccuini storici dell'Accademia Italiana di Gastronomia*:

...varie ipotesi sono state avanzate per quanto riguarda la sua paternità; molti elementi farebbero restringere il campo su tre personaggi vissuti nella capitale dei primi due re angioni: Ferragutti, Lambdino, Braysilva. Il primo, il cui vero nome era Faray ibn Salim, ebreo di Agrigento, tradusse dall'arabo per conto di Carlo I numerose opere di dietetica; Il secondo rese noti i princìpi esposti dal medico di Bagdad Abu Ibn Crzta nel suo "Sentiero dell'indicazione che fa conoscere ciò che serve all'uso dell'uomo"; Il terzo fu vicario di Carlo II in Toscana e scrisse un trattato sulle "buone maniere da usare a tavola".

I tre elementi principali che ne caratterizzano le peculiarità gastronomiche segnano la continuità tra il passato e il presente: l'uso abbondante delle spezie, che si adoperano anche oggi ma in misura decisamente minore; il mescolare sapori agrodolci come uva sultanina, pinoli, zucchero e aceto, che si è perpetuato in vari piatti napoletani; la bollitura delle carni prima della definitiva cottura, che abbiamo visto già in uso presso i Romani.

Tra le tante ricette (qui già a pag 67 e 70) del *Liber de coquina* è presente la "scapece", che ancora si prepara e che già avevamo individuato in Apicio. A mo' di esempio, abbiamo qui di seguito estrapolato alcune ricette che ci hanno colpito, giacché, dopo ben settecento anni, sono rimaste quasi invariate nella cucina napoletana. Vi sono infatti illustrate le prime ricette di **lasagne** (dopo quella di Apicio di cui si è detto nel capitolo precedente), di ravioli e di tortelli.

Ci sono le indicazioni per fare la sfoglia di pasta che si raccomanda quanto più morbida possibile, quindi si dice di tagliarla a strisce della larghezza di tre dita, gettarle in acqua bollente salata, e appena cotte condirle con formaggio grattugiato oppure fare strati di pasta e spezie e poi mangiare servendosi di un punteruolo.

III-10. *De lasanis: ad lasanas, accipe pastam fermentatam et fac tortellum ita tenuem sicut poteris. Deinde, diuide eum per partes quadratas ad quantitatem trium digitorum. Postea, habeas aquam bullientem salsatam, et pone ibi ad coquendum predictas lasanas. Et quando erunt fortiter de-*

cocte, accipe caseum grattatum. Et si uolueris, potes simul ponere bonas species puluerizatas, et pulueriza cum istis super cissorium. Postea, fac desuper unum lectum de lasanis et iterum pulueriza; et desuper, alium lectum, et pulueriza: et sic fac usque cissorium uel scutella sit plena. Postea, comede cum uno punctorio ligneo accipiendo.

La **pasta corta**, che viene chiamata *croseti*, è fatta dello stesso impasto, ma i formati sono rotondi oppure oblunghi della misura di un pollice e si cavano con il dito: ed ecco le orecchiette che ancora si preparano in Irpinia (oltre che in Puglia dove sono molto più sottili e di minori dimensioni) e oblunghi e non cavati: gli *strangulaprieveti*, gli gnocchi napoletani che si confezionano con farina e acqua bollente senza patate:

III-11. *Eodem modo fiunt croseti, et de eadem pasta, nisi quod sint formati rotundi* e*t oblungi ad quantitatem unius pollicis; et cum digito sunt concauati. Est tamen sciendum quod, tam in lasanis quam in crosetis, debet poni magna quantitas casei grattati.*

Infine V-9. *Si uis facere tortam de lassanis, pone lassanas, oua frissa uel lixa uel perduta et rauiolos incisos uel integros, caseum pinguem grattatum uel incisum, lardum sufficientem; et hoc compone solaria faciendo, species apponendo. Et forma super istam de pasta unum serpentem preliantem cum columba, uel quecumque alia animalia uolueris. Deinde, accipe intestina implecta de bona impletura et ponatur in circuitu quasi murus. Tunc solaria coloretur pro uoluntate et ponantur in furno. Postea, portetur coram domino cum pompa.* (Se vuoi fare la torta di lasagne, prendi uova fritte o lesse o sciolte e ravioli tagliati o interi, formaggio grasso grattato o tagliato a pezzi, lardo a sufficienza e metti insieme, ciò facendo uno strato, aggiungendo spezie, e su queste cose forma un serpente di pasta che combatte con una colomba o qualunque altro animale vorrai; indi intestini riempiti di buon ripieno e si componga in giro una specie di muro, poi si coloriscano gli strati a volontà e si ponga nel forno; infine si porti alla presenza del signore in gran pompa).

Viene spiegato anche come cucinare i **legumi** tra cui i ceci (Dopo averli tenuti a bagno una notte in acqua e sale, la mattina seguente sciacquarli e metterli a cuocere in acqua tiepida, dopo cotti condirli con sale e olio o altro condimento) che è poi il sistema che si adopera da noi nelle famiglie per ceci e fagioli.

I-21. *De leguminibus: Recipe cicera et pone ad distemperandum per unam noctem in lexiuio bene salsato. Mane autem, abluas bene cum aqua tepida. Postea, decoque ea in acqua tepida et, in decoctionis pregiati, pone sal et oleum uel aliam pinguedinem.*

Nella ricetta per le fave fresche si raccomanda, dopo averle bollite e scolate, di saltarle nella cipolla soffritta in olio con erbe aromatiche aggiungendovi pepe e sale, come facciamo ancora oggi:

I-34. *Fabas nouellas perbullitas et colatas pone ad coquendum cum cipola suffrissa in oleo cum herbis odoriferis pistatis, adiuncto pipere et sale.*

La tecnica per preparare la **gallina disossata** e ripiena è in pratica simile a quella che si usa dalle nostre parti nelle festività. Nel *Liber* si spiega come spiumarla dopo averla immersa in acqua non molto calda, eviscerarla, disossarla, staccare le estremità di ali e zampe, farcirla con lardo, spezie, erbe aromatiche, formaggio, uova sbattute, porre ad arrostire facendo attenzione che non si crepi:

II-20. *De gallina implenda: ad gallinam implendam, deplumetur gallina cum aqua non multum calida. Et excorietur ita quod detrahantur carnes cum ossibus, diuisis summitatibus alarum et pedum. Et carnes dicte galline incidantur subtiliter cum cutello super tabula cum lardo pingui; et species, crocus, herbe odorifere terantur et distemperantur cum ouis. Postea, de omnibus istis simul mistis cum caseo grattato addito impleatur corium galline competenter; et ponatur in aqua calida ad bulliendum. Postea, extrahatur de aqua et ponatur in spico ad inssandum; et diligenter custodias ne crepetur.*

La modalità per confezionare le **salsicce** è la stessa delle attuali salsicce napoletane "a punta di coltello" che prevedono: pezzi di buona carne porcina cruda né troppo grassa né troppo magra da tagliare a pezzettini con il coltello, aggiungere sale, riempire le budella di porco ben pulite e affumicare; rispetto a quelle di oggi mancano solo il vino e il pepe. Alcune legate per la lunghezza di un dito altre no. Cuocere quindi con un po' d'acqua o sulla brace o in padella o nel modo che vuoi: II-55. *De salciciis: ad salcicias faciendas, recipe bonas carnes porcinas crudas non nimis pingues nec macras minutissime cum cutello percussas; et, bonis speciebus cum sale simul cum eis mixtis, imple intestina porci bene mondata et pone ad fumum. Quidam ligant per digitos, quidam non. Postea, possunt coqui in aqua uel brassa uel patella uel quomodo uis.*

b) Anonimo Meridionale

Esiste un gruppo di manoscritti medievali anonimi di trattati di cucina scritti nei volgari italiani, dai quali assumono il nome, che hanno delle ricette in comune e che fanno pensare a derivazioni o accorpamenti di uno dall'altro: *Anonimo Toscano, Anonimo Veneto, Anonimo Meridionale.* Secondo lo storico medievalista Massimo Montanari *è necessario precisare che queste derivazioni sono oggetto di accese discussioni fra gli studiosi. Il fatto è che non si tratta mai di derivazioni semplici: esse non escludono, anzi regolarmente prevedono fenomeni di selezione e di accorpamento, tagli e aggiunte, modifiche e adattamenti, inevitabili in testi di utilizzo pratico come i ricettari di cucina. Tutto ciò rende affascinante il lavoro di ricostruzione filologica, ma sarebbe disperante volerlo condurre con criteri analoghi a quelli che si utilizzano per i testi letterari [...]. Insomma: quello dei manoscritti culinari è un mondo che pone problemi particolari, spesso insolubili con le metodologie consolidate in ambito filologico [...]. I problemi restano aperti e molto di quanto è stato scritto [...] potrebbe, domani, essere rovesciato come un guanto.*

Anonimo Meridionale, su cui ci soffermiamo in quanto ci riguarda più da vicino, è composto da due manoscritti della prima metà del '400, ma relativi alla cucina del '300. È noto con questo nome assegnatogli dall'editore Ingemar Boström per i molti meridionalismi della lingua, in particolare napoletani.

Il primo libro (Libro A) contiene 146 ricette mentre il secondo (Libro B) 65. I due libri sono alquanto diversi tra loro.

Il primo manoscritto è in parte in italiano meridionale (siculo-napoletano) e in parte in latino con termini spagnoli e arabi. Comprende varie ricette con il riso, una ricetta detta *Torta parmesciana*, che è un pasticcio di carne e formaggio in crosta, e un *Pastello de capretto*: uno spezzatino di capretto con le uova come si fa ancora a Pasqua.

Delle prime 81 ricette 51 sono presenti anche nel *Liber de coquina* e 41 in *AnonimoToscano,* solamente 19 ricette sono esclusive di *Anonimo Meridionale.*

Nelle ricette da 1 a 4 troviamo i pastelli, tra cui la torta parmesciana; da 4 a 11 i bignè; da a 12 a 38 i grandi piatti, in maggioranza d'origine straniera (*sumaco, limonia, romania, brodo saracinesco*), più salsicce e gelatine. Da 39 a 48 le salse per carni e pesci; da 49 a 55 i sapori; da 58 a 61 brodetti di carne; da 62 a 65 ricette miste.

Da 66 a 81 pesci; da 82 a 96 ricette per malati (in maggioranza ricette di verdure); da 97 a 114 cereali e verdure.

Da 115 a 117 le carni; da 118 a 137 ricette per malati, in latino; da 137 a 146 consigli diversi per la salagione o per chiarificare il vino, in italiano o in latino.

Il Libro B, che è composto di 129 ricette, di cui solo 65 si sono conservate, alcune delle quali non riscontrabili in altri ricettari, invece risente dell'influenza della cucina araba.

Si riporta una parte dell'indice: *Expliciunt capitula. Incipit liber quoquine. Quisto libro à quatro parti. In prima parte parliamo de apparecchiare carne de vaccha, secundo de apparecchiare carne de crastone, terçu de apparecchiare carne de porco, quarto de apparecchiare carne de pulii. Poy tractamo de apparecchiare herbe et legume et tenerume de pescie. Brevemente perché se mecte in sapore uva gresto vederamo; in quanti modi se fa agresto, si se fa de uva acerba et de barbari, lo quale è meliore.*

Capitulo II Ad fare sapore. III De conciare starna. IIII Ad fare sapore ad pollastri. V Ad fare gelatina de pescie. VI Ad fare torta de battuto. VII Ad fare pesce in schibeze. VIII Ad fare brodecto de calcinelli. VIIII Ad fare gioncata de agmandole. X Ad fare sapore ad pavoni. XI Ad fare de arosto. XII Ad fare sapore de bastardo. XIII Affare pancia de bacca. XIIII Affare sapore ad pavoni. XV Ad fare salsa camillina. XVI Ad fare torta levanese. XVII Affare lo renfuso. XVIII Affare sapore reforsato. XVIIII Affare branzebero. XX Affare blamancere. XXI Affare brodecto camelino. XXII Ad fare brodecto biancho. XXIII Affare pastelli de gambari. XXIIII Affare brodecto de pescie. XXV Affare somaco. XXVI Affare sapore ad capuni. XXVII Affare torta d'omge colore. XXVIII Affare schinchinelli. XXVIIII Affare brodicto ad infermo. XXX Ad acconciare dui pollastri. XXXI Affare morti a de capuni. XXXII Affare brodicto de gambari. XXXIII Affare lonça de porco. XXXIIII Affare lu capricto. XXXV Affare torta de herbe. XXXVI Affare una lampreda. XXXVII Affare pollastri o capuni. XXXVIII Affare capuni odoricti. XXXVIIII Affare fricto cole lonche. XXXX Affare paniccia de porco. XXXXI Affare frictelle de pane. XXXXII Affare torta de pollastri. XXXXIII Affare torta in altro modo. XXXXIIII Affare torta de çucche. XXXXV Affare conciare pipiuni. XXXXVI Affare in altro modo. XXXXVII Affare paniça con ocha. XXXXVIII Affare torteli de bo. XXXXVIIII Affare torta de fava. L Affare çuppa de capone. LI Acconciare una tencha. LII Affare cesame de pescie. LIII Affare torteli de ola. LIIII Affare lo riso. LV Affare frictelle fabricate. LVI Affare frictelle virdi. LVII Affare frictelle levate. LVIII Frictelle saffaranate. LVIIIl Affare lactamolo. LX Affare rechesta. LXI Affare miliaccio bianco. LXII Affare fiaduni. LXIII Affare torta de ioncata. LXIIII Affare torta de fugni. LXV Affare torta de herbe. LXVI Affare cumere de ova. LXVII Affare lesagne. LXVIII Affare lesagne et pavese. LXVIIII Affare nochi. LXX Affare cervellata. LXXI Affare locanica. LXXII Affare mescolanza. LXXIII Affare ventrichi de ficatelli. LXXIIII Affare electa. LXXV Affare borvij. LXXVI Affare salziçe. LXXVII Affare salciçe. LXXX Affare grosta de pollastri. LXXXI Affare grosta de berlice. LXXXII Affare pescie grosso. LXXXIII Affare pescie in pastello. LXXXIIII Affare pastello de porco. LXXXV Affare ravioli. LXXXVI Affare casciata. LXXXVII Affare pancia. LXXXVIII Affare solcicie de rape. LXXXVIIII Affare conducto d'amandole. LXXXX Affare carus. LXXXXI Affare coriando. LXXXXII Affare quillies. LXXXXIII Affare laudo. LXXXXIIII Affare crepa. LXXXXV Affare eucabam. LXXXXVI Affare castagnata. LXXXXVII Affare cimere. LXXXXVIII Affare tenca renfusa. LXXXXVIIII Affare gaçone. C Affare magnare de grangie. CI Affare magnare de gelatina. CII Affare polve de gelatia. CIII Affare soctopei de galline. CIIII Affare isopo. CV Affare pugne. CVI Affare suppe in ciorate. CVII Affare brodo de caprecto. CVIII Affare mortimolo de carne. CVIIII Affare magnare de çucche. CX Affare torta de gallina. CXI Affare starmonose. CXII Affare sapore a starmonose. CXIII Affare carne moriada. CXIIII Affare civero de tenche. CXV Affare de bianchi de porri. CXVI Affare pastella d'anguilla. CXVII Affare apollinos. CXVIII Affare roffoffoli de cotoge. CXVIIII Affare decota d'amandole. CXX Affare somaco. CXXI Affare caldume. CXXII Affare tomagele. CXXIII Acantate de porre. CXXIIII Affare lampreie. CXXV Affare gelatina. CXXVI Affare muliazeto. CXXVII Affare tortelli. CXXVIII Ad conciare una tencha. CXXVIIII Affare sapore a capuni rostiti.

Vi sono dunque ricette di carne con relative salse, ortaggi e legumi, pesce, torte, ravioli, lasagne, gnocchi, frittelle, gelatina, e tante preparazioni con nomi strani e con ingredienti piuttosto difficili per i nostri gusti ma ritroviamo anche le ricette della scapece, di tortellini di carne di maiale, gnocchi, cervellate e salsicce che abbiamo trascritto qui di seguito dal testo in lingua originale: un volgare abbastanza divertente da leggere e interpretare.

VII *Se voy fare pesci e ad schibeze, fai frigere et fa frigere la cipolla bene, et tolli del pescie medesmo et fallo bene pistare et tra fora le spine et mictice uno pocho de pane con esso, et stemperalo con bono vino bianco et con bono acito forte, et mictice mandole lesse et bono spetie, amarasche et dattari alesandrini.*

LIII Se voy fare torteli del carne del porco fresca mescolata, lessal a sì che sia cocta, et battila con coltello sì che sia multo bene, et tolli le ola et lessala et pistala in uno mortaro et mictice fin a sei ova che siano lesse et mesca colla carne et mictice bone spetie et mictice de bono cascio paso gratulato, et volese fare quisti tortey in spoia de lasagna et vole non se lexare in brodo de carne et volese dare per scudelle con una peverata longa, et sondo bone lai.

LXVIIII Chi vole fare nochi, tolla farina et molglica de pane, et metterace uno poca de acqua, et toy le ova et desbacti con essa, et agi uno talgliaturo bagnato et falli mectere a bollire, et quando sondo cocte, tralle fora et burlali suso del cascio assay.

LXX Chi voi e fare uno cervallato, tolla molglica de pane et cascio gratusato et ova et spetie, et mictilo dentro nel budello, et azi uno aco et foralo, et faccia bollire et coca in acqua, et po se arostire in fra lo pane, se te piace.

LXXVI Chi vole fare bona solciça, tolla carne magra de cossa mescolata, et queste cose me misca bene, et selle voli bactere, poy lo fare, et agi tanto vino che sia uno bicchero, et tolli anisi overo finocchi.

LXXII Affare mescolanza. Sarebbe la prima ricetta in cui compaiono le melanzane in Europa, ma è andata perduta.

II.7. Gli splendori rinascimentali del periodo aragonese

Alla dinastia angioina sul trono di Napoli seguì quella aragonese. La terribile lotta tra Angioini ed Aragonesi, già insediati in Sicilia a seguito dei Vespri del 1282, causati dalla *mala segnoria*, terminò quando Alfonso d'Aragona, dopo un lungo assedio, riuscì a penetrare nel cuore di Napoli attraverso l'antico acquedotto nel 1442.

Alla morte di Alfonso, nonostante l'instabilità politica dovuta alla difficile posizione di Ferrante (figlio naturale), alle mire degli Angiò, alle rivolte dei baroni filoangioini e alle manovre del papato, sotto il profilo culturale e artistico Napoli sempre più andò consolidando il suo ruolo di centro culturale insieme a Firenze, a Roma e alle varie signorie italiane. Nonostante le guerre, gli intrighi politici e le alleanze variamente cementate, la città visse a pieno il periodo di grandi fermenti artistici e letterari del Rinascimento italiano.

Il mecenatismo, la cultura e lo splendore della corte napoletana, unico Regno in un'Italia frammentata, divennero universalmente noti così da farla considerare la più fastosa d'Italia.

II.8. La grande diffusione degli agrumi come ornamenti dei giardini e nelle ricette

La meravigliosa villa di Poggioreale con i grandi giardini "all'italiana" con alberi fruttiferi e ornamentali insieme, curati da Pacello da Mercogliano, e la Duchesca, ricca di acque, di orti e di agrumi, erano state create dall'architetto mediceo Giuliano da Magliano.

Con la Ferrantina situata a Chiaia e la Conigliera, per la caccia ai conigli selvatici molto apprezzati sulla tavola del re, ubicata all'inizio del Cavone alle spalle di via Pessina, facevano parte del complesso delle ville volute all'epoca dal principe ereditario Alfonso II.

Le cosiddette "delizie alfonsine", oggi scomparse, rappresentavano l'ideale rinascimentale di bellezza tra l'abitare e il rapporto con la natura coltivata, così che le aree verdi situate al margine dei giardini fioriti avevano la centralità di utili elementi produttivi.

Da un anonimo cronista sappiamo che nella villa la Duchesca, cioè la Duchessa perché dedicata ad Ippolita Sforza moglie del duca Alfonso (futuro re) vi era: *[...] un boschetto, tutto di cetrangoli, lemoni e lemoncelli, grossi e piccoli d'inserti, molto ameno. Et in testa in detto loco era una pescheria, dov'erano redatte tutte le acque del formale [...].*

Le fontane della villa godevano infatti dell'approvvigionamento del formale della Bolla e dunque di acqua corrente continua e, come a "Poggio Reale", anche qui vi era una grande varietà di alberi di agrumi: soprattutto aranci, già presenti nei giardini napoletani al tempo degli angioini. Sull'esempio di Valencia, dove rientravano nella consuetudine del giardino arabo, furono ancor più ampiamente utilizzati dagli

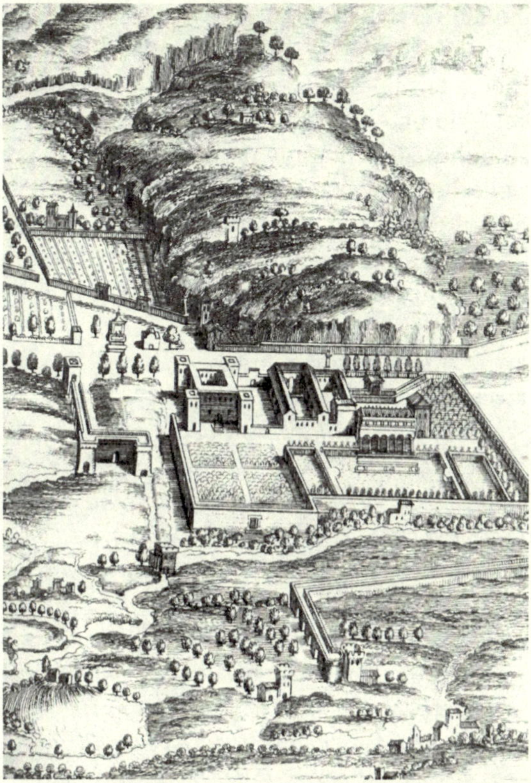

Villa di Poggioreale, Pianta di Stopendaal, 1653

Aragonesi nei giardini di delizie, tanto che Pontano, umanista, poeta e ministro del re, vi vide, in chiave di simbolismo mitologico, i "pomi d'oro" dell'immortalità custoditi nell'Orto delle Esperidi.

Ed è certamente nei giardini rigogliosi di agrumi e profumati di zagare della sua "massaria" di Antignano, ameno scenario di conviti e dialoghi con gli intellettuali del tempo, che egli ambienta nel 1501 *De hortis Hesperidum sive de cultu citriorum*, dove disserta della coltivazione di agrumi in quel luogo personalmente praticata e riferisce di tre tipi: il limone *limon*, il cedro *citrus medica* e l'arancia amara o melangolo (*citrus aurantium*) da cui a Napoli cetrangolo o cedrangolo.

L'uso degli agrumi nelle ricette, già comparso nei ricettari precedenti, divenne dunque sempre più frequente soprattutto nei dolci.

II.9. Il cibo nei versi del Sannazaro

Il grande poeta Jacopo Sannazaro[13], che visse alla corte aragonese, in uno dei suoi "gliommeri[14] napoletani" *Licinio se 'l mio inzegno* parlando delle abitudini alimentari angioine, per giocosa provocazione, le dichiara migliori di quelle aragonesi dei suoi tempi. Il linguista Nicola De Blasi ha realizzato su questo testo approfonditi studi, tra cui *A proposito degli Gliommeri dialettali di Sannazaro* da *Estratti di Studi Rinascimentali* pubblicati su *Rivista Internazionale di Letteratura Italiana*, 5-2007.

Dal suo lavoro riprendiamo un lungo stralcio di versi dal testo originale e ci rifacciamo in buona parte alla sua traduzione in italiano.

Licinio se 'l mio inzegno [...] / La memoria felice de re Andrea / de la suppa 'naurea si delectava / et spesse volte usava gelletina / la salza gamillina et le zandelle / et sopra alle crespelle zafarana / pedeta de putana et maccharoni / con dui o tre caponi sotterati. / Li piedi dellessati cun lo acito / li davano appetito inanzi pasto. / Non se usava mirasto et st'altre cose! / Et mo' quatro tignose peccorelle / cazano vidandelle in capo loro / come vota, ne moro in crepantiglia, / non sazo che potriglia et che mordoche / con li guai che l'esto che sanno fare / et vono delegiare Dio e lo mondo. / Chilo colore biondo a le pastiere / te facea fiere fier satturare! / Che cosa era a provare una mesescha! / Et la zuppa francescha cun la trippa / ch'una madamma Pippa la faceva, / et questa la sapeva apparichiare / et soleva 'de mandare alla Reina / ogni anno la mattina della Pascha. / Ma lo mondo se allascha quanto puote / ch'eo nde chiango alle bote a llataniro / et iecto uno sospiro como guayo. / Che le pighe de mayo cun li fiori / cose de gran signori e de baroni! / Ma fanno li melloni et le cotogne, / cun poco de ansogne, anatrella / et una pectolella aravogliata: / na cosa sbombocata et senza mèle. / Poi te fano le pele sti fitichi / che cavono li pastichi alla moderna,

13 Nella chiesa voluta dal poeta a Mergellina e da lui intitolata a S. Maria del Parto dal titolo del suo scritto *De Partu Virginis*, le donne incinte ogni 25 del mese si recavano a pregare per il buon esito del parto. Sulla strada sottostante nel '600 esisteva una taverna che aveva la caratteristica di preparare, tra le altre cose, pasti adeguati alle partorienti che là si riunivano.

14 Composizioni poetiche giocose. Gliommero significa "gomitolo" ma è anche il nome dell'involtino di interiora di agnello proprio della gastronomia meridionale.

/ ch'è proprio una taverna, vi' me' mene. / Che le galline chiene et senza l'osse! / Non te pare che fosse una gran prova / tutte de caso e d'ove fine 'm pizo? / O quanto me ne stizo! Alle fiate / par che siamo state allo diserto. / Che vale lo lacerto che è rostuto / se non è stenneruto cun lo bollo? / Che sapore ha lo pollo lardiato / se non è 'mbrodolato alla polita? / Ma quando te convita uno signore / per farte grande honore allo manzare / te farà inbrossinare per la bocha / uno o doi perlicoccha amatontate / dui caroze mondate et quatro aulive, / et depuò zurla et vive ad surzo ad surzo [...].

(La buon'anima del re Andrea[15] gradiva molto la zuppa inorea[16] e molto spesso usava la gelatina, la salsa gamellina[17] e piccole cialde dolci, e sulle crespelle lo zafferano, peti di puttana[18], maccheroni[19] con due o tre capponi cotti sotto la brace. Come antipasto i piedi di volatili lessati nell'aceto. Non si usava il mirasto[20] né queste altre cose! Ora poche persone avare e un po' sciocche tirano fuori pietanze di poco conto, secondo il loro capriccio – ne muoio per il disappunto – non so quali poltiglie e quali meritoch[21], con i guai che gli attrezzi di cucina provocano e fanno in modo di dileggiare Dio e il mondo. Quel bel colore biondo delle pastiere ti facea subito saziare! E che cosa prelibata era assaggiare carne affumicata! E la zuppa francese[22] con la trippa, fatta da una madama Pippa, che la sapeva preparare ed era solita mandarla ogni anno, la mattina di Pasqua, alla Regina. Ma ora il mondo va a rotoli, quanto più può, e io alle volte me ne rammarico e piango come in una litania ed emetto un sospiro come un lamento. Quei ripieni di maggio con i fiori, cose da gran signori e da baroni! Ma ora fanno ripieni con meloni, poca sugna e anatrella, il tutto racchiuso in una sfoglia, che poi si presenta come una cosa vomitata e per di più senza miele. Poi si comportano in modo provocatorio questi

15 Andrea d'Ungheria che a sette anni fu maritato a Giovanna I d'Angiò che ne aveva sei e che fu ucciso nel 1345.
16 Zuppa con mandorle, fegatelli, mele.
17 Del colore del cammello.
18 Frittelle dolci rigonfie.
19 Maccheroni dolci, ricoperti di zucchero e cannella.
20 In catalano *mirrause*, una salsa per arrosti o anche una preparazione con piccioni o polli guarniti con mandorle, zenzero, zucchero, sugna.
21 Ricetta catalana di un brodo di gallina.
22 Con gallina, mandorle e pane.

uomini da nulla che tirano fuori pasticci alla maniera moderna, che è come stare in una taverna, lasciamo perdere, suvvia. Quelle galline disossate imbottite! Erano proprio una gran cosa, tutte piene di formaggio e uova fin sulla punta. Oh quanto sono preso dalla stizza! Alle volte sembra che ci troviamo in deserto. Che valore ha il lacerto[23] arrostito se prima non è stato bollito e intenerito nell'acqua? Che sapore ha mai un pollo cotto nel lardo, se non è coperto ben bene di brodo? Ma ora quando un signore ti invita, credendo di offrirti un banchetto di gran prestigio, ti presenta due albicocche ammaccate da strofinare sulle labbra, un paio di fichi secchi e quattro olive, dopo di che puoi ciurlare e bere un sorso alla volta…).

In cucina, miniatura d'epoca

23 Muscolo della coscia vaccina o girello.

II.10. Manuali di cucina di area napoletana del XV secolo

a) Martino da Como

Ci piace anche ricordare che il celebre Maestro Martino da Como (Martino de' Rossi o Martino de Rubeis 1430- fine XV secolo) autore del *Libro de Arte Coquinaria*, considerato il più importante cuoco europeo del tempo per essere stato a servizio di vari signori italiani, deve la sua formazione professionale anche a Napoli, dove nel 1444 venne al seguito del cardinale Ludovico (Trevisan) Scarampi Mezzarota, già patriarca di Aquileia nel 1439 e molto amico del re Alfonso d'Aragona. Nella Napoli aragonese prese contatto con la cucina catalana, arabo-siciliana e con tanti sapori del Meridione, inclusa la pasta, tanto che nel 1450 scrisse *De arte Coquinaria per vermicelli e maccaroni siciliani*.

Sempre al seguito del cardinale Scarampi, vescovo della Città de' La Cava dal 1444, di cui era cuoco personale, il Maestro Martino operò anche nell'abbazia della Santissima Trinità, e familiarizzò con le pietanze tipiche di Cava de' Tirreni come milza, frittelle, dolci e pastiere che inserì nel suo ricettario dove vi si trova per la prima volta la parola "polpetta".

Ridusse l'uso delle spezie fino a quel momento tanto adoperate e alla morte del suo signore nel 1465 se ne tornò a Milano.

Il *Libro de Arte Coquinaria* è composto di 65 fogli in volgare. Con varie stesure e aggiunte il manuale parte dal 1456 e procede fino al 1467. Nel frontespizio si legge *Composto per lo egregio Maestro Martino Coquo olim del Reverendissimo Monsignor Camorlengo et patriarcha de Aquileia*.

Capitolo I. *Per dare ad intender qual carne merita andare arrosto et quale allesso*. Di seguito la ricetta per i fegatini di maiale: *Per fare tomacelli. Togli figatelli di porcho et altri figatelli et coceli allesso, ma non troppo; da poi gratali como se gratta il caso; et togli ventrescha de porcho secundo la quantità de figatelli et battila molto bene. Et togli un pocho de cascio vecchio et un pocho de cascio grasso et un pocha de maiorana et petrosillo et uva passa et spetie et doi o tre ova secundo la quantità, et pista tutte queste cose inseme con li figatelli. Et dapoi fa' li tomacelli grossi como una noce, overo como uno ovo et fascia ogniuno disperse con la rete del porcho. Dapoi coceli in la padella con bon lardo et devonosi cocere ad agio, et non siano troppo cotti.*

Capitolo II. *Per far ogni manera de vivande* in cui troviamo le ricette: *Per fare maccaroni siciliani. Piglia de la farina bellissima, et inpastala con biancho d'ovo et con acqua rosa, overo con acqua communa. Et volendone fare doi piattelli non gli porre più che uno o doi bianchi d'ova, et fa' questa pasta ben dura; dapoi fanne pastoncelli longhi un palmo et sottili quanto una pagliuca. Et togli un filo di ferro longo un palmo, o più, et sottile quanto un spagho, et ponilo sopra 'l ditto pastoncello, et dagli una volta con tutte doi le mani sopra una tavola; dapoi caccia fore il ferro, et ristira il maccherone pertusato in mezo. Et questi maccharoni se deveno secchare al sole, et durerando doi o tre anni, specialmente facendoli de la luna de agusto; et cocili in acqua o in brodo di carne; et mettegli in piattelli con caso grattuggiato in bona quantità, buturo frescho et spetie dolci. Et questi tali maccharoni vogliono bollire per spatio de doi hore.* Somigliano tanto ai bucatini! E la ricetta: *Per fare vermicelli. Distempera la pasta como è ditto di sopra, et filala sottile rompendola a pezoli peccini con le dita a modo di vermicelli, et poneli a secchare al sole, et durarando doi o tre anni. Et quando li vorrai cocere falli cocere in brodo di carne, o di bon pollo grosso, per spatio d'una hora. Et poi fa' le menestre et mittivi caso grattugiato et spetie. Se non fusse tempo di carne cocigli con latte de amandole con zuccharo, overo in lacte de capra. Et perché questo lacte non vole bollire quanto che richiedono li vermicelli, falli bollire prima con un pocha d'acqua como si fa il riso. Et simelemente se deveno cocere le lasagne, le tritte overo fermentine. Et tutte queste vivande di pasta deveno essere gialle di zafrano, excepto quando se coceno in lacte.*

Capitolo III. *Per far ogni sapore*

Capitolo IV. *Per far ogni ragion torte* in cui è presente la ricetta del migliaccio dolce che in alcune zone si fa ancora a Carnevale: *Per fare migliaccio. Per fare un migliaccio per quattro o cinque persone pistarai molto bene una libra di cascio del più frescho che possi havere, tanto che ti para essere ritornato in lacte; et haverai tre o quattro once* (circa 108 g) *di fiore di farina et octo o dece bianchi d'ova, et meza libra di zuccharo, mescolando tutte queste cose et incorporandole bene inseme. Et se non havessi fior de farina, habi una mollicha di pan biancho, et grattugiato ben menuto, mettendola in loco de la farina. Et haverai la padella senza pasta o crosta, et sullo fondo dentro vi metterai di bono strutto, facendone un solo che sia alto un dito vel circha, et metterai la ditta padella sulle brascie tanto che 'l strutto sia ben caldo, et dentro vi buttirai questa tal compositione daendoli il focho temperato sotto et sopra como è ditto all'altre torte. Et quando serà cotta cavala fore, et di sopra vi metti di bono zucchari et acqua rosata.*

Capitolo V. *Per far ogni frictella* tra cui troviamo piatti poveri e semplici come la frittata di sole uova e con le verdure: *Per fare frictata. Battirai l'ova molto bene, et inseme un poca de acqua, et un poco di lacte per farla un poco più morbida, item un poco di bon caso grattato, et cocirala in bon botiro perché sia più grassa. Et nota che per farla bona non vole esser voltata né molto cotta. Et volendola fare verde, prendirai similmente le cose sopra ditte giognendoli del suco de queste herbe, cioè vieta, petrosillo in bona quantità, borragine, menta, maiorana, salvia in minore quantità, passando il ditto suco; poi cavarai piste le herbe molto bene per la stamegna. Et per fare in un altro modo frittata con herbe, prendirai le sopra ditte herbe et tagliate menute le frigerai un poco in un bon botiro o oglio, mescolandole con l'ova et l'altre cose sopra ditte farai la frittata et cocirala diligentemente che sia bene staionata et non troppo cotta.* E quella per le uova a occhio di bue: *Per fare ova frictellate. Metti in la padella un poco d'olio, et fa' che sia un poco caldo, et rompegli dentro l'ova fresche facendole cocere bene ad ascio, et frigendosi butta continuamente con la paletta de quello olio che se frige sopra le ova; et como sono prese et fatte bianche di sopra sonno cotte, che* (non) *si vogliono cocere troppo.*

Capitolo VI. *Per cocer ogni pesce.*

L'umanista Bartolomeo Sacchi, detto il *Platina* (1421-1480) trascrisse in latino tutte le ricette, originariamente scritte in volgare, di Maestro Martino, di cui loda l'inventiva, il talento, la cultura.

b) Anonimo Napoletano o Cuoco Napoletano

Esiste un manoscritto di un cuoco napoletano della fine del 1400 nella Pierpont Morgan Library di New York (Manoscritto Bühler 19). Il testo è stato pubblicato nel 2000 da Terence Scully: *The napolitan recipe collection, Cuoco Napoletano, The University of Michigan Press. Cuoco Napoletano* comprende 219 ricette: 42 di zuppe, pasta (ravioli, maccheroni, vermicelli, lasagne) verdure e vegetali (tra cui la melanzana), 57 di carni, di cui 5 speciali: piccioni senza ossa, pollo cotto in caraffa, pavone rivestito, vacca che sembra viva; 25 ricette di salse; 17 di torte; 20 di uova; 25 piatti di magro (tra cui un'omelette al caviale); 33 di pesci.

Il manoscritto riporta a conclusione 5 menù di banchetti, tra cui la descrizione di un grande banchetto offerto dal cardinale Ascanio Sforza al principe di Capua. Poiché molte ricette somigliano a quelle di Maestro Martino, Terence Scully giudica che i due cuochi si conoscessero e parla di influenza reciproca. In entrambi comunque si riscontrano influenze catalane (in almeno 31 ricette) e Scully suppone che il "Cuoco Napoletano" abbia probabilmente incontrato a Napoli Ruperto di Nola, il grande cuoco catalano al servizio del re Ferrante di cui si parlerà a breve. Esistono ipotesi secondo cui Anonimo Napoletano sarebbe lo stesso Maestro Martino.

II.11. I banchetti regali per le nozze degli Aragonesi di Napoli

Ferrante stabilì una politica di alleanze basata sui matrimoni dei suoi figli, figlie e nipoti con rampolli delle altre famiglie regnanti. Le principesse aragonesi, mogli e figlie dei re Ferrante, Alfonso II, Ferrandino, Federico, furono donne eccezionalmente colte e raffinate e con i matrimoni divennero ambasciatrici nel resto d'Italia e di Europa dell'eleganza rinascimentale della corte di Napoli anche a tavola. Bona per esempio fece conoscere in Polonia il cavolfiore e altri ortaggi e prodotti napoletani e Beatrice portò in Ungheria la cucina di Napoli.

I festeggiamenti per le nozze regali erano fastosissimi e in genere si svolgevano in Castel Nuovo.

In città straordinari banchetti e festini si susseguivano per vari giorni con musiche, spettacoli, fuochi artificiali e veniva coinvolta l'intera popolazione per la quale si approntavano pranzi e tavolate di cibarie in strada. Alla morte di Ferrante, Carlo VIII scese per appropriarsi del Regno di Napoli[24].

24 A Ferrante succedette Alfonso II che, sapendosi odiato per la crudeltà con cui aveva represso le congiure dei Baroni, abdicò subito, nel 1495, in favore del figlio Ferrandino.

Il giovane re Ferrandino che *era tanto amato che parea figlio e fratello a tutti* dopo aver cacciato i Francesi il 27 agosto 1496 sposò per amore Giovanna, la giovanissima ultima figlia di Ferrante, sua zia.

Per non gravare con le spese del matrimonio sul popolo napoletano già tanto provato dalla guerra (era uso che per i matrimoni venisse applicata una tassa speciale) e considerando che le tristi vicissitudini della guerra avevano prosciugato le casse reali, i due sposi decisero di celebrare le nozze in maniera più raccolta e modesta nella Starza della Regina, proprietà reale sita a Somma Vesuviana, che era però stata depredata di ogni cosa.

I napoletani vollero comunque manifestare il loro affetto verso la giovane coppia reale con doni, atti a celebrare con decoro lo sposalizio, che le cronache[25] così riportano:

A nome de Messer Antonio Sasso, Signor Eletto del popolo e de li Consultori che si offersero accompagnare in corteo la Serenissima Signora Infanta di Aragona dal Castello Nuovo di Napoli alla Starza di Somma per li sposalizij, viene consegnato lo presento che ferono li Napoletani che mandaro alle Maestà tutto lo stiglio e lo fornimento di casa.

Per lo fornimento di casa: - dieci letti di tre materazzi per letto di fustagno di Milano - facce, ossia coltri, di lana di gentile colore - e lenzuola di tela d'Olanda - et un paro di coltri di raso giallo e verde, quali sono la divisa di casa d'Aragona - tutti li fornimenti di cucina doppij - segge guernite di velluto - un tinello doppio di stagno e creta ossia due servizi di piatti di stagno e di maiolica - cristallini vari - due forzieri di mesali e strusabucche (tovaglioli) *di Fiandra finissimi - due tovaglie di seta profumate - et acque odorifere mirabili per lavarse le mani dopo il convito - due cascette di profumi molto odoriferi per spargere poi nella sala.*

Et etiam per ***lo banchetto****: - tante sorte di carne salata - et ogni dì un paro di vitelle di Sorrento - e cento capi di polli lo dì - et una soma di tortani di Santo Antimo - e venti para di paparelle et anatre pure di Santo Antimo - dieci some in venti sporte di confezioni dolci - trecento canestre di pizze bianche, paste, tortanetti et altre delicature di zucchero indorate - e*

25 Dallo spettacolo *Nozze Reali alla Starza della Regina* (2002) testo e regia di Yvonne Carbonaro, con le scuole di Somma Vesuviana nella piazza di S. Maria del Pozzo con il supporto del Comune. Cronaca attinta da *Fasti di Somma,* di Candido Greco Ed. del Delfino, Napoli 1974, pp. 111-170.

cento cimere (dolci a forma di cimieri) *con banderuole coll'arme Reale, fatte tutte dalle monache e da spetiali dolcieri finissimi*

Quest'ultima lista ci informa sulle varie pietanze di carne servite durante questo banchetto reale e sui dolci confezionati dalle monache e dai pasticcieri che furono consumati in quell'occasione. I sommesi a loro volta riempirono le cantine del palazzo dei loro ottimi vini: il famoso Greco di Somma, il Lacryma Christi, l'Aglianico[26].

Vendemmia e vino, Tacuinum Sanitatis

Gli abitanti dei luoghi vicini portano in abbondanza fiori, uova e tutte le varietà di frutta di quella fertile terra: *ceste di uva catalanesca e di uva tòstola, ceste di prune e di percoche, di perseche apretore e fiche lattarole.*

26 Tanto amore di sposi e tanto amore di popolo ebbero ahimè breve vita: Il 7 ottobre Ferrandino morì di febbri malariche, da cui era stato colpito durante la campagna di guerra, tra l'angoscia e il pianto di tutti i sudditi e il dolore disperato della giovane moglie.

Certamente non mancarono musiche e canti, nel periodo aragonese accanto ai poeti catalani erano molto amati i cantori napoletani di villanelle, come questa che riportiamo, di anonimo, che nell'accostamento della fanciulla ad un frutto di fico, incita l'amata ad ammorbidirsi come un dolce fico maturo, di non mostrarsi acerba e superba, di lasciarsi cogliere subito senza aspettare di seccarsi e cadere in terra, quando poi si sarà troppo maturata.

Fatte molla e no cchiù ddura / mò che si' formosa e bella... / ca ogne fica vulumbrella / a 'sto tiempo s'ammatura. / Fatte doce e no cchiù amara, / nun te fa' vedere acerba / e non esser tanto brava, / fatte umile e no superba. / Mò ca è verde la toja erba / e lu munno renovella, / ca ogne fica vulumbrella / a 'sto tiempo s'ammatura. / E mò ca sì mmeza ammullata, / e tra fronne fai la guerra / nun aspettare ca si' seccata / e che cade in chiana terra. / Fa' ca po' da te se sferra, / ca sì tosta fredda e bella, / ca ogne fica vulumbrella / a 'sto tiempo s'ammatura.

Il banchetto nuziale per Ferrandino e Giovanna fu, come si è detto, in tono minore rispetto agli sfarzi del passato. La grandiosità di conviti e ricevimenti dei tempi dello splendore era tale che duravano di regola dagli otto ai dieci giorni.

Fastosissimi erano stati (sempre tutti per procura) quelli di Eleonora d'Aragona la prima figlia del re Ferrante andata sposa al duca Ercole d'Este. Da Bernardino Corio[27], sappiamo che Papa Sisto IV nel 1473, offrì a Eleonora, di passaggio a Roma per recarsi in sposa a Ferrara, un banchetto più che regale che potesse essere all'altezza di quelli di suo padre, il re di Napoli, che così sintetizziamo:

Il banchetto inizia con antipasti dolci, accompagnati da arance rivestite d'oro e vino di malvasia, consumati in piedi. I dieci commensali, lavate le mani, si accomodano a tavola in due gruppi distinti per censo e nobiltà, e allo squillo delle trombe assistono alla presentazione di una fantasmagorica sfilata di monumentali piatti. Si inizia con pastelli, prosciutti, salsicce, minestre, torte dal coperchio impreziosito da foglie d'oro, pavoni, fagiani, gru, cicogne, cervi, orsi, daini e caprioli arrosto rivestiti della loro pelle o piumaggio. Al secondo servizio sono

---

27 *L'Historia di Milano volgarmente scritta dall'eccellentissimo oratore M.Bernardino Corio Gentil'huomo milanese.* Padova, 1646, pagg. 824-825.

previsti, essendo lunedì di Pentecoste, piatti di magro: pesci arrosto in pasticci dorati in trionfo sopra vassoi preziosi, gelatine e torte di verdure. Al terzo servizio seguono gli arrosti degli animali di maggior taglia: castrato, capriolo, vitello, porchetta, ma anche capponi e papere. Il banchetto si chiude con il servizio finale di credenza: confetture, marzapani, mandorle, spongate, cialdoni, semi di coriandolo, cannella, anice e pinoli e confetti. Lo scalco, che dirigeva lo svolgimento del pranzo, seguendo il ritmo delle portate, muta quattro volte il suo abito e gli ornamenti della tavola. A servire le pietanze sono famigli del Papa vestiti di seta e divisi in due squadre.

Nel 1475 ancora più fastosi furono i festeggiamenti per le nozze dell'altra figlia Beatrice che andava sposa addirittura ad un re, il colto e affascinante Mattia Corvino d'Ungheria.

Avvennero a Napoli e lasciarono stupiti, per l'abbondanza e la raffinatezza dei banchetti, i componenti della rude delegazione ungherese. Raffinatezza anche a tavola, oltre che nella cultura e nell'arte, di cui Beatrice, vera ambasciatrice del Rinascimento napoletano, fu portatrice in Ungheria.

Sontuosi furono anche i festeggiamenti e pranzi nuziali di Isabella, sorella di Ferrandino, che nel 1488 partiva per Milano per congiungersi con Gian Galeazzo Sforza. Per le nozze della loro figlia Bona Sforza, i fasti aragonesi continuarono anche dopo che l'ultimo re Federico fu esiliato in Francia, e Napoli passò a diventare dominio di Ferdinando il Cattolico.

Il 6 dicembre 1517 a Castel Capuano si svolse il pranzo per il matrimonio, che avveniva per procura, tra il re di Polonia, Sigismondo I Jagelonne più che cinquantenne, e la giovane Bona.

Il re Sigismondo inviò a Napoli una delegazione e il suo segretario, lo storico Josse Luigi Decius, che ci ha lasciato la cronaca completa.

Sappiamo così che la sposa era abbigliata con un vestito di raso turchino tempestato di api in oro battuto, del valore di settemila ducati, con in capo un diadema di perle e pietre preziose, sedeva sotto un prezioso baldacchino ligneo attorniata da donne travestite da *diverse invenzioni* con figure allegoriche di *Justitia, e dall'altra la Temperantia.*

Sigismondo a Napoli fu degnamente rappresentato da 4 ambasciatori, 60 cavalieri *vestiti allo modo Ungarisco de multa strania ma-*

niera e che 18 erano i carri con il corredo, nelle casse sopra i carri tra argenteria, pizzi e mille altre cose, vi erano 105 camicie (37 per il re), 20 paia di lenzuola, 64 tovaglie e 21 gonnelle, abbondantemente decorate di oro e preziosi tessuti, e stoffa a non finire per ogni uso.

Le celebrazioni durarono circa otto giorni, anche per evidenziare la grandezza della discendenza reale di Bona (sua madre Isabella era figlia di re Alfonso II, sorella di re Ferrandino, nipote di re Ferrante I), che dunque non indegnamente andava sposa ad un re.

Il pranzo intervallato da spettacoli allegorici durò due giorni.

Si incominciò *circa le due hore di notte, et complero circa le hore 11 di notte* (del giorno dopo) *[...] Si servì una pignolata,* (dolce di pinoli, farina e zucchero) *con quattro natte* (tipi di panna), *una attonnata* (gelatina) *e un'insalata di erbe, jelatina, poi lo bollito et bianco magnare con mostarda, picciuni, arrusto ordinario con mirarrusto* (salsa per arrosto) *et vino agro, pizze* (schiacciate dolci), *bollito selvaggio con putaggio ungheresco e peperata* (salsa all'ungherese con pepe), *pasticci di carne, pagoni con salza* (pavoni), *salaceterbolco* (uova di cefalo salate, dunque bottarga), *pizze fiorentine* (dolci impastati con lo strutto), *arrosto selvaggio* (di selvaggina) *e strangulapreiti* (strangolapreti: una sorta di gnocchi), *pastidelle de carne, zuppa naume, arrusto de fasani, almugiavare* (torta spagnola ripiena di tuorli d'uovo battuti con zucchero e formaggio), *capuni copierti* (capponi glassati), *pizze bianche, jelatine in gotti, conigli con suo sapore, guanti* (pietanze imbottite di carne tritata), *starne con lemoncelle sane* (piccoli limoni interi) *pasticci di cotogne, pizze pagonazze* (dolci di colore rosso), *pastichelle de zuccaro, tartette* (pasticcini secchi), *castagne de zuccaro* (simili ai marrons glacés), *nevole et procassa* (frittele di pasta cresciuta vino e cannella, coperte di miele o zucchero e leggere come nuvole), *confietti et acqua a mano de buon odore.*

Tra una portata e l'altra gli ospiti potevano intingere le dita *nell'acqua a mano di buono odore*, e dato che si mangiava per lo più con le mani era necessario pulirle frequentemente.

I festeggiamenti ebbero una forte eco in tutta l'Europa e la cronaca dell'evento giunse alle diverse corti.

Conviti reali, miniatura d'epoca

II.12. L'*Oficio de boca* e i cuochi del re

Per le tante feste e speciali conviti, in cui troneggiano fastosi apparati e vengono create spettacolari messinscene e macchine da festa, agli allestimenti dei banchetti collaborano artisti e artigiani. Anche per i pranzi di ogni giorno a corte, nella Napoli rinascimentale di re Ferdinando I di Aragona, detto Ferrante, e dei suoi successori, la tavola ubbidisce a regole di comportamento.

Far da mangiare diventa una vera e propria arte, i cui canoni vengono stabiliti oltre che nei ricettari, in manuali di comportamento e norme sulla preparazione, sul taglio delle vivande, sul modo di servire; tanto che una buona parte della corte comprendeva coloro che si occupavano dell'*Oficio de boca* del re.

Dal XV secolo in poi le grandi cucine dei re aragonesi e spagnoli prevedevano *el Oficio de boca* cioè un nutrito numero di addetti agli approvvigionamenti alimentari, alla conservazione delle provviste, alla cucina, al controllo, all'assaggio preventivo dei cibi per scongiurare il rischio di pietanze avvelenate, al servizio a tavola e all'organizzazione scenografica dei conviti speciali.

Per esempio nella seconda metà del '500 alla corte di Filippo II di Spagna giunsero ad essere tantissimi e aumentarono sempre più fino al Settecento, anche a servizio dei nobili più ricchi e potenti. Nel periodo borbonico, come vedremo Vincenzo Corrado fu Capo dei Servizi di Bocca del Principe di Modena e Francavilla.

II.13. Ruperto da Nola

La sua identità resta incerta. Si pensa che fosse un catalano al seguito di re Ferrante e suo cuoco di corte *Cozinero mayor del serenissimo Rey don Hernando de Napoles*, detto "da Nola" forse perché aveva lavorato a lungo nelle case dei nobili nolani. Qualcuno sostiene che fosse nativo di Nola, il che sembra improbabile dato che si esprimeva in catalano o in castigliano, a meno che la prima stesura del suo trattato non sia stata in italiano, ma di ciò non vi è traccia.

Si riporta la sua dedica in castigliano antico al re Ferrante nella traduzione italiana:

Molte volte, Serenissimo re e molto potente Signore fu comandato da Vostra Maestà a me Ruperto [...] che facessi un trattato su questa arte del mio incarico affinché rimanesse di me una qualche memoria ai miei aiutanti perché tenessero un certo fondamento nella detta arte di preparare da mangiare e cucinare minestre e altri piatti del "Libro de guisados, manjares y potajes, intitulado libro de cozina" enel qual està el regimieto delas casas de los reyes y grandes senores y los officiales delas casas dellos cada uno como an de servir su officio [...].

Questo – Libro di stufati, manicaretti e minestre, intitolato libro di cucina – nel quale sono incluse le norme per gestire i palazzi del Re e dei grandi signori e gli addetti al servizio della corte, con l'introduzione e le 242 ricette, disegna il percorso culinario nella Napoli rinascimentale alla corte di re Ferdinando I di Aragona (1458-1493).

Roberto de Nola - *Libre de doctrina pera ben servir de tallar y del Art. de Coch; ço es de qualsevol manera Potatges y Salses. Compost per lo diligent mestre Robert, coch del Serenissimo Senyor don Ferrando, Rey de Napols.* (Facsimile del frontespizio ediz. Barcellona, 1520) [da Nola, R.de. *Libro de Guisados: edición y estudio por Dionisio Pérez.* Los clasicos Olvidados, vol. 9. Madrid, 1929 - Esemplare Br. Mus. 12233. f. 3/9].

Libre de doctrina, versione in Catalano, frontespizio

Vi ritroviamo le pietanze, le spezie, le influenze arabe, i cibi agrodolci, le minestre, la pasta, il bianco mangiare, le preparazioni gradite al sovrano e alla corte, i piatti delle feste o della quaresima, le elaborazioni adatte in caso di infermità del re.

Per la pasta utilizza il termine *fideos*, nome che nei paesi di lingua spagnola ancora indica spaghetti e vermicelli. Vengono riportate abitudini, usanze e curiosità, anche sul vino degli Aragonesi, il Catalanesca, ottenuto dalle uve che Alfonso fece importare dalla Catalogna intorno al 1450 sulle pendici del monte Somma. E soprattutto testimonia l'influenza spagnola nella cucina napoletana. C'è il riferimento alla "minestra maritata", che da questo momento diventerà popolarissima sulle tavole napoletane, c'è la ricetta, ancora oggi attuale, dei fegatini di maiale nella *rezza* cotti in teglia o allo spiedo, con alloro e pepe: i "fegatelli". Sono presenti sia piatti raffinati per i signori, sia pietanze (sempre per i signori) elaborate con i prodotti locali consumati abitualmente sulle tavole dei poveri.

Molto interessanti e dettagliate sono le raccomandazioni e le istruzioni sul servizio a tavola e sulla gerarchia degli addetti al servizio della corte diretto dal Maggiordomo. Il Maestro di Sala era poi il responsabile dei ricevimenti, sopraintendeva agli arredi, agli argenti, al personale: divise, decoro e remunerazione. Il Cameriere era al diretto servizio del signore, anche durante i banchetti. Il Coppiere serviva le bevande al re dopo averle assaggiate (solita precauzione antiveleno).

Il Trinciante era di origine nobile e la sua arte consisteva nel tagliare le carni. Nobili erano anche il Bottigliere e lo Scalco. Infine veniva il Cuoco che invece di solito non era nobile.

Il ricettario fu pubblicato in castigliano nel 1525, quando ahimè l'ultimo re era ormai stato esiliato a favore degli Aragonesi di Spagna, e Napoli non era più capitale ma sede del Viceregno[28].

La prima edizione era apparsa in catalano nel 1520 *Libre de doctrina Pera ben Servir: de Tallar: y del Art de Coch* o *Lo Libre de Coch*.

Ebbe numerose riedizioni e gran parte dell'edizione del 1525 fu trasformata nel libro di cucina di Diego Granado intitolato *Arte de Cocina* e pubblicato nell'anno 1599.

---

28 Nel 2008 la giornalista de Il Mattino, Antonella Laudisi, ha pubblicato la traduzione in italiano dell'edizione del 1529 per i tipi de Il laboratorio / le edizioni di Nola.

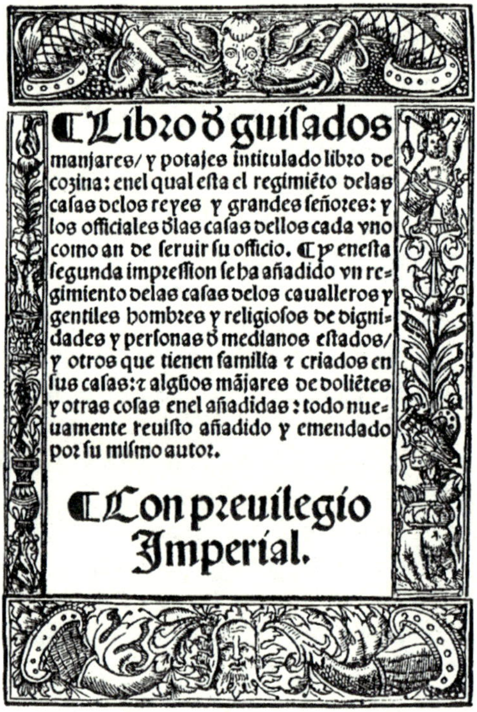

¶ Libro d guisados
manjares/ y potajes intitulado libro de
cozina: enel qual esta el regimiẽto delas
casas delos reyes y grandes señores: y
los officiales dlas casas dellos cada vno
como an de seruir su officio. ¶ Y enesta
segunda impression se ha añadido vn re-
gimiento delas casas delos caualleros y
gentiles hombres y religiosos de digni-
dades y personas d medianos estados/
y otros que tienen familia e criados en
sus casas: e algũos mãjares de doliẽtes
y otras cosas enel añadidas: todo nue-
uamente reuisto añadido y emendado
por su mismo autor.

¶ Con preuilegio
Imperial.

Libro de guisados, versione in Castigliano

II.14. Antonio Camuria

Negli anni dopo l'esilio di re Federico e l'inizio del dominio spagnolo l'impronta dell'alta cucina resta per un bel po' quella della corte aragonese, come si è già visto in merito al menù per le nozze di Bona Sforza nel 1517.

Alla Biblioteca Nazionale Vittorio Emanuele III di Napoli è stato ritrovato un manoscritto (Manoscritto XII.E.19) comprendente 86 ricette. Sul dorso si legge: *Apparecchi diversi da mangiare et rimedij*.

La data del manoscritto è 1524 (dunque di poco successivo all'edizione catalana del trattato di Ruperto da Nola), il luogo in cui è stato scritto Nerula. Nel 1993 Lejla Mancusi Sorrentino[29] ha potuto attribuire con certezza il manoscritto, fino a quel momento creduto anonimo, al Camuria.

Ha infatti avuto l'intuizione di leggere allo specchio l'iscrizione indecifrabile perché scritta da destra verso sinistra, alla maniera di Leonardo:

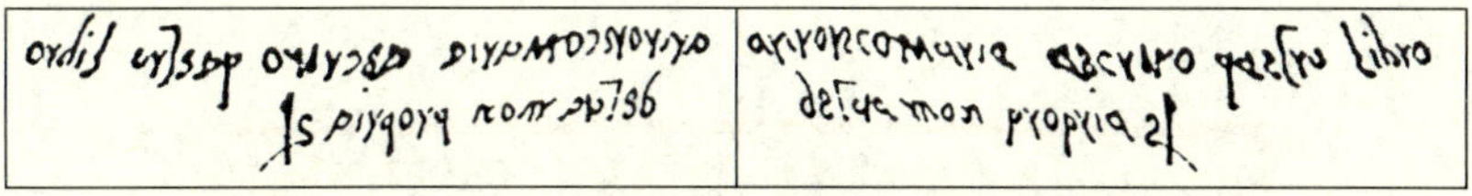

(*Antonio Camuria a scripto questo libro de sua manu propria sJ*)
da *Apparecchi diversi da mangiare et rimedij* di Antonio Camuria

Nel 2012 ha pubblicato l'intero testo in occasione del convegno dell'Accademia Italiana della Cucina – Delegazione di Nola, confermando l'identificazione dell'autore e del luogo (collocando Nerula nel Lazio e non in Basilicata come sostenuto da Michael Suthold, che nel 1994 aveva pubblicato *Ein unveroffentlichtes Kochbuch aus SudItalian von Beginn des 16° Jahrhunderts*, affermando che Nerula fosse Lagonegro).

Antonio Camuria va comunque considerato nell'ambito della cucina napoletana.

Nel 2005 Salvatore Pezzalla ha proposto una traduzione delle stesse ricette in italiano moderno *Il Rinascimento a Tavola tra Splendori e Sapori*[30].

Camuria mostra di conoscere le ricette di Ruperto da Nola o di Maestro Martino, sia direttamente, oppure indirettamente dalla lettura della traduzione del Platina. Sono infatti presenti diverse pietanze in uso alla corte di Napoli:

Per far una suppa ala Catelana, per far lo miraustro, per far la genestrata, che poté magnar la quadragesima (la quaresima) *trattandosi di*

29 Lejla Mancusi Sorrentino, *Appunti di Gastronomia*, Bemporat, Milano.
30 Salvatore Pezzalla, *Il Rinascimento a Tavola tra Splendori e Sapori*, Orior Edizioni, Perugia.

una farinata di riso, frutta secca, zucchero, zafferano e zenzero, dunque una pietanza di magro.

Utilizza gli ingredienti tipici della cucina del Rinascimento[31]: zucchero e acqua di rose. Risente fortemente di quella cultura e rappresenta dunque la fase di passaggio tra il periodo del Regno aragonese e l'inizio del Viceregno spagnolo.

In cucina, Tacuinum Sanitatis

31 Un importante cuoco del Rinascimento fuori dei confini napoletani fu Bartolomeo Scappi al servizio di importanti personaggi come Pio V, scrisse un grande trattato sulla gastronomia *Opera* suddiviso in sei libri.

III

La tavola nella Napoli vicereale.
Le testimonianze dei ricettari, della letteratura e dell'arte.

III.1. La fame dei poveri e gli eccessi dei ricchi durante la dominazione spagnola

Il Regno di Napoli, perduta l'indipendenza a causa degli Aragonesi di Spagna dopo che Ferdinando il Cattolico ebbe spodestato i cugini napoletani, fu ridotto a Viceregno e subì la dominazione spagnola per ben due secoli: XVI e XVII.

Funzionari, nobili e militari spagnoli spadroneggiavano per la città compiendo ogni sorta di angherie e tartassando la popolazione con imposte di ogni genere. Buona parte di tali introiti veniva inviata in Spagna per rimpinguare le casse reali. Un'altra parte serviva ad arricchire i nobili che ne avevano ottenuto la concessione e gli arrendatori, cioè gli esattori incaricati.

Il popolo versava sempre più in condizioni di grande disagio dovuto a fame e carestie fino a nutrirsi di scarti di frutta e verdura, e sempre più il personaggio di Pulcinella andò incarnando la figura del popolano eternamente affamato.

Un'ennesima gabella sulla frutta fresca e secca che stabiliva di *gravare i frutti della terra del dazio di carlini cinque a cantàio*, scatenò la celebre rivolta capitanata dall'umile pescivendolo Masaniello nella piazza del Mercato nel 1647.

Berardina, sua moglie, qualche tempo prima era stata arrestata per aver tentato di evadere il dazio con una calza piena di farina, come spesso facevano tante donne povere, e imprigionata per otto giorni.

Tra le imposte più invise al popolo minuto, che riguardavano beni alimentari di prima necessità, c'erano infatti quelle sulla farina e "l'a-laggio" sul pane. La "palata" (dalla "pala" per infornare), il pane della povera gente, ormai era arrivata a 17 centesimi ed era scesa di peso a 30 once (810 g circa). Come raccontano le cronache *all'epoca dei fatti, con il Viceré duca de Arcos Rodrigo Ponze de Leòn, le gabelle sui generi annonari, e specialmente sulla farina e sul pane, comechè gravi dovunque, erano nella nostra città gravissime, e più che per altri per la povera gente [...]. Nel 1641, infatti, essendo stato scarso il ricolto, l'eletto del popolo, Giovan Battista Nauclerio aveva dato facoltà ai panettieri di mettere nel pane ogni altra mestura, che a loro fosse piaciuta, cocendolo malamente, purché ritenesse il peso.*

Masaniello nei suoi dieci giorni di potere impose che *'a palata 'e pane pesasse quarantadoje onze* (1,32 kg circa) *e no cchiù trenta*, ma il-giorno successivo alla sua uccisione il peso fu riportato a trenta[1].

La rivolta di Masaniello, incisione, A. Giraffi 1650, Haerlem

1 Yvonne Carbonaro, *Le giornate di Masaniello*, Ed. Evaluna 2008

Il problema delle speculazioni sulla farina da parte di coloro che ne facevano incetta per far aumentare i prezzi era comunque di antica data. Nel Bando del *Conte di Ripa Cursia, Vice re di questo Regno, dato nel Castello Novo il 25 genn. del 1509*[2], si intima, tra l'altro:

[...] Item che quando la farina saglie per guerra, o carestia, o per indisposizione de stagione de cinque carlini in su el tumulo non si debiano fare taralli, susamelli, ceppule, maccarune, trii vermicelli, nè altra cosa de pasta excepto in caso di necessità de malati.

La proibizione venne ripetuta in successivi bandi.

Nel 1570 una serrata dei panettieri aveva scatenato una rivolta popolare e, secondo alcuni, in quell'occasione sarebbe nato il canto anonimo *In galera li panettieri* che nella versione pervenutaci, pur dopo varie modifiche nel tempo, recita:

In galera li panettieri / mò ca s'erano arreccuti / tutti s'erano resoluti / deventare cavalieri / in galera li panettieri. / In galera li panettieri / mò ca s'erano ingranduti / nun vedevano li paputi / ca turnavano comm' 'a ieri / in galera li panettieri. / In galera li panettieri / se credevano già baroni / d'affamà la pupulazione / nun se devano penzieri / in galera li panettieri. / Oh che spasso che bellu sfizio / quanno venne la giustizia / ca diceva: "mò che ne spieri" / pave hoggi chello d'ajeri / in galera li panettieri.

Se è vero che è stata scritta nella data che ci è stata indicata, si tratta di una canzone popolare la cui attualità si è periodicamente rinnovata nel corso degli accadimenti urbani: un'invettiva nei confronti dei panettieri e anche un'occasione di dileggio delle loro aspirazioni a diventare baroni o cavalieri grazie all'acquisita ricchezza.

Il grande contrasto tra le classi sociali è una costante nella storia della città, ma nel '600 esso diventerà più che mai stridente.

La popolazione raggiungeva ormai il mezzo milione di abitanti, molti di più di Parigi e di Londra.

Alla miseria del popolo, si contrapponeva il lusso di aristocratici spagnoli e napoletani, che nei loro palazzi tenevano vere e proprie corti, e di ricchi borghesi che cercavano di emularli.

---

2 Juan de Aragona de Ribagorsa fu il terzo vicerè (1507-1509) dopo Consalvo di Cordova (1503-1507) e Giovanna d'Aragona, regina vedova di Ferrante I e sorella di Ferdinando il Cattolico, da questi nominata luogotenente generale del regno, cioè viceré ad interim, dal giugno al novembre 1507.

I nobili del Regno, ricchissimi, potenti, riottosi e gelosi dei propri privilegi, che tanto filo da torcere avevano dato a Ferrante con le loro congiure, dal viceré Pedro de Toledo nella prima metà del '500 furono, allo scopo di tenerli sotto controllo, costretti a lasciare i loro feudi per vivere a Napoli.

Nel centro della città edificarono fastosi palazzi, possedevano ville sul mare ed immensi latifondi da cui spremevano enormi ricchezze.

Il clima generale creato dagli spagnoli era di sfarzo, feste, divertimenti e spettacoli, pranzi opulenti ed elaboratissimi giacché l'ostentazione di abbondanza anche a tavola è sempre stata ostentazione di potere oltre che di ricchezza.

Lavoro in cucina, Vincenzo Campi, 1580 circa, Pinacoteca di Brera

III.2. Le testimonianze: Benedetto di Falco, Gioan Battista del Tufo, Giovanni Orlandi, Carlo Celano

a) Benedetto di Falco

Nel 1535 nel suo *Descrizione de' luoghi antiqui di Napoli e del suo amenissimo distretto,* nella cui ultima parte si rivolgeva all'imperatore Carlo V che in quell'anno era entrato a Napoli, reduce dalla spedizione di Tunisi, scrive dettagliatamente di come erano apparecchiate le mense, di come si svolgeva il servizio e che cosa veniva imbandito a tavola nei palazzi gentilizi.

Entrando tu nelle sale de' bei palazzi, harai a meraviglia, riguardando gli alti riposti adorni di vari vasi sculpiti [...]. Poi vedrai [...] nel mezzo una commoda mensa torneada di politi e galanti servitori, ch'ivi con loro piatti d'argento aspettano le minute e delicate carni trinciate da un destro et atteggiato trinciante [...]. E di più riguarderai una lunga mensa, coperta di bianchissimi mantili, o dirai mesali[3] *di sottilissima tela d'Olanda, crespi a spesse pieghe, ripieni di tanti gelsomini odoriferi e bianchi che veramente paiono ivi vezzosamente piovere, con altre fronde di color di cedri di colore d'oro ch'empiono di odore gli invitati. Questa sontuosa e signoril mensa è divisa di convenienti e nettissimi servietti*[4] (tovaglioli) *col suo coltellino ad ogni uno il suo. E tra due sta un bel becchiero pieno del vino detto vernaccia, da gli antichi vinaccia, in cui si bagnano le varie nevole* (dolcetti leggeri come nuvole), *dette da' lombardi cialdoni. E quivi sogliono essere gli antipasti, come sono quei pezzi inzuccarati, quali noi chiamiamo pignolate [...]. E spesso per ante pasto pononsi il melato cibo de' cedri e de' limoni alias cedronata [...] presutti salviati cotti col vino e con la salvia e le rosse sopressate [...]. E mangiatesi gli ante pasti, udirai la voce dell'accorto maggiordomo che ha sempre l'occhio a gli invitati, con un severo ciglio fare cenno ai paggi [...]. Questi ordinatamente portano con lor candide e nette mani, chi il biancomangiare, grecamente detto leucophagon, chi le carni allesse con varie menestre e vivande [...] con vari sapori detti latinamente condimenta. Et innante che si porta la vivanda arrosta – cosa lodevole e signorile – si tolgono via li primi servietti e si mettono li secondi* (si cambiano i tovaglioli), *quivi vedrai cibi tosti arrosti con mirausti* (salse per arrosti) *peperati a dovere a diverse foggie cotti.*

b) Gioan Battista del Tufo

Alla fine del '500 il marchese del Tufo fa una descrizione in versi di Napoli e dei suoi costumi in *Ritratto o modello delle grandezze, delitie et meraviglie della nobilissima città di Napoli.* Il componimento poetico è diviso in sette "ragionamenti" (sette giorni della settimana),

3 Mantile dallo spagnolo *mantel*; mesale da *misalion*, greco.
4 In spagnolo *servilleta*. In napoletano *salvietta* asciugamani e *salvietto* il tovagliolo. Vedi anche *Vocabolario delle parole del dialetto napoletano che più si scostano dal dialetto toscano*, Accademia dei Filopatridi, Napoli MDXXXIX.

in cui illustra le bellezze della città natale. Nel quinto ragionamento espone le varie usanze connesse con le feste religiose di larga risonanza popolare, con particolare riguardo alle tradizioni alimentari, ai modi della partecipazione delle masse, alle consuetudini cerimoniali.

Descrivendo la cucina, la racconta come molto raffinata nelle corti aristocratiche, dove i cuochi *sanno i pasti, ancor loro, con gl'antipasti, / gli allessi, o rosti, e come si hanno a fare / i sottostati* (stufati), *le polpette e quelle / dolci esche rotondelle / chiamate "tomacelle"; / e di cose hanno a mottonare* (imbottire) */ i lacerti, i capponi e le porchette; / quante sorti d'erbette / in una salza verde hanno ad intrare, / quante carni, salami e che ligume / hanno i cuochi in costume; / quanti caci o verdure / per far che ben riesca saporita / l'olla detta putrita. / Sanno tutti i sapori / che bramano i signori, / le salse verdi, le mustarde o gl'acri, / e 'l tempo quando soglion esser macri / i capponi, le starne e le vitelle / ché a Napoli ne son quanto le stelle: / in qual luogo la carne arrosto è meglio, / in sottostata* (stufata) *o in brodo. / Conoscon ben che modo / han di mestier per mantenere i vini [...]* e sempre in versi, dopo aver fatto riferimento alla "olla podrida" elogia il **pignato** vale a dire la popolarissima **Menesta mmaritata:**

Deh, se provaste mai, / donne mie care, / certo altro buon mangiare / che noi con studio assai lo solem fare / d'un dolce pignate, / d'un pezzo riposata / da poi che è cucinata / detta a Napoli tra noi la maritata, / fatti di torzi, d'ossa mastre e carne, / lascereste faggian, pernici e starne, / dove entra un pezzo di presciutto vecchio / per far meglio apparecchio, / salcizon, sopressata e boccolaro (collo del maiale*), / col suo finocchio e buon formaggio dentro, / che il sapor vada a penetrar nel centro.*

Egli riferisce anche della spettacolarità dei mercati.

I venditori si prodigavano infatti nell'allestimento di trionfi di frutta e verdura, offerte di latticini, pane, salsicce e carni, scenografiche sistemazioni di pesce nelle *spaselle* tra il verde delle alghe, teatrale e insieme concreta esaltazione del cibo. Cita molto vini campani *or statime a sentire / quanti ve ne vo' dire / e primma del più bello / Greco di Somma / Lacrima e Circello / Guarnaccia e Moscatello / buon Fiano e Rovello / Centola Asprinio / et in ogni osteria / Cerella e Malvasia / poi per tutta la terra / Aglianico / Verdesco / e Mangiaguerra / ma il vino di Pausillipo / ne potrà bere / il Papa e Re Filippo / e come il grido / e la gran fama vola / l'Asprinio e il buon / Verdonico di Nola [...].*

c) Giovanni Orlandi

In *Breve relazione della città e Regno di Napoli*, 1642, scriveva che *nelle taverne di Napoli si vendevano, in que' tempi, centomila botti di vino all'anno per servizio del pubblico e più di altrettanto vino era consumato nelle case. Napoli mangiava allora più di 120 mila animali, spendeva 300 mila ducati in frutta, 35 mila ducati al mese per erbe ed ortaggi e si serviva di olio per 220 mila staia all'anno.*

d) Carlo Celano

Secondo il Celano, in *Notizie del bello dell'antico e del curioso della città di Napoli... per li Signori Forestieri*, 1692, *nelle "Camerate", a Mergellina era uso assai alla moda che si fermassero le carrozze delle dame della nobiltà a cui, con sfarzo di cristalli e argenterie, venivano serviti rinfreschi, sorbetti, bevande calde e dolci.*

Il largo del Mercato, Micco Spadaro, 1647,
Museo de la Fundación Duque de Lerma, Toledo

III.3. L'ostentazione di sovrabbondanza alimentare nel '600

Il '600 è anche il secolo della sovrabbondanza nelle arti visive ed espressive, l'*horror vacui* è una dominante del Barocco nelle decorazioni, nell'abbigliamento e perfino nelle raffigurazioni degli alimenti.

La moda era venuta dai fiamminghi attraverso la Spagna con i *bodegones*, e che da noi saranno le celebri nature morte del Sei e Settecento di Luca Forte, di Andrea Belvedere, dei Recco, Porpora, Ruoppolo e tanti altri in cui compaiono, come dice l'illustre studioso napoletano Raffaello Causa *la cipolla, il tacchino spennato, la lombata di vitello ancora sanguinolenta [...], le grandi tavole di pescherie, ricche d'ogni più rara preda di mare, che possa fare il vanto delle mense più raffinate.*

Macelleria (Particolare) J. Benckelaer 1530-1574, Museo di Capodimonte, Napoli

Il mare del golfo era pescosissimo e ce ne dà prova la tarantella anonima di un secolo dopo *Lo guarracino* (il pesce castagna) in cui vengono citate le decine e decine di varietà di pesci, a quei tempi presenti e abbondanti nei nostri fondali e nei mercati, che si affrontano azzuffandosi come in una rissa nei vicoli della città:

[...] A meliune correvano a strisce / de sto partito e de chillo li pisce / Che bediste de sarde ed'alose! / De palaje e raje petrose! / Sàrache, dièntece ed achiate, / scurme, tunne e alletterate! / Pisce palumme e pescatrice, / scuàrfene, cernie e alice, / mucchie, ricciòle, musdee e mazzune, / stelle, aluzze e storiune, / merluzze, ruàngole e murene, / capodoglie, orche e vallene, / capitune, aùglie e arenghe, / cièfere, cuocce, tràccene e tenghe / Treglie, trèmmole, trotte e tunne, / fiche, cepolle, laune e retunne, / purpe, secce e calamare, / pisce spate e stelle de mare, / pisce palumme e pisce prattielle, / voccadoro e cecenielle, / capochiuove e guarracine, / cannolicchie, òstreche e ancine, / vòngole, còcciole e patelle, / pisce cane e grancetielle, / marvizze, màrmure e vavose, / vope prene, vedove e spose, / spìnole, spuànole, sierpe e sarpe, / scàuze, nzuàccole e co le scarpe, / sconciglie, gàmmere e ragoste, / vennero nfino co le poste, / capitune, sàure e anguille, / pisce gruosse e piccerille [...].

Marina con pescatori e mostra di pesce,
Luca Forte e Aniello Falcone

Sempre nei dipinti di quel periodo vediamo cacciagione, dolci, trionfi di verdura e di frutta delle specie più diverse, utili, da un lato, a darci oggi un quadro della ricchezza e di una biodiversità perduta e, dall'altro, a ricostruire la quantità dei prodotti agricoli e alimentari che dai Casali affluivano sulle tavole ricche della **cetate**.

I Casali[5], che nel periodo spagnolo erano 37, come riporta Giovanni Antonio Summonte: *i quali fanno corpo con la città godendo anch'essi l'immunità, i privilegi, e prerogative di lei... Nove sono quasi sul lito del mare, dieci dentro terra, dieci sulla montagna da Capo di Chio a Capo di Monte, otto nelle pertinenze di Posillipo. Tra la montagna di Capo di Chio e Capo di Monte vi sono: Fraola, Arzano, Casaurora, Grummo, Cardito, Melito, Marano, Mugnano, Panecuocolo, Secondiglianum [...], comprendevano dunque sia zone oggi urbane sia i paesi agricoli dei dintorni che approvvigionavano l'affollatissima "Cetate" di derrate alimentari e godevano di alcune autonomie come quella dello jus panizandi, cioè di panificare autonomamente, e più tardi quella dello jus maccaroni, cioè di lavorare e produrre pasta [...].*

Natura morta con frutta, Luca Forte

5 Yvonne Carbonaro, *Le ville di Napoli*, 2008, op cit.

III.4. Il cibo negli scritti in napoletano dei poeti: Velardiniello

A parlare diffusamente di cibo, più dei ricettari, a cui comunque faremo riferimento ricordando quello del Latini, sono i letterati napoletani e tra questi alcuni che scelgono di esprimersi nella *lengua napolitana*. Primo tra tutti, in ordine di tempo, il poeta cinquecentesco Velardiniello (Berardiniello Passaro) che in *Cient'anne arreto* esprime la nostalgia del tempo passato, consueta nell'immaginario popolare di sempre, conservando il ricordo mitizzato di un'epoca in cui prodotti e vivande erano abbondanti e a buon mercato. Riportiamo degli stralci dalla trascrizione seicentesca molto in voga. Velardiniello si sofferma sulla indicazione di cibi elencando quelli più in uso e così sappiano che già cento anni prima del tempo dell'autore, e dunque nel periodo aragonese che egli rimpiange[6], si mangiavano il **casatiello** e la **pastiera**[7].

Cient'anne arreto, quann'era viva vava / avive pe seie grana, e non t'affricere, / Tridece polecine co la voccola. / Va accatta meza quatra, mo, de cicere / A ste ppoteche, e bide si se scoccola [...] / Lo vino, ch' era fatto a parmentiello int'a tinozza, / Valea no ncoronato a barreciello. / La pizza te parea rota de carro, / Quant' a no piecoro era nu capone! / Avive quanto vuoie senza caparro! / Va piglia mo 'n credenza no premmone! / Mo a malappena può accattare farro [...] / Pe cinco grana avie na pecorella, / Tre ffecatielle pe quatto denare. / Mo la carne de vacca e de vitella / Te volle 'n canna, e non ne può accattare! / E ttanno puro a la taverna n'accio / Co no tornese avie, e no sanguinaccio / [...] / Filavano a le cchianche ll'ossa maste, / cu nnateche e llacierte de vitiello [...] / Na pennolata avive de pollaste / e cchiù de sette, pe no carreniello. / Cu nu denaro avivi nu criviéllo / de veròle monnate caude caude / senza magagne e senza nulla fraude [...] / O ciéfaro zumpava frisco frisco / Da la tiella quanno lo friive. / De natta, e de ricotta e ccaso frisco / nc'era na grascia e chiù nun ne vulivi [...] / O cuzzicaro te chiammava a ssisco / Pe ddarte patelle vive vive. / Va nfino â Preta mo, si nun te ncresce! / e vire che avé nun puó nu pesce! [...] / (e ancora) *Li sciosciole, [...] li freselle, / Li casatielle d'Isca e le ppastiere [...].*

6 *Allora fuste Napule corona, quanno rignava Casa d'Aragona...*

7 Come abbiamo visto, Sannazaro ne parla come di un prelibato dolce già di epoca angioina, ma certamente ha origini molto più antiche.

(Cento anni fa, quando era viva la nonna, avevi per sei grani[8], e non ti affliggere, tredici pulcini con la chioccia. Vai a comperare oggi mezza porzione di ceci in queste botteghe e vedi se ci riesci [...]. Il vino che si faceva nella tinozza costava un coronato[9] a barilotto. La pizza sembrava una ruota di carro, un cappone era grande come un montone! Avevi ciò che volevi senza caparra! Prova ora ad avere a credito un po' di polmone! Ora a mala pena puoi comperare del farro [...] per cinque grani avevi una pecorella, tre fegatelli per quattro denari[10]. Ora la voglia di carne di vacca e di vitella ti resta in gola e non ne puoi comperare! Allora nella taverna per un tornese avevi un sedano e anche del sanguinaccio [...]. Abbondavano nelle macellerie ossi e parti pregiate di vitello [...]. Avevi un mazzo di pollastri appesi, più di sette per un solo carlino[11]. Per un denaro avevi un involto di caldarroste calde calde senza inganno e senza alcuna frode [...]. Il cefalo saltava fresco fresco dalla padella mentre lo friggevi. Di panna, di ricotta e cacio fresco c'era tanta abbondanza che non ne volevi più [...]. Il venditore di cozze ti chiamava con un fischio per proporti patelle vive vive. Vai ora alla Pietra del Pesce e vedrai che non ti riesce di avere neanche un pesce! [...] e ancora, la frutta secca, le freselle, i casatielli d'Ischia e le pastiere!)[12].

E sempre in tema di cibo, Velardiniello è anche autore di una villanella, in cui si attribuiscono alla fanciulla amata le dolcezze dei frutti più golosi: lei ha la boccuccia di una pesca tanto dolce e matura da

---

8 Grano. Piccola moneta di rame battuta da Ferrante: Ferdinando I di Napoli (1458-1494) a Napoli. Il grano valeva 12 cavalli. Il tarì valeva 20 grana.

9 Coronato (moneta con immagine di un re con la corona), il coronato d'argento del valore di un carlino fu fatto coniare nel 1458 da Ferrante re di Napoli e di Sicilia come ricordo della sua incoronazione.

10 Il denaro, antica moneta creata da Carlo Magno ebbe molte variazioni di valore nel tempo. Al tempo di Ferrante valeva un terzo di tornese in quanto egli aveva fatto coniare un tornese di valore pari a 3 denari o sei cavalli ed un cambio di 20 per carlino.

11 Carlino moneta d'oro (e poi d'argento) emessa da Carlo I d'Angiò a Napoli nel 1278, corrispondeva a 10 grana.

12 Ho voluto riportare il testo in napoletano che anche nel linguaggio esprime con tanta immediatezza la vivacità e il colore dei mercati cittadini di allora e di oggi, ma ho reputato utile tradurlo per una maggiore comprensione del lettore ed è così che conto di procedere anche più avanti con gli scritti del Seicento che non sono sempre di facile lettura.

essere sul punto di aprirsi, il musetto di un fico zuccherino, e lui anela di trovarla da sola e rubarle tutte le ciliegie della sua bellezza: *Boccuccia de 'no pierzeco apreturo / mussillo de 'na fica lattarola, / s'io t'aggio sola dint'a chist'uorto / 'nce resto muorto / si tutte sti cerase nun te furo [...].*

Velardiniello era molto apprezzato dai tre più importanti poeti barocchi napoletani Giovan Battista Basile, Giulio Cesare Cortese e Sgruttendio che a loro volta vollero scrivere nella *lengua napolitana* e non in *tuscanese* e che nei propri scritti si compiacciono di dilungarsi sul cibo dato che la sovrabbondanza di riferimenti agli alimenti è specchio del costume di quell'epoca. Inoltre ci testimoniano come tante abitudini alimentari siano confluite dal passato nella Napoli del lungo periodo vicereale e da quella fino a noi.

III.5. Elenco di termini culinari

Per agevolare la lettura dei brani che seguono, si riporta parte di un elenco stilato dalla studiosa Maria Panetta[13] dei termini culinari presenti nei tre scrittori a cui si farà riferimento qui di seguito: Basile, Cortese e Sgruttendio, molti dei quali ho tradotto essendo desueti o di difficile comprensione, mentre altri sono ancora in uso:

Torza (cavoli), *anguilla, spere* (molluschi), *vruoccole* (broccoli), *treglia* (triglia), *confiette* (confetti), *foglia* (verdure di foglia in genere), *scarola, recotta, pastenaca* (carota), *lasagna, nzogna* (sugna, strutto di maiale), *cotogna, castagna, gregna* (grano), *tòrtano* (ciambella), *franfrellicche* (bastoncini di zucchero), *milo sciuoccolo* (loto), gàmmaro (gambero), *pesce, vino, bruoccolo, zeppole, cannella, zuccaro, cecere calïato* (cece tostato), *trippata, pepe, sopressata, taratufolo* (tartufo), *radice* (ravanello), *cocozze* (zucche), *maiorane* (maggiorana), *pizza, pane, lopino* (lupino), *sciosciello* (frittata), *sosamiello* (biscotto natalizio), *presutto, frutte, foglia, milo dece* (mela vermigliona), *'mbrodetto, castagne spistate, cetrangola, trippa, guarnaccia* (vernaccia), *casillo, caso, maccarune, menestrella, aruta* (ruta), *fasule, cetrule, pruno* (susino), *fecato zoffritto, catarozzola* (zucca), *carne, vroda* (brodo), *cepolla, commine* (treccine) *d'aglie,*

13 Maria Panetta, *Note sulla funzione del cibo in Basile, Cortese e Sgruttendio, www.academia.edu.*

peparuole, ardiche (ortiche), *totamaglie* (titimaglio, euphorbia: pianta velenosa), *premmone* (polmone), *acce* (sedani), *acito, catarozza* (cavolo cappuccio), *vruoccole spicate* (broccoli spigati), *llatto, menesta, berdumme* (verdure sfiorite) *spampanate, rapesta* (ravanello), *trippa, coratella, manna* (zucchero del frassino), *fenucchie, ragosta* (aragosta), *agresta* (salsa di uva agra), *porchetta, uovo, sango de puorco, crovara* (vino corvara), *berdisco* (verdicchio), *mesesca* (carne secca affumicata), *fico moscia, uva 'nzolia* (uva insolia, coltivata in Sicilia), *mmele puro, recottella, fave frante, bino cuotto, vaiano* (vino di colore nero), *purpo, mellune, nnoglia* (salsiccia), *fecatielle, lauro, freselle* (fette di pane biscottato), *noce, nespole, fecate, uosso de presutto, aglio, senàpo, mostarda, alicella, sarda, fiecate fritte,* (vini:) *porchiaccone, grieco de Somma, lagrema, guarnaccia, asprinio; pagnotte, recotta schianta* (ricotta forte), *caso cellese* (cacio piccante), *provole de Sessa, uoglio, vàllane e allesse* (castagne lessate con o senza buccia), *sceroppo, cocozza* (zucca), *sauza* (salsa), *ova apole* (senza guscio) *grisommola* (albicocche), *vrenna* (crusca), *fave, uorgio* (orzo), *panella, còtena* (cotica), *pettorina* (pancetta), *truocchio* (minestra), *arrusto, alice, salimora* (salamoia), *anguille, rosamarina, carne de crastato, vitella, annecchia* (vitella di un anno), *vacca, voccolaro* (muscolo del collo del maiale), *sale, pepe, ammennola* (mandorla), *manteca* (burro), *nnatta* (crema di latte), *fenucchio sicco, zuco* (sugo), *rise de Salierno, lattuche, aiete* (bietole), *scarole, gnuoccole* (gnocchi), *rezze e laoro* (retine e lauro), *peduzzole* (piccoli piedi d'insalata), *menta, garuofane, ghielatine, saucicce, rosole* (tocchi di carne), *stigliole* (coratelle), *colarine* (frattaglie), *sanguinacce, pan unto, migliacce* (torte rustiche a base di semola più tardi anche di farina di granturco con maiale e provole oppure dolci con crema o con uova ricotta e zucchero), *farina, pasticce* (pasticci cotti al forno, con rosolatura esterna), *còtena* (cotica) *de lardo, antrite* (nocciole abbrustolite), *provole 'mmorrate* (imburrate), *aolive, sorva* (sorbe).

III.6. Basile, Cortese, Sgruttendio

La tradizione culinaria napoletana ci ha tramandato piatti popolari e poveri e piatti elaborati nelle corti. Questo costante dualismo popolare-aristocratico è ampiamente espresso ne *Lo Cunto de li Cunti* di Basile poi detto *Pentamerone*.

Lo Cunto, come si sa, è una raccolta di racconti che si esprime su un doppio registro: da un lato il fiabesco e l'immaginario di fate e streghe, dall'altro lato la vita quotidiana di contadini e popolani descritta con particolari e immagini di assoluto iperrealismo, che rasenta il picaresco nei riferimenti ai bisogni e alle necessità anche fisiologiche degli esseri umani. E siccome il bisogno primario dell'umanità è mangiare, tra *lo iuoco* e *lo cunto* fiabesco, il *Pentamerone* finisce per dipingere un quadro del costume alimentare del tempo che, se per i poveri si riduceva a verdura, frutta e pane e al sogno di conquistare l'albero della cuccagna, per i ricchi consisteva in ogni ben di Dio.

Nel *Cunto* molti racconti si svolgono in termini curiosamente collegati alla sfera del gusto, e continui sono i rimandi ai prodotti propri dell'agricoltura e della tavola napoletana a partire dall'olio.

Proprio con l'**olio** si apre il primo racconto.

Il re di Vallepelosa, dopo aver tentato di tutto per far ridere la figlia Zora (o Zoza), fa costruire una fontana d'olio nella strada, con la speranza che nasca qualche caso comico in mezzo alla folla. E infatti, quando una vecchietta si rivolge con parolacce contro il paggio che le ha rotto l'orciuolo d'olio e che le risponde per le rime, la principessa scoppia a ridere, ma la vecchia la maledice[14].

Nell'opera troviamo riferimenti alle nocelle, alle noci, alle castagne, a *lu mele* (il miele), al prezzemolo di Petrosinella, alla *'nsogna*, alle *còtene.* Sono presenti anche paragoni alimentari nei proverbi che vi sono inseriti.

Basile ci dà addirittura una descrizione di Napoli in termini mangerecci nella fiaba *Lo mercante* (I,7). Nell'allontanarsi dalla città, Cienzo, accorato, esclama: *Tienete, ca te lasso, bello Napole mio! Chi sa se v'aggio*

14 La povera Zora non potrà sposare altri se non il principe di Camporotondo, costretto, come se fosse morto, in un sepolcro da una cattiva fata. Soltanto la donna che riempirà di lacrime in tre giorni un'anfora attaccata ad un uncino salverà il principe e lo sposerà. Zora, dopo sette anni di ricerche, trova la tomba e riempie di lacrime quasi tutta l'anfora, ma stremata dalla fatica si addormenta alla fine del secondo giorno. Una schiava mora ne approfitta, finisce di riempire l'anfora e sposa il principe. Zora disperata si reca in città e riesce a destare nella rivale il desiderio di ascoltare fiabe. Nasce così il pretesto per far narrare da dieci vecchiette in cinque giorni cinquanta novelle. Alla fine Zora spiegherà come l'ultima fiaba che riporta l'intera vicenda sia in realtà il racconto della propria vicenda travagliata. Il principe sdegnato uccide la moglie ingannatrice e sposa la buona Zora.

da vedere chiù, mautune de zuccaro, e mura de pasta reale, dove le prete so' de manna 'n cuorpo, li trave de cannamele, le porte e finestre de pizze sfogliate! [...] Dove 'n'autra Loggia, dove alloggia lo grasso, e s'affila lo gusto? [...] Addio, pastenache e fogliamolle, addio, zeppole e migliaccie, addio, vruoccole e tarantiello, addio, caionze e cientofigliole, addio, piccatiglie e 'ngrattinate [...]. Me parto pe stare sempre vidolo dele pignate maretate, io sfratto da 'sto bello casale; torze meie, ve lasso dereto... (Tieniti forte, che ti lascio, bella Napoli mia! Chissà se vi rivedrò mai più, mattoni di zucchero e mura di pasta reale, dove le pietre sono ripiene di manna, le travi di canna da zucchero, le porte e le finestre di pizze di pasta sfoglia! [...] Dove sarà mai un'altra città in cui alloggia l'abbondanza e si affina il gusto? [...] Addio, carote e bietole, addio, zeppole e migliacci, addio, broccoli e ventresca, addio, frattaglie e trippa centopelli, addio spezzatini e pasticci gratinati [...]. Parto per restare sempre vedovo del pignato maritato, io me ne vado da questo bel casale, miei adorati cavoli, vi lascio dietro di me...).

Importante è il riferimento al piatto principe della cucina di allora di cui si è riportato l'elogio di Gioan Battista del Tufo: lo Pignato mmaretato o Menesta mmaretata, piatto complesso di carne e verdure in competizione con i vari *Cocidos* spagnoli e con la *Olla podrida*, di cui parlano Cervantes e Calderón, che non significherebbe pentola marcia, come molti hanno scritto, ma *poderida* cioè "pentola poderosa", ricca, per le carni contenute.

Anche il Pignato naturalmente poteva essere ricco oppure povero, fatto con appena qualche cotica e qualche verdura come nel cunto *Le sette cotenelle* (V, 4) in cui la vecchia mendicante elemosinando *s'abboscaie sette cotenelle de lardo, le dette a la figlia, decennole che l'avesse poste a cocinare, mentre ca tornava a pezzire no poco de foglia a certe ortolane pe facere na menestella cauda e saporita.* (Riceve sette pezzetti di cotica di lardo che dà alla figlia raccomandandole di cucinarle mentre lei va a chiedere l'elemosina di un po' di verdure alle ortolane così da fare una minestra calda e saporita) e spiega alla figlia come deve procedere: *primma abbròscane li pile, po' mettele a na pignatella co l'acqua e comenzale a fàrele cocere [...]* (prima deve bruciare i peli, quindi deve metterle in una pentolina con l'acqua per cominciare a cuocerle). Quando torna vi aggiunge *le foglia e nu pocorillo de nsogna [...]* (le verdure e un pochettino di strutto) ma la figlia pigra e golosa le ha già mangiate tutte. Quando la stessa poi sposa un ricco mercante e dunque cambia stato sociale, vuole soddisfare *tutte li golii de zeppole e pizze fritte e graviuli e targhe de zuccaro e mustacciuole [...]* (tutte le voglie di zeppole e pizze fritte e ravioli dolci e dolcetti e mostaccioli).

Il passaggio di stato sociale è sottolineato dalla acquisita possibilità del consumo di dolciumi. I dolci erano infatti abbondantemente presenti solo sulle tavole dei ricchi ed erano molto apprezzati e ricercati, insieme ai rosoli, quelli confezionati dalle monache e ciascun convento aveva la sua specialità.

In *Pinto smauto* (Smalto splendente), trattenimento III della giornata 5, Betta, che non riesce a trovare un uomo che la soddisfi tanto da volerlo sposare, si fa procurare dal padre mercante *'no miezo cantaro de zuccaro de Palermo*[15]*, e miezo d'ammennole ambrosine, co quatto o sei fiasche d'acqua d'adore [...]* (mezzo vaso di zucchero di Palermo, e mezzo di mandorle ambrosine, quelle più pregiate, con quattro o sei fiasche di acqua profumata) e il marito se lo fabbrica da sé.

Si parla della "pizza", non ancora intesa nell'accezione odierna, ma come una sorta di focaccia dolce.

Nella fiaba *Le doie pizzelle* (IV,7) grazie ad una *pizzella* donata generosamente a una vecchia, la protagonista Marziella riceve la *fatagione*: dai suoi capelli, ogni volta che li pettina, cade una pioggia di perle e granatini.

Basile intellettuale raffinato e coltissimo, fu un organizzatore molto richiesto di spettacoli, trattenimenti, conviti e banchetti che ne *li cunti* naturalmente abbondano. Ne *La gatta Cennerentola* ad esempio, il principe per far provare la scarpina organizza una festa con un *mazzecatorio* (pranzo) di cui si dice: *Da dove vennero tante pastiere e casatielle? dove li sottestate e le porpette? dove li maccarune e li graviuole? tanto che 'nce poteva mangnare n'assercito formato.* (Da dove vennero tante pastiere e casatielli? Dove gli stufati e le polpette? Dove i maccheroni e i ravioli? Tanto che ci poteva mangiare un intero esercito).

---

15 Lo zucchero viene detto di Palermo perché gli Arabi introdussero in Sicilia la coltivazione della canna e le tecniche di raffinazione, e già intorno al 1400 a Palermo operavano ben 30 trappeti per la lavorazione della canna. Più tardi ebbe maggiore diffusione lo zucchero proveniente dalle grandi coltivazioni delle colonie americane.

Ed è un banchetto che descrive nella quarta Lettera a Cortese *'no banchetto che 'nce porria magnare 'no 'mparatore. E 'mprimma ed antemonia 'no campanaro de puorco fatto 'ngrattinato, 'no cientopuglione, idest 'na caionza co lo vruodo conciato, 'no pignato de torze strascinate co lo lardo adacciato, 'na ciaulella de fave 'ngongole, 'no sosciello, 'no piatto de sango co l'aruta, e pe retopasto 'na pizza de redita 'nfosa a lo mele, e 'na cesta po' zeppa zeppa, chiena chiena, varra varra de cicere caliate, mela shioccole, franferlicche, grisommole, scioscielle, sorva pelose, fico pallare, e pruna coglia-piecoro; e tratanto spararà 'na museca de teorbia a taccone co lo tammorriello [...]* (un banchetto in cui avrebbe potuto mangiare un imperatore. E prima e innanzitutto delle interiora di porco gratinato, del centopelli cioè delle frattaglie con il brodo condito, un tegame di cavoli saltati con il lardo battuto, un cestello di fave non sbaccellate, una frittata, un piatto di sangue con la ruta, e per dopopasto una pizza di farina integrale bagnata di miele, e una cesta zeppa zeppa, piena piena, colma colma, di ceci tostati, loti, zuccherini – erano fatti con un impasto caldo di sciroppo, miele e zucchero filato – albicocche, carrube, sorbe pelose, fichi e prugne a forma di testicoli di montone; e tra tanto ben di Dio una musica di tiorba a taccone[16] con il tamburello).

Il riferimento alle verdure è continuo trattandosi dell'alimento più diffuso e consumato nella città dei "mangiafoglia".

Cortese in *Viaggio di Parnaso* rivolto ai broccoli esclama: *O foglia dolce! O foglia saporita! De nuje autre rechiammo e calamita!* (O foglia dolce! O foglia saporita. Di noialtri richiamo e calamita!) e nella introduzione alla *Vaiasseide* scrive in senso iperbolico *ca cchiú priesto se poteriano contare a uno a uno tutte li vruoccole che se magnano la Quaraisema a Napole, tutte le cetrangola che se spremmeno, tutte le zeppole che sguigliano* (che più rapidamente si potrebbero contare a uno a uno tutti i broccoli che si mangiano nella quaresima a Napoli, tutti i cedrangoli che si spremono, tutte le zeppole che spuntano).

Anche Sgruttendio, in *La tiorba a taccone* fa l'elogio de ***li foglia*** (i cavoli cucinati in vari modi), e *de li maccarune semmenate de zuccaro e*

16 Strumento musicale dell'epoca, simile ad un liuto, a dieci corde. Si suonava con l'aiuto di un'unghia di suola detta "taccone". È anche il titolo del canzoniere di Felippo Sgruttendio de Scafato.

cannella. Agli inizi del '600 i **maccheroni** erano ancora una prelibatezza per ricchi, diverranno ben presto cibo tipico dei napoletani che tra il '600 e il '700 non saranno più chiamati "mangiafoglia" bensì "mangiamaccheroni"[17].

Ancora Cortese nella *Vaiasseide* nel descrivere le bellezze delle *vaiasselle*, le servette, le confronta con i cibi: *Songo le vaiasselle iusto iusto / Cenière e ianche commo na rapesta, / Colloritelle propio commo arrusto / E saporite cchiù ca n'è l'agresta [...] / O vaiasselle meie belle e comprite / Rosecarelle proprio comme so l'antrite* (Sono le vaiasselle candide e bianche come una rapa, colorite proprio come l'arrosto e più saporite della salsa di uva agra [...] O vaiasselle mie compite e belle, croccantine come le nocciole). Infine nel riferirsi alle loro capacità culinarie dice: *Ora le vertolose qualetate / Chi sarrà chillo che le pozza dire? / Lloro sapeno fare le frittate, / Maccarune e migliaccie da stupire, / Le nobele pignate mmaretate, / Zéppole ed autre cose da stordire, / Agliata, e sàuze, e mille aute sapure, / Cose de cannarute e de Segnure [...]* (Ora le loro virtuose qualità chi mai le saprà descrivere? Sanno fare le frittate, maccheroni e migliacci da stupire, il nobile pignato maritato, zeppole e altre cose da stordire, agliata, salse e mille altri sapori. Cose da golosi e da signori!).

III.7. Taverne e osterie

Naturalmente in una città così popolosa, frequentata da militari, mercanti, marinai, viaggiatori, il cibo si serviva in molte osterie o taverne. Una celebre taverna era quella del *Crispano* nel quartiere popolare del Borgo S. Antonio Abate.

Gioan Battista del Tufo ne parla come di un luogo di abbondanza. *Se non è sazio bene / la donna o l'uomo a cui pur voglia viene / d'altro mangiar, corre al medesimo istante / e vi pon l'oste cento pesci avante [...] / cento sorte di frutti [...] / oltre il buon cacio, vallane e verole*[18]*, carcioffole e cardon con pepe e sale [...].*

17 Emilio Sereni *I napoletani da mangiafoglia a mangiamaccheroni*, 1958 riedito a cura di Gianfranco Nappi da Dante & Descartes nel 2015.
18 Castagne bollite e castagne arrostite.

La cucina ben fornita, Joachim Beuckelaer

Nel cunto di Basile intitolato *Lo mercante* si sosta nella *Ostaria de l'aurinale* ma la più famosa delle taverne del '600 era certamente *Il Cerriglio*, di cui parlano in molti, compreso Giordano Bruno ne *Il Candelaio*. Esisteva fin dal Quattrocento ed era ubicata in una stradina alle spalle dell'attuale via Guglielmo Sanfelice. Si racconta che sulla porta fosse scritto un detto diventato celebre: *Magnammo, amice mieje, e ppo vevimmo nfino ca nce sta ll'uoglio a la lucerna: Chi sa' si all'auto munno nce vedimmo! Chi sa' si all'auto munno nc'è taverna!* (Mangiamo, amici miei e beviamo finchè c'è olio nella lampada[19] chissà se all'altro mondo ci vedremo, chissà se all'altro mondo ci sarà una taverna!).

Basile nella Ecroca Terza de *Le muse napolitane* così la descrive: *Fa cunto de trovare 'na coccagna: [...] la calamita de li cannarune, / l'argano de li cuorpe de buon tiempo, [...] / la casa de li spasse, / lo puorto de li guste, / dove trionfa Bacco, / dove se scarfa Venere e s'allegra, / dove nasce lo riso, / tresca l'abballo e vernoleia lo canto, [...] / s'ammasona la pace, / pampaneia la quiete, / dove gaude lo core, / se conforta la mente, / se dà sfratto a l'affanne, / e s'allonga la vita pe cient'anne. / A lo Cerriglio è doce lo trasire: / Benvenuto, Signore! che vi piace? / Olà, vide che vo' 'sto Cavaliero! / A lo scire te voglio! / Facimmo cunto, e pagame! / Tanto che lo Cerriglio / a*

19 *Finchè c'è olio nella lampada*: finchè siamo in vita.

lo 'nfierno s'affronta: / ha la radeca doce, amaro 'm ponta [...] (Fa conto di trovare una cuccagna: calamita dei golosi, l'argano dei buontemponi, [...] la casa degli spassi, il porto del gusto, dove trionfa Bacco, dove si scalda Venere e si rallegra, dove nasce il riso, si intreccia il ballo ed echeggia il canto [...] si sofferma la pace, si distende la quiete, dove gode il cuore, si conforta la mente [...], si dà sfratto agli affanni, e si allunga la vita di cent'anni. Al Cerriglio è dolce entrare: benvenuto, Signore! Che vi piace? Olà, vedi che vuole questo Cavaliere! All'uscita ti voglio! Facciamo il conto, e pagami! Tanto che il Cerriglio all'Inferno somiglia: ha la radice dolce, l'amaro sulla punta).

Segue un divertente elenco dei vini campani, più o meno gli stessi citati poco più di un decennio prima dal marchese del Tufo[20], alcuni dei quali sono stati riscoperti e valorizzati solo negli ultimi tempi.

Cà truove ciento sorte / de vine da stordire, / c'hanno tutte li nomme appropiate: / l'Asprinio aspro a lo gusto; / la Lagrema che face lagremare; / la Falanghina iusto 'na falanga [...] / la Raspata che raspa / a dove non te prode; / lo Mazzacane che dà proprio 'n capo, / comme 'na savorrata; / la Mangiaguerra che te leva affatto / la guerra de pensiero; / la Corvara che vara / lo core e ietta a mare de docezza; / la Cerella che fa rossa la cera, / veppeta da segnore, / doce latte de Venere e d'Ammore / e tant'autre manere / de vino che saria 'na longa storia / a contarele tutte, / abboccate, gagliarde, agre ed asciutte [...] (Qua trovi cento tipi di vini da stordire, che hanno tutti nomi appropriati: l'Asprinio aspro al gusto; la Lacrima che fa lacrimare; la Falanghina giusto una falanga [...]; la Raspata[21] che raspa dove non ti prude; il Mazzacane che dà proprio alla testa come una zavorrata; la Mangiaguerra che ti leva del tutto la guerra dai pensieri; la Corvara che vara il core e getta in un mare di dolcezza; la Cerella che fa rossa la cera, bevuta da signore, dolce latte di Venere e d'Amore; e tante altre qualità di vino che sarebbe una lunga storia a raccontarle tutte, abboccate, gagliarde, aspre, asciutte). E descrive gli effetti causati dal bere: *Lloco ognuno sta 'n festa e fa bazzara, / ogn'uno*

20 Del Tufo, nobile, guerriero e poeta (1548-1600) op. cit., scrisse in italiano. Basile, soldato, governatore e poeta scrisse in napoletano (1566 o 1575-1632). I due erano quasi contemporanei.

21 Vinello poco alcolico realizzato con i grappoli colti prima della vendemmia per facilitare la maturazione di quelli che restano sulla pianta.

strilla e canta / Lo vino sauta e zompa, / e se magna la scumma: / la capo cala a bascio, / l'uecchie se fanno russe, / la fronte senza crespe, / la voce 'ntartagliata, / le lavra cadeticce, / le gamme vacaviene e tremmolicce. / Mo so' varie l'effette / uno chiagne, uno ride, / uno magna, uno vomeca, / uno dorme sopierchio, / un'autro è 'n furia [...] (Qui ognuno sta in festa e fa confusione, ognuno strilla e canta. Il vino salta e sgorga e si mangia la schiuma: la testa cala, gli occhi si fanno rossi, la fronte senza rughe, la voce che tartaglia, le labbra vanno in giù, le gambe agitate e tremolanti. Ora sono vari gli effetti: uno piange, uno ride, uno mangia, uno vomita, uno dorme troppo, un altro s'infuria).

Cortese a sua volta ne parla in *Lo Cerriglio 'ncantato* e in *Micco Passaro 'nnammorato* il cui protagonista è un tipico "guappo" napoletano del Seicento. I personaggi si recano tutti al Cerriglio *a magna' fecatielle e cervellate [...]* (A mangiare fegatelli e cervellate[22]) *E dapo' n'antepasto de zoffritto / Fo cierto bella cosa da vedere / Quale battaglia fecero e confritto, / Ca non tanto vedettero apparere / No feletto de puorco e no crapitto, / Che senza avere manco no cortiello / Ne fecero ne n'attemo maciello [...]* (E dopo un antipasto di soffritto fu certo una bella cosa da vedere quale battaglia fecero e conflitto, che appena videro apparire un filetto di porco ed un capretto, senza avere neanche un coltello ne fecero in un attimo un macello).

Il poeta Pompeo Sarnelli nella *Posilicheata*, una raccolta di racconti pubblicata nel 1684, descrive una scampagnata in una villa di Posillipo e un gran pranzo con un ghiottone e buongustaio di prima forza.

III.8. I piatti poveri: soffritto, trippa, baccalà e verdure

Il soffritto napoletano, pietanza povera realizzata con le parti meno pregiate del maiale, detto anche zuppa forte, veniva abitualmente servito nelle taverne del '600 ma risalirebbe al 1743 la ricetta che Ulisse Prota Giurleo, studioso napoletano (1886-1966), sostiene di aver trovato manoscritta sul retro di uno strumento notarile, probabilmente dettata da una certa Annarella, proprietaria di una taverna a Porta Capuana frequentata appunto da legali.

---

22 Salsicce sottili.

Prendi un polmone di porco, taglialo a pezzetti e mettilo in una cassarola a soffriggere con inzogna (strutto) *abbondante, e se ti piace un senso d'aglio e qualche fronna* (foglia) *di lauro. Quando s'è ben soffritto aggiungi un paio di cucchiaiate di conserva di peparoli* (peperoni) *rossi dolci, per darli un bel colore, e cerasielli* (peperoncini a forma di ciliegie) *in polvere quanti ne vuoi, per darli il forte, aggiungendovi una competente quantità d'acqua col sale o di brodo, e continua a far cuocere tutto a fuoco lento. Se dapprincipio non ci hai posto le fronne di lauro e vuoi darli sapore, mettici a questo punto un mazzetto di erbe aromatiche, cioè Rosmarina, salvia, lauro, majorana e peperna. Quando vuoi servirlo, togli dette erbe e spargilo fumante nei piatti, sopra croste di pane. Placet Etiam Majestati.*

I garzoni della taverne, dove veniva servita la pietanza, erano soliti richiamare l'attenzione dei passanti con le loro voci, riportate dallo stesso Ulisse Prota Giurleo: *Currite cannaruti, ca mo' proprio / l'accuppatura de lo tosciano* (antico nome) */ è cuotto, e tengo pure na veppetella / d'amarena che co l'addore te rezorzeta / no muorto; / currite 'mbreacune, a sei trise* (tornesi) */ la carrafa e tengo / la mangiaguerra pure a doje trise* (Correte golosi che proprio ora il miglior soffritto è pronto, e ho anche da bere un vino che sa di amarena che solo con l'odore ti resuscita un morto; lo vendo a sei tornesi la caraffa e ho pure la mangiaguerra a due tornesi)

Nel libro *La Cucina Napoletana* di Jeanne Caròla Francesconi, riguardo all'origine del piatto è scritto: *quando non avevamo il pomodoro e nemmeno i peperoni, il zuffritto, o saporiglio, o tosciano, questi sono i tre nomi con cui era conosciuto, si mangiava ovviamente privo del suo fiammante colore e, solo parzialmente colorato e ravvivato dallo giallo dello zafferano.*

Le zandraglie. Le frattaglie di maiale, molto apprezzate dai Romani, venivano considerate scarti e rifiutate dai nobili ma non dal popolo, tanto che venivano gettate dai balconi delle cucine aristocratiche alla plebe affamata.

I cuochi gettando le interiora gridavano in francese: *Et voilà, les entrailles!* Da qui *zantraglie* ad indicare le frattaglie.

Successivamente il termine passò ad indicare anche le popolane che accorrevano chiassose a contendersi questi avanzi, assumendo il significato dispregiativo di donne sguaiate.

Come abbiamo visto, Basile cita le interiora tra le specialità apprezzabili quando parla di *cientopuglione* e *caionza*, e i carnacottari vendevano trippa, frattaglie, *musso* e *carnacotta*.

L'arrivo del **baccalà**. A Napoli e in tutto il Sud, a causa della Controriforma, che vietava il consumo di carne il venerdì e nelle vigilie, dal tardo '500 vengono adottati in cucina il **baccalà** e lo **stoccafisso** detto *stocco*. Si tratta sempre di merluzzo, ma i sistemi di conservazione sono differenti. Lo stoccafisso fu conosciuto in Italia a seguito del naufragio nel 1431 del veneziano Pietro Querini diretto verso le Fiandre con un carico di Malvasia e altre mercanzie di valore.

A causa di una tempesta la nave affondò di fronte alle coste nord-orientali della Norvegia, i sedici naufraghi superstiti arrivarono alle isole Lofoten dove furono ospitati dagli abitanti del luogo dediti alla pesca e alla essiccazione del merluzzo. Dopo quattro mesi Querini fece ritorno a Venezia e scrisse una relazione per il Senato, oggi conservata nella Biblioteca Apostolica Vaticana:

[...] Per tre mesi all'anno, cioè dal giugno al settembre, non vi tramonta il sole, e nei mesi opposti è quasi sempre notte. Dal 20 novembre al 20 febbraio la notte è continua, durando ventuna ora, sebbene resti sempre visibile la luna; dal 20 maggio al 20 agosto invece si vede sempre il sole o almeno il suo bagliore...gli isolani, un centinaio di pescatori, si dimostrano molto benevoli et servitiali, desiderosi di compiacere più per amore che per sperar alcun servitio o dono all'incontro... vivevano in una dozzina di case rotonde, con aperture circolari in alto, che coprono con pelli di pesce; loro unica risorsa è il pesce che portano a vendere a Bergen. [...]. Prendono fra l'anno innumerabili quantità di pesci, e solamente di due specie: l'una, ch'è in maggior anzi incomparabil quantità, sono chiamati stocfisi; l'altra sono passare, ma di mirabile grandezza, dico di peso di libre dugento a grosso l'una. I stocfisi seccano al vento e al sole senza sale, e perché sono pesci di poca umidità grassa, diventano duri come legno. Quando si vogliono mangiare li battono col roverso della mannara, che gli fa diventar sfilati come nervi, poi compongono butiro e specie per darli sapore: ed è grande e inestimabil mercanzia per quel mare d'Alemagna [...].

Dunque non solo fece conoscere stoccafisso e baccalà, ma anche la ricetta da cui nascerà il baccalà alla vicentina che però, a dispetto del nome, si fa con lo stocco. Come spiegava Querini, lo stocco si ottiene esponendo al vento del Mare del Nord lungo la costa della Norvegia settentrionale, i merluzzi, cui sono state tolte la testa e le viscere senza aprirli. L'aria fredda e secca li disidrata rendendoli duri come legni.

Il baccalà si ottiene invece aprendo i pesci, diliscandoli e pressandoli con il sale in barili di legno. Il metodo di consevazione, in uso soprattutto nell'antica capitale di Bergen, sarebbe stato appreso dai Baschi. Fino alla fine del '500 la potentissima Lega Anseatica di città tedesche detenne, con la forza, l'esclusiva del commercio di pesce secco o salato prodotto in Scandinavia (baccalà, stoccafisso, aringhe ecc...). Nel Museo del baccalà di Bergen, ho avuto la sorpresa di ammirare delle guaches con il golfo di Napoli che testimoniano del fitto commercio di merluzzo conservato che si è andato incrementando sempre più dal periodo borbonico fino a noi. In tutti i paesini di montagna, anche i più sperduti del Regno, il baccalà è stato l'unico tipo di pesce che per secoli la gente ha potuto mangiare. In Norvegia invece non ne viene fatto un grande uso e si preferisce esportarlo.

La scarola liscia e la riccia. L'indivia o scarola, nelle sue varietà liscia *Cichorium endivia latifolium* e riccia *Cichorium endivia crispum*, appartiene alla stessa famiglia della cicoria, già conosciuta dagli Egiziani e dai Romani e impiegata esclusivamente a scopo terapeutico.

Galeno ne consigliava l'uso per curare le malattie del fegato.

Il suo utilizzo in tavola iniziò soltanto nel XVII secolo. La coltivazione delle altre tipologie di cicoria, compresa la scarola, ebbe origine quindi dopo il 1600 nei paesi del Mediterraneo, e nel napoletano è diventata subito un ingrediente importante nella cucina utilizzata per preparazioni come fagioli e scarola, pizza di scarole, scarole imbottite con pane grattugiato, capperi, olive di Gaeta, pinoli, uva passa e acciughe, dette anche *scarole mbuttunate* o *mucilli* (gattini). Cruda si consuma all'insalata.

I friarielli. Per i mangiafoglia di ieri e di oggi i *friarielli*, da *frijere*, da non confondere con i peperoncini verdi, sono la verdura più amata.

Coltivati ovunque in Campania, anticamente erano una coltura molto diffusa sulla collina del Vomero detta appunto "la collina dei broccoli". Sono le infiorescenze *'e cimme* appena sviluppate di una varietà amara di cime di rapa. Si consumano soffritti con aglio e un po' di peperoncino come accompagnamento alle salsicce, oppure nella versione più dietetica, ma non preferita dai napoletani, bolliti e conditi con olio e limone. Dire a qualcuno che non è *'na cimma*, vuol dire che non brilla per intelligenza.

III.9. I due testi che caratterizzano la cucina del '600 a Napoli: La *Lucerna de corteggiani* e *Lo scalco alla moderna*

a) la Lucerna de corteggiani *di Giovan Battista Crisci*

È del 1634 la *Lucerna de corteggiani – ove in dialogo si tratta diffusamente delle corti, così de venti quattro offici nobili, come de la varietà de cibi per tutto l'anno, e ciascuna domenica e attri banchetti* di Giovanni Battista Crisci. *La Lucerna* non è un ricettario, ma colpisce per il numero interminabile di cibi elencati, che riporta alle considerazioni sull'esuberanza alimentare propria di quell'epoca.

Contiene infatti più di 400 menù, ognuno dei quali comprende dai 18 ai 200 piatti differenti freddi e caldi, a partire dal III capitolo che tratta *Del mangiare d'ogni giorno* tenendo conto della stagionalità dei prodotti. Nel IV capitolo *Del mangiare di tutte le domeniche dell'anno*, calcolate in 52, i menù domenicali sono ancora più ricchi, tanto che l'autore suggerisce *potranno di più servire in occasione di nozze, per quelli che non vorranno fare spese esorbitanti come sogliono li Principi.*

Nel V troviamo *Breve tavola dell'ordine del magnare* con elenchi di vini, volatili, selvaggina, pesci, frutti di mare, dolci ecc... e ancora le indicazioni dettagliate di ciò che può servire ai nobili in viaggio e per i banchetti: cibarie, frutta, biancheria, legumi, spezie, oggetti di credenza e di cucina, da camera, fino al guardaroba, e nel VI vari menù per banchetti importanti.

b) Lo scalco alla moderna *di Antonio Latini*

Tra il 1692 e il 1694 abbiamo *Lo scalco alla moderna* scritto in questa città da Antonio Latini. Nato nella zona di Fabriano nel 1642, fu assunto dal cardinale Antonio Barberini come sottocuoco e poi scalco, cioè soprintendente alle cucine e ai cuochi oltre che ai rifornimenti e all'organizzazione dei banchetti, imparò anche i modi da gentiluomo.

Passato a Napoli, alle dipendenze del reggente Esteban Carillo Salsedo, divenne celebre ed ebbe il titolo di cavaliere dello Speron d'oro.

Compilò *Lo scalco alla moderna, o vero l'arte di ben disporre i conviti,* che diede alle stampe in due volumi. Morì nel 1696. Il trattato è secondo i critici la summa di tutta la letteratura gastronomica precedente e vi si trovano considerazioni sui compiti dello scalco e dei suoi sottoposti, in particolare del trinciante, colui che taglia con eleganza e precisione carni, pesci volatili ecc... Presenta un sommario degli argomenti tra cui: *l'arte di ben disporre i conviti; le regole più scelte di scalcheria; il modo facile e nobile di trinciare, di fare arrosti, bolliti, stufati, minestre, zuppe, morselletti, brodi, fritti, pasticci, crostate, pizze, salse, sapori, aceti, conserve; il modo di fare trionfi; di ben imbandire le tavole; di conoscere i gradi qualitativi dei singoli alimenti insieme col nome dei loro inventori.*

Nonché un catalogo di frutti e di vini, a cui segue, nella seconda parte, un trattato per confezionare i piatti di magro. Sono dunque indicate istruzioni sull'organizzazione della cucina, sulla preparazione dei banchetti e su come imbandire le tavole e realizzare i trionfi; nozioni di dietetica; ricette varie anche per conserve, sciroppi e sorbetti; catalogo dei prodotti gastronomici d'eccellenza e dei migliori vini del Regno di Napoli. Tutto in lingua italiana.

Interessante è la ricetta in della "minestra di foglia alla napoletana" una variante molto ricca ed elaborata della tradizionale "minestra mmaritata", piatto principe del '600 citato, come abbiamo visto, da tanti scrittori: *Si piglia una gallina e si mette a bollire insieme con la vacca, quando questa sarà più che mezza cotta, accioché la gallina non si disfaccia; e vi si mettono dentro lingue salate di porco, ma bollite, carne salata che prima sia stata a mollo, una soppressata, un pezzo di filetto, un pezzo di ventresca di porco, ossa mastre, annoglio, un pezzo di lardo battuto con il suo sale, a proporzione; e quando saranno le sopradette robbe cotte, metterai il brodo che raccoglierai dentro un tegame, tagliando le sopradette robbe in fette e la gallina ancora o cappone; tenendo ogni cosa da parte, metterai nel brodo un terzo della sudetta robba tagliata, e poi v'aggiungerai torzi ripieni, cocuzze e cipolle parimenti ripiene di vitella battuta con rossi d'ova, un poco di mollica di pane ammollato nel brodo, passarina, pignoli, a suo tempo, acini d'agresta e il pastume che avrai fatto servirà per riempire tutte le sopradette robbe, con le solite spezierie ed erbette odorifere. Vi potrai anche aggiungere la lattuga o la scarola ripiena; l'altra carne che sarà restata, l'anderai accomodando con ordine dentro il tegame o in un altro vaso, framezzata con fettarelle di fianchetto ripieno, con zizza prima bollita, salsiccia spaccata per metà; levatele la sua pelle, fette sottili di cascio parmiggiano grattato, fonghi di Genova, prima dissalati e bolliti con ossa mastre, avvertendo che sia il brodo buono, che sarà una minestra di buon gusto [...].*

Troviamo la prima ricetta di salsa al **pomodoro**: "salsa di pomodoro alla spagnuola", con cipolla, timo, "peparolo", sale, olio e aceto: *Piglierai una mezza dozzena di pomadore che siano mature, le porrai sopra le brage a brustolare, e dopo che saranno abbruscate gli leverai la scorza diligentemente, e le triterai minutamente con il coltello e vi aggiungerai cipolle tritate minute, à discrezione, peparolo pure tritato minuto, serpollo in poca quantità, e mescolando ogni cosa insieme, l'accomoderai con un po' di sale, oglio, aceto, che sarà una salsa molto gustosa per bollito, ò per altro.* Ma non ancora per la pasta! Sono presenti, come si è visto, anche le prime ricette con il peperone adoperato per insaporire alcune salse.

Tra i dolci abbiamo la ricetta della **torta di mele**: *Farai gli sfogli, come sopra, e havendo preparato una tiella, unta bene d'oglio bono, e sparsa di mollica di pan grattato, vi metterai dentro il primo sfoglio, unto bene d'oglio dolce, e havendo preparato tré libre di Mela Alappie monde, tagliate in fette, e sciroppate, giunte alla cottura, ne metterai diligentemente sopra il detto sfoglio, aggiungendovi pezzi de Cedronata, e cannella pesta; dopo che havrai ben aggiustata detta compositione, metterai un altro sfoglio, ungendolo bene come il primo, e con l'istessa robba sopra, e facendo così per quattro,ò cinque sfogli; la farai cuocere bene e la sevirai calda, ò fredda, con zuccaro sopra, e se dette mela non si sciroppassero, riuscirà anche buona.*

Nel secondo volume, riservato alle "vivande di magro", insegna come *cucinare e condire vivande senza spezierie,* impiegando invece le erbe aromatiche dell'orto: prezzemolo, timo ecc... Già tipicamente napoletane sono le ricette di *diversi maccaroni, lasagne e gnocchetti,* frutti di mare e sorbetti.

Al capitolo *Di varie sorti di sorbette e acque agghiacciate* troviamo la ricetta *Per Fare Venti Giare di Sorbetta di Limone* con succo di limone, un pizzico di sale, ghiaccio tritato, che è poi la ricetta odierna del celebre sorbetto di limone che si fa a Napoli, Procida, Sorrento, Amalfi: *Qui in Napoli pare ch' ogn'no nasca col genio e con l'istinto di fabbrocar Sorbette.* Troviamo anche ricette di sorbetto a base di **cioccolato**, il nuovo prodotto americano, e l'antenato del gelato ovvero la *Sorbetta al latte: una caraffa e mezza di latte, mezza d'acqua, tre libbre di zucchero, once sei* (160 g circa) *di cedronata o cocuzza trita.*

In appendice al primo volume de *Lo Scalco alla moderna*, vengono esplicitamente indicati ed esaltati i prodotti tipici del napoletano e quelli che da tutto il Sud giungevano a Napoli: gli ortaggi di Chiaia, la frutta di Posillipo, i pesci di mare del napoletano e quelli d'acqua dolce di Avellino, i cocomeri di Orta, i capponi di Nocera, le soppressate di Nola, il torrone di Aversa e di Benevento, le olive di Gaeta, l'olio d'oliva della Calabria e del Salento, gli ovini del barese, le ostriche di Taranto, i prosciutti abruzzesi e di Campobasso, i caciocavalli di Laterza, lo zafferano dell'Aquila, i confetti di Sulmona. Insomma il meglio della produzione di allora (all'epoca Viceregno) e di oggi.

III. 10. Quali prodotti americani furono accettati subito

Nel ricettario del Latini, come si è visto, troviamo i primi riferimenti dell'utilizzo in cucina del **pomodoro**, del **peperone**, del **cioccolato**, che erano giunti in Europa dalle Americhe insieme alla **patata** al **tacchino**, al **peperoncino**, alle tante nuove varietà di **fagioli**.

Molti di questi prodotti inizialmente non furono accolti con favore, alcuni come i pomodori furono addirittura considerati tossici e molto lentamente entrarono nella cucina quotidiana. Furono accettati subito il granturco, i fagioli e il tacchino.

Il **granturco**. Originario dell'America centro-meridionale, il *mais*, impropriamete detto granoturco o granturco[23], veniva coltivato in Messico già nel V secolo a.C. nelle varietà gialla, rossa, bianca e blu[24]. Le civiltà Maya e Azteca, lo adoravano come una divinità essendo fonte primaria della loro sopravvivenza.

23 L'attributo "turco" era usato per indicare un alimento venuto dalle lontane Indie.

24 È ancora fondamentale in Messico per la preparazione delle *tortillas* usate al posto del pane. In Venezuela si fanno le *arepas*, pagnottini infornati o fritti che vengono aperti e farciti con carne o formaggio.

Dalla testimonianza qui di seguito riportata, sappiamo che Colombo lo aveva conosciuto: *Io Messer Pietro Martire d'Anghiera ho ricevuto in dono dall'ammiraglio Colombo alcuni chicchi di un nuovo tipo di granaglia, gialli o rossi e disposti in mirabile ordine su una pannocchia...* ma fu Cortés ad introdurlo in Spagna.

Il mais giallo si diffuse in Italia nella seconda metà del '500. La polenta di mais si pose alla base dell'alimentazione nell'area veneta. A Napoli fu importato durante il vicereame spagnolo e consumato sotto forma di polenta pasticciata (cioè farcita di carni e sugo), usato per fare del pane più economico e le schiacciate (cotte sulla brace e morbide all'interno soprattutto nelle zone rurali) il cui nome è *pizzillo,* o in piccoli pezzi fritti: gli *sgagliuozzi 'e farenella* cioè di farina di mais, tipici di Napoli e diffusi anche in Puglia.

Il mangiafagioli

(Particolare: i fagioli dall'occhio)Annibale Carracci 1583-5

A seguito della scoperta dell'America con l'arrivo di tante nuove varietà di **fagioli** portati dagli spagnoli[25]: borlotti, cannellini ecc..., che già intorno alla metà del XVI secolo furono studiati e apprezzati dai botanici tedeschi, si creò subito una distinzione tra quelli appena giunti e quelli che già esistevano: i "fagioli dall'occhio", continuarono ad essere visti come cibo per poveri mentre quelli americani, molto più costosi, vennero considerati adatti anche ai banchetti dei potenti. Un secolo dopo il loro arrivo, anche i fagioli americani, ormai molto diffusi, furono declassati a cibo plebeo.

Lo scrittore bolognese Giulio Cesare Croce all'inizio del '600 così indicava sull'epigrafe tombale del bifolco Bertoldo, protagonista del suo romanzo *morì con aspri duoli / per non poter mangiar rape e fagiuoli.*

Nel Viceregno di Napoli i fagioli ebbero rapida diffusione entrando nella preparazione di tanti piatti popolari divenuti poi tipici.

Il **tacchino**. Al suo arrivo in Europa fu chiamato "gallo d'India" dato che Colombo credeva di aver raggiunto le Indie. Nel 1576 Fernandez racconta che indigeni gli davano il nome di *Huescolot*, mentre gli spagnoli e i portoghesi chiamavano i tacchini *Pavones de las Indias.*

Interno di cucina con tacchino spennato, stoviglie e gatto,
B. Arbotori, Galleria d'Orlane, metà '600

25 Nei mercati del Messico se ne contano fino a 300 varietà: rossi, neri, marroncini, verdi, bianchi, piccoli, grandi...

Tra il '500 e il '600, in Europa venne considerato un cibo principesco, tanto da sostituire, presso le mense regali, il consumo del pavone in uso dal tempo dei Romani.

Si è andato poi diffondendo sulle aie meridionali. Nei ricettari, compreso quello del Cavalcanti, viene chiamato *gallotta*. Nel *Vocabolario napoletano lessigrafico e storico* di Vincenzo de Ritis del 1845 è scritto che *quando un pollo di questa specie è tenero e ben pasciuto riceve il nome di gallotta sì al maschio sì alla femmina [...]* ma lo indica anche come *gallo d'Innia* e riporta dei versi di Piccinni *la penta coda fa comme a ventaglio / lo gallodinnia de superbia chino.* Da *gallodinnia* è derivato successivamente, sempre nel napoletano, *guallarino*.

IV

Il periodo borbonico. I Monzù. I prodotti dalle Americhe e dall'Oriente.
Vincenzo Corrado: Il Cuoco Galante.
Ippolito Cavalcanti: le ricette delle festività.

IV.1. Ai tempi di "Tata Maccarone"

Con gli stravolgimenti politici degli inizi del '700 dovuti alle guerre di successione prima spagnola, poi polacca, nel 1734 sul trono di Napoli salì Carlo di Borbone, figlio del re di Spagna e di Elisabetta Farnese.

La città tornò ad essere capitale di un Regno che comprendeva ora anche la Sicilia. Il giovanissimo re, insieme alla ancor più giovane moglie Maria Amalia di Sassonia, si prodigò nel rialzare le sorti del Reame che divenne splendido di monumenti, arte, nuove leggi e iniziative, pari ai grandi Stati europei.

Ferdinando, suo figlio, terminò le grandi opere iniziate da Carlo e la corte, in cui dominava la regina Maria Carolina fu resa sempre più sfarzosa nelle tante meravigliose regge di Napoli, di Capodimonte, di Caserta, di Portici e nei tanti siti reali dove il protocollo di corte era pomposo e ricco sia nella vita quotidiana che in occasione di feste e banchetti.

Questi si componevano di moltissime portate. Il pranzo borbonico prevedeva due imbandigioni più i dolci: la prima di 36 pietanze composta di zuppe e *potage*, *hors d'ouvres* (anche dette *ordure*), *entrèes* (antipasti) e *relevés* (stuzzichini) e la seconda di 32 a base di sformati (per i quali venivano utilizzati maccheroni, riso oppure tagliatelle) e timballi di pasta sfoglia o frolla imbottiti di interiora di animali o verdura, arrosti di carni e pesci di ogni tipo.

La carne era appannaggio della nobiltà che ne faceva largo uso, e i re della dinastia borbonica, appassionati di caccia, gradivano molto la selvaggina.

I cuochi di corte erano dei veri e propri artisti e le cucine erano un brulicare di aiutanti, inservienti, sguatteri.

Il servizio, oltre che la terminologia, era "alla francese", ossia tutte le pietanze venivano imbandite in tavola e i commensali si servivano da soli, mentre il personale di servizio provvedeva alla mescita delle bevande.

Finita la prima imbandigione, i camerieri smontavano interamente il desco, ripulivano, sostituivano i bicchieri, i piatti e le posate, cambiavano il pane e i vini e si passava alla seconda imbandigione e infine ai dolci. La pasticceria era composta soprattutto da torte di pasta frolla ripiene di creme, di Pan di Spagna farcito in mille modi e di squisiti *gattò* (da *gateau*) all'uovo morbidi e profumati di essenze e di vaniglia.

La regina Carolina guardava alla Francia della sorella Maria Antonietta come al modello da seguire e superare.

Presso la corte dei Borbone, come in tutte le altre corti europee, era apprezzata e tenuta in grande considerazione l'arte di apparecchiare la tavola: la scenografia che veniva presentata ai commensali doveva essere iperbolica.

Le decorazioni artistiche occupavano tutta la lunghezza della tavola e ne ingombravano molto la larghezza. Il trofeo principale: un grande vaso o un'alzata di porcellana di Capodimonte[1], occupava il

---

1 La porcellana nacque in Cina. Importata in Europa a prezzi proibitivi tanto da essere chiamata "oro bianco", indusse i vari regnanti a voler possedere il segreto della sua manifattura, che fu scoperto solo nel '700 a Meissen. Sorsero poi fabbriche a Limoges a Sevres e a Vienna.

Carlo sposando nel 1738 Maria Amalia di Sassonia, nipote di Augusto il Forte, che aveva patrocinato la prima fabbrica di porcellana dura europea, volle avviare una produzione che fosse alla pari di quella, ormai famosissima, di Meissen, e fece partire i lavori per la Real Fabbrica di Capodimonte. Dopo vari esperimenti si giunse alla giusta formula e con la scoperta di un deposito di caolino presso Catanzaro fu possibile dare inizio a una produzione che venne ben presto considerata superiore a quella francese e che ebbe a marchio il giglio borbonico. Divenuto re di Spagna portò via con sé manovalanze e strutture. Ferdinando nel 1771 fece ripartire la produzione con la Real Fabbrica Ferdinandea, le cui opere furono più tardi contrassegnate da una lettera "N coronata", di colore azzurro che sta a intendere Napoli.

centro della tavola, seguivano alzate di cristallo e di argento con dessert, fiori o frutta, intervallate da puttini d'argento, coppe di cristallo con pesciolini che nuotavano in mezzo a petali di rosa, gabbiette con uccelli e vari oggetti di ceramica che formavano un insieme decisamente armonioso e raffinatissimo.

Anche le pietanze venivano servite nei preziosi piatti di porcellana della fabbrica di Capodimonte dipinti con le vedute del Regno, di cui il celebre "servizio dell'oca" della nuova "Real Fabbrica di Napoli" composto di 400 pezzi, è un incomparabile esempio.

Zuppiera del servizio dell'oca, Museo di Capodimonte, Napoli

IV.2. Il Timballo Flammand o cerino di bucatini

In merito ai piatti aristocratici elaborati per la corte e di cui si va perdendo la memoria, ho avuto la piacevole sorpresa di reperire uno scritto particolarmente dettagliato del notaio Vincenzo del Genio, delegato dell'Accademia Italiana della Cucina, il quale riferisce di *una vivanda sontuosa e complicata che testimonia sia l'innesto delle tecniche francesi dei Monzù nella tradizione napoletana, come l'uso del burro*[2] *e non dell'olio d'oliva, sia dell'uso della pasta nelle preparazioni di corte.*

Sono un Notaio a riposo, delegato di Napoli dell'Accademia Italiana della Cucina, fondata da Orio Vergani nel 1953 per tutelare le cucine regionali contro il predominio dell'allora imperante cucina francese. Mi permetto, in questa sede, di segnalarvi la ricetta di uno dei piatti più raffinati della cucina "aristocratica" partenopea, elaborato dai cuochi di corte di Maria Carolina, moglie di Ferdinando IV di Borbone: il "Timballo Flammand", ribattezzato, "Cerino di bucatini" dal giornale "Panorama", così come riferito da Franco Santasilia di Torpino nel suo "La cucina aristocratica napoletana"[3]*(1987). Si tratta, come dice il nome, di un timballo di bucatini, che presenta la caratteristica peculiare ed unica nel panorama della cucina meridionale di essere "fiammante": quando viene servito in tavola, cioè, presenta al centro una fiamma (appunto, il "cerino"). Da una tradizione orale, peraltro, risulta che al posto del "cerino" veniva utilizzato un guscio d'uovo riempito di alcol, che veniva acceso al momento di servire in tavola; ritengo veritiera quest'ultima versione, per l'effetto scenografico molto più "flamboyant" rispetto a quello del cerino.*

Immaginate la scena: un grande salone reale, con tavola riccamente imbandita per quarantotto o per novantasei persone, con i valletti che portano, innalzato sopra le teste, una pietanza che fumiga, al modo del Vesuvio! Doveva essere il più bel piatto della corte borbonica e quindi, d'Europa! Non si dimentichi che all'epoca Napoli era, culturalmente e per sfarzo, tra le più importati capitali europee, dotata della Reggia di Caserta, paragonabile a quella di Versailles. Non è assolutamente un piatto

---

2 Condimento non ancora penetrato nella cultura dell'alta gastronomia partenopea nell'800.

3 Franco Torpino Santasilia, *La cucina aristocratica napoletana, 74 ricette,* riedito da Grimaldi & C., 2015.

di semplice realizzazione, ma spero che cuochi e semplici lettori interessati vogliano cimentarsi nell'impresa.

Riporto, dunque, la ricetta, estratta dal citato libro di Santasilia. Concludo con una vecchia asserzione: per costruire il futuro, è indispensabile valorizzare il passato, o, per dirla con il poeta: il futuro ha un cuore antico.

Segue nei minimi dettagli la ricetta, che nonostante le difficoltà di elaborazione e la ricchezza di ingredienti, potrebbe, come dice del Genio, far nascere il desiderio di provare a realizzarla:

Ingredienti per 10 persone

La pasta: 750 g di bucatini grossi (perciatelli)*;*

Per lo stampo: 70 g di burro

La farcia: 700 g di petti di pollo, puliti e spellati, mezzo litro di besciamella molto densa, due cucchiai di parmigiano grattugiato, tre tuorli d'uovo, un pizzico di noce moscata, sale e pepe q.b.

Il ripieno:500 g di funghi champignons, 40 g di tartufo nero, 150 g di carne di vitello ben macinata, un uovo intero, 60 g di parmigiano grattugiato, 60 g di burro, farina, 150 g di prosciutto cotto magro, 150 g di lingua salmistrata, un petto di pollo, un bicchiere di Marsala secco

Il sugo: 600 g di polpa di manzo, 500 g di ossa e cartilagine di carretto, due cipolle medie, una carota, una costa di sedano, due decilitri di olio di oliva extravergine, 75 g di farina e 50 g di burro, sale e pepe q.b.

La preparazione: Con la polpa di manzo, le ossa, le cipolle, la carota, il sedano e l'olio di oliva, sale q.b., si prepara un classico sugo di carne; successivamente, con 75 g di farina e 50 g di burro, mescolati insieme sul fuoco, preparare un "roux" bianco con il quale addensare il sugo di carne.

Per il ripieno, preparare prima di tutto, le polpettine con 150 g di vitello macinato, un uovo intero, il parmigiano grattugiato (60 g), il sale ed il pepe. Ogni polpettina, del diametro di circa 1,5 cm andrà leggermente infarinata. Friggere nel burro le polpettine e conservarle. Cuocere i funghi con un po' di burro in una padella coperta ed a fuoco moderato. Evaporata l'acqua di vegetazione, rosolarli con mezzo bicchiere di Marsala secco. Cuocere in padella a fuoco vivo il petto di pollo, con un cucchiaio di olio e, a fine rosolatura, bagnarlo con mezzo bicchiere di Marsala fino all'evaporazione. Tagliare a listarelle i funghi, il petto di pollo, la lingua salmistrata, il tartufo nero ed il prosciutto cotto. In una casseruola, riscaldare il sugo di carne preparato ed addensato in precedenza, ed unirvi le polpettine, gli ingredienti tagliati a listarelle e mescolare per 5 minuti a fuoco lento. Per la farcia, preparare mezzo litro di besciamella molto densa e farla riposare fino al raffreddamento. Tritare due volte i petti di pollo ed impastarli successivamente in una ciotola con la besciamella, il parmigiano (due cucchiai), i tre tuorli d'uovo, la noce moscata, sale e pepe. Per preparare, infine, il timballo, munirsi di uno stampo semisferico (una zuppiera) del diametro di cm 20 circa e dell'altezza di cm 12 circa ed imburrarlo generosamente all'interno. Cuocere i bucatini in abbondante acqua salata, scolarli dopo 5 muniti di cottura e distenderli su un panno. Foderare lo stampo con i bucatini inserendoli ad uno ad uno, iniziando dal fondo dello stampo (al centro) ed avvolgendo a spirale su se stesso il primo bucatino; continuare la spirale accostando di testa bucatino dopo bucatino, fino a raggiungere il bordo dello stampo. Abbondante burro a portata di mano faciliterà l'operazione di foderatura. Rivestire, poi, lo strato di bucatini con la farcia di pollo, che costituirà la struttura portante del timballo. Tagliare tutti i bucatini rimasti a lunghezza di 4-5 cm e mescolarli bene in una ciotola con il ripieno preparato in precedenza. Riempire, infine, il timballo con il composto ottenuto. Preparare un recipiente capace di accogliere lo stampo rovesciato a bagnomaria e cuocere il tutto in forno riscaldato per circa un'ora. Estrarre il timballo dal forno, rovesciarlo sul piatto di portata, lasciarlo riposare per qualche minuto, ed infine, sformarlo con delicatezza prima di servirlo. Guarnire il tutto con le listerelle di prosciutto, lingua salmistrata e tartufo nero conservate in precedenza.

Il notaio aggiunge *...avrei potuto eliminare alcuni passaggi della ricetta, ma non l'ho fatto, con la speranza che molti lettori si cimentino nell'impresa: è un piatto eccellente e di grande effetto, realizzato in una totale armonia di sapori e che fa onore alla cucina meridionale.*

Il Timballo Flammand o *Cerino di bucatini*

IV.3. I Monzù e le esposizioni di cibarie

Nel Settecento la grande aristocrazia, come si è visto, seguiva le regole fissate dalla cucina francese del Seicento.

La grandeur di Luigi XIV, non solo nelle corti di Spagna e Napoli ma in tutta l'Europa, si era imposta come cultura dominante, tanto che la lingua ufficiale dei nobili di tutti i paesi era il francese, e francesi erano le regole a tavola.

In un pranzo di rappresentanza, in qualunque palazzo nobiliare della città, venivano serviti almeno quattro arrosti accompagnati da un numero doppio di *entremets* a base di ortaggi, e ogni casato aristocratico faceva di tutto per assicurarsi un cuoco di fama, possibilmente francese. Da *messieur*, venivano chiamati **Monzù**[4] e istruirono i cuochi campani alle loro dipendenze. Costoro a loro volta diedero vita ad una scuola di Monzù, francese solo nell'origine, ma portata avanti da grandi personaggi italiani con piatti e ricette che costituiranno la tipicità della gastronomia napoletana la quale adotterà sì termini

4 In Sicilia *Monsù.*

"alla francese" ma napoletanizzandoli: *sartù, gattò, crocchè, purè, menù, glassa* ecc... Spesso questi cuochi venivano individuati con il nome della famiglia gentilizia di cui erano a servizio, per esempio: Rafele dei Serra di Cassano, Aquilino Beneduce detto Monzù 'e Pignatelli, Francesco 'e Pavuncelli, Cunfettiello 'e Barracco, Nicola 'e Tricase di cui si parlerà più avanti.

Nel periodo borbonico divennero di gran moda le passeggiate in barca a Posillipo per raggiungere calette per merende sul mare e trattorie: le *posilicheate,* come le aveva chiamate Pompeo Sarnelli nel suo poema.

Colazione in riva al mare con Palazzo Donn'Anna (particolare)
Pietro Fabris 1778, collezione privata

Da una lettera di Goethe, Napoli 29 maggio 1787 leggiamo: *[...] Non v'è stagione in cui non ci si veda circondati d'ogni parte da generi commestibili; il napoletano non solo ama mangiare, ma esige pure che la merce in vendita sia bellamente presentata. A Santa Lucia le varie qualità di pesci – gamberi, ostriche, cannolicchi, piccoli crostacei – vengono presentate di solito ciascuna in una bella cesta pulita e su uno strato di foglie verdi. Le botteghe di frutta secca e di legumi sono decorate con fantasiosa varietà; distese d'arance e di limoni di tutte le specie, con le verdi fronde che sporgono piacevolmente frammezzo. Ma soprattutto curate sono le mostre delle carni, sulle quali si appuntano più cupidi gli sguardi della folla, ché il dovervi spesso rinunciare stuzzica l'appetito. Sui banchi dei beccai i quarti di bue, di vitello, di castrato non sono mai esposti senza abbondanti dorature, sia sulle parti grasse, sia sul fianco e sulla coscia. Diversi giorni dell'anno, in ispecie quelli delle feste natalizie, sono dedicati alla gastronomia; la cuccagna allora è generale, quasi si fossero dati parola in cinquecentomila per celebrarla, e via Toledo come molte altre strade e piazze sono una sfilata di mostre appetitose. Le botteghe che più rallegrano l'occhio sono quelle degli ortolani, che espongono uva passa, meloni e fichi. I generi alimentari sono appesi in ghirlande sovrastanti le vie; grandi rosari di salsicce dorate e legate con nastri rossi; tacchini ciascuno con una banderuola rossa sotto il codrione. Se ne vendettero, a quanto mi fu assicurato, ben trentamila, senza contare quelli ingrassati dai privati a domicilio. Inoltre frotte d'asini carichi d'ortaggi, capponi, agnellini da latte, vengono spinte per le vie e sui mercati, e di qua, di là si vedono montagne d'uova così gigantesche da non credere che se ne possano ammucchiare tante insieme. E non basta che si consumi tutta questa massa di roba: ogni anno un poliziotto a cavallo, accompagnato da un trombettiere, percorre la città annunciando su ogni piazza e ad ogni crocevia quante migliaia di buoi, vitelli, agnelli ecc., sono state divorate dai napoletani. Il popolo ascolta attento, giubila all'udire le cifre colossali, e ognuno ricorda con soddisfazione la parte avuta nella grande ribotta.*

Quanto ai cibi a base di farina e di latte, che le nostre cuoche sanno preparare in tante maniere, la gente di qui, preferendo evitare complicazioni e non avendo cucine ben attrezzate, ricorre a due risorse: anzitutto ai maccheroni, specie di pasta cotta di farina sottile, morbida e ben lavorata, che vien foggiata in diverse forme; dappertutto se ne può acquistare d'ogni genere per pochi soldi. Si cuociono di solito in semplice acqua, e il formaggio grattugiato unge il piatto e nello stesso tempo lo condisce. A quasi tutti gli angoli delle maggiori vie stanno poi i friggitori con le padelle piene d'olio bollente, pronti a preparare sui due piedi, specie nei giorni di magro, pesci fritti e frittelle a seconda delle richieste dei passanti. Vendono a tutto spiano, e sono migliaia quelli che se ne vanno portandosi il necessario per il pranzo o per la cena avvolto in un brandello di carta.

Descrizione perfettamente collimante con l'iconografia presepiale napoletana del '700, derivazione del gusto della teatralità propria della tradizione seicentesca, che fissa con precisione tanta ricchezza espositiva nei gruppi dei venditori e nelle botteghe in una consuetudine mai interrottasi nel tempo.

Nel periodo natalizio è infatti ancora possibile ammirare dal vivo, in vari quartieri popolari come la Sanità, la Pignasecca o Porta Capuana, nelle notti antecedenti alla vigilia del Natale e dell'Epifania scenografiche e artistiche esposizioni di frutta, verdura, pesce e alimenti di ogni genere.

IV.4. I mangiamaccheroni

Ferdinando mal sopportava il rigore dei protocolli imposti a corte. Egli volle dare al trono e alla dinastia un'impostazione sempre più napoletana "verace". Stabilì con la plebe un legame fortissimo mescolandosi ai lazzari, che lo appoggiarono sempre, e frequentando con loro le taverne, tanto da essere chiamato "Tata Maccarone", perché amava mangiare come loro i maccheroni con le mani per la strada, e "Re Lazzarone" da coloro che criticavano tale comportamento.

Si racconta che egli avesse imposto addirittura di includere nei pranzi di corte gli amati maccheroni e si dice che, per evitare che li prendesse con le mani nei pranzi ufficiali, fu inventata per lui una forchetta a quattro denti (rebbi) larghi per avvolgerli comodamente.

Secondo un'altra versione dei fatti, questo modello sarebbe stato introdotto invece nel 1850 per il re Ferdinando II dal ciambellano di corte Spadaccini.

In realtà i maccheroni rimasero a lungo appannaggio dei poveri.

È dal '600 che i napoletani vengono chiamati "mangiamaccheroni", epiteto con cui fino a quel momento venivano indicati i siciliani.

Tutti i viaggiatori del Grand Tour raccontano meravigliati come dappertutto a Napoli nugoli di straccioni li mangiassero in ogni momento della giornata, portandoli alla bocca con le mani presso i banchetti degli ambulanti.

Li si poteva acquistare per pochi soldi, conditi con sale, strutto, un po' di formaggio e un pizzico di pepe.

Il maccaronaro, da *Costumi e vestiture Napolitani* disegnati e incisi da Carlo Lindstrom, Napoli, 1836

Queste scene sono documentate da tanta iconografia, da diventare uno degli stereotipi del folclore locale. Da pietanza prelibata per ricchi addolcita con zucchero e cannella, nella versione rustica con sugna e un po' di formaggio erano diventati l'alimento più popolare, in quanto economico e in grado di saziare.

Secondo l'inglese John Dickie che nel suo ampio trattato *Con gusto – Storia degli italiani a tavola*[5] dedica a Napoli solo un paio di capitoli: *Nel Settecento, la pasta di grano duro essiccata diventò l'emblema di un'identità popolare urbana e Napoli diventò la capitale italiana della pastasciutta, un titolo di cui può fregiarsi ancora oggi [...]* e ciò era successo perché *il latifondo era diventato il sistema dominante nel panorama agricolo del regno, e il grano era il raccolto economicamente più razionale per i grandi appezzamenti, specialmente considerando la forte domanda che veniva dalla capitale. Ma forse importanza anche maggiore ebbe il*

5 John Dickie, *Con gusto – Storia degli italiani a tavola,* ed Laterza, 2007.

progresso tecnologicamente intervenuto nella produzione della pasta: agli inizi del Seicento arrivarono in città i primi torchi a vite, usati per pressare l'impasto di semola dentro una trafila da cui uscivano i maccheroni. La pastasciutta diventò meno costosa e più abbondante e offrì una valida soluzione del problema di come sfamare i Napoletani. La reputazione dei torchi per la pasta napoletani raggiunse addirittura gli Stati Uniti [...] e continua più avanti *Il miglior manuale per le tecniche fabbricazione della pasta nel tardi Settecento viene pubblicato dal fornaio parigino Paul-Jacques Malouin nel 1767. [...] Malouin certamente aveva imparato il mestiere a Napoli, e ci dice che nella città partenopea venivano prodotti trenta formati di pasta diversi [...].*

La storia della pasta risale come abbiamo visto nei precedenti capitoli a tempi molto antichi. Confezionata a mano sotto forma di strisce più o meno larghe, aveva attraversato i secoli ed era conosciuta e diffusa in varie regioni d'Italia, soprattutto fresca e al nord all'uovo.

Le prime botteghe per la preparazione professionale della pasta lunga a fili come si è detto, sorsero in Sicilia grazie agli Arabi.

Il geografo arabo di Ruggero II di Sicilia, Al-Idrisi certificava la produzione di pasta nell'isola nel XII secolo. Walter von der Vogelweide (1165-1230) scriveva che i sudditi italiani di Federico II amavano i maccheroni al sugo dolce (con lo zucchero).

L'uso si estese al resto della penisola e si ritrova negli scritti di Cecco Angiolieri, Folgore da S. Gimignano, Boccaccio, Sacchetti e tanti altri a seguire. Il cuoco Cristofaro da Messisbugo, al servizio di Ercole d'Este, preparò tra le *quarte vivande* (cioè fra i dolci) *maccheroni napoletani di pasta reale, fritti, con miele e zuccaro sopra*[6].

Grazie alle condizioni ambientali particolarmente favorevoli all'essiccazione, la maggiore diffusione si ebbe soprattutto a Napoli, dove la pasta è citata in documenti del periodo angioino e quindi nei vari ricettari medievali e rinascimentali, per diventare nei secoli a venire una pietanza di uso sempre più comune. L'essiccazione, dunque, più l'uso del grano duro, ne consentirono più tardi la produzione nei più svariati formati, la conservazione, il trasporto e la diffusione, anche

---

6 Cristoforo Messisbugo, *Banchetti, compositioni di vivande, et apparecchio generale*, Ferrara, 1549.

grazie alla tecnica di cottura per bollitura. Il nome "vermicelli" (che oggi sta ad indicare un formato più grosso degli spaghetti), va fatto risalire al 1154 ad Al-Idrisi.

Nel ricettario di Cavalcanti è molto presente.

Il termine "spaghetti" si ritrova nel 1819, nel *Dizionario della lingua italiana* di Tommaseo e Bellini e nel 1824 nel poemetto *Li Maccheroni di Napoli* di Antonio Viviani. Il citato J. Dickie racconta che al Presidente degli USA Jefferson, che nel 1789 aveva incaricato un amico di portargli da Napoli un congegno per fare i maccheroni, costui rispose: *mi sono recato a vedere uno stabilimento dove vengono fabbricati i maccheroni. Il torchio che usano a Napoli è gigantesco*[7].

Asciugatura della pasta, foto d'epoca

I più grandi pastifici si trovavano fuori dalla città: a Torre Annunziata, Castellammare di Stabia, Gragnano, ma anche nel salernitano. Gli spaghetti venivano stesi ad asciugare su delle canne lungo i marciapiedi. Il 12 luglio del 1845, il re Ferdinando II di Borbone, durante un pranzo concesse ai fabbricanti gragnanesi l'alto privilegio di fornire la corte di tutte le paste lunghe.

Il romanzo *Francesca e Nunziata*[8] della scrittrice Maria Orsini Natale, da qualche anno scomparsa, racconta la saga di una umile famiglia di pa-

7 John Dickie ha tratto la notizia da *The Papers of Thomas Jefferson,* Princenton University Press 1959, vol XIV pp 540-541.
8 Maria Orsini Natale, *Francesca e Nunziata,* ed. Avagliano, 1995.

stai che, da un sistema iniziale tutto manuale in un borgo interno e montuoso della costiera amalfitana, si trasferisce a Torre Annunziata, meglio vocata per la sua posizione alla produzione della pasta, e si ingrandisce. Tra i vari formati prodotti dal nonno di Francesca con la moglie e le sue sette figlie c'era il *pacchero* o *paccaro*.

[...] Il paccaro, lo schiaffone, era un formato laborioso nell'asciugamento, che si faceva ravvolgendo e chiudendo a cannone una striscia di sfoglia alta sei centimetri intorno alla circonferenza di un bastone. Lessato e condito, raccoglieva nel suo condotto così tanto intingolo di stracotto, da dare all'assaporarlo una carica di gusto sferzante proprio come uno schiaffo.

La vicenda si snoda dall'800 Borbonico fino al 1940 e descrive nei dettagli le tecniche di lavorazione prima artigianali, con l'uso di strumenti rudimentali come una gigantesca impastatrice manovrata con la forza degli uomini e lo *'ngegno*, il torchio, e poi nel tempo con macchine sempre più moderne grazie alle innovazioni tecnologiche via via adottate fino a realizzare, insieme ad altri pastifici della zona, un vero e proprio miracolo imprenditoriale.

IV.5. L'annona

A Roma erano stati consacrati ad *Annona*, antica dea italica dell'abbondanza e dei rifornimenti di grano, i magazzini pubblici per il frumento; il termine è rimasto poi ad indicare il sistema di approvvigionamenti alimentari e l'insieme stesso delle derrate.

Tra il '600 e il '700 nacquero soprattutto nel territorio sannita, dove la produzione, il commercio e la molitura delle granaglie erano molto intensi, numerosi "Monti frumentari", una specie di banche per il prestito delle semenze ai contadini poveri; lo stesso accadde nel Salernitano[9]. Nel Regno di Napoli nel '700 il sistema di approvvigionamento di frutta e verdura, e soprattutto delle derrate di grano, che gestiva l'afflusso delle merci dalle campagne per assicurare nutrimento alle masse urbane disagiate, avrebbe dovuto far capo all'annona.

9 *Libri delle Cibarie*. Manoscritti dal '600 e dell'800 conservati nel Seminario Arcivescovile di Benevento. Per la provincia di Salerno *Cibo e memoria storica. L'alimentazione nel Salernitano attraverso le carte d'Archivio* – Archivio di Stato di Salerno.

Questa però era, come già dai secoli precedenti, nelle mani di fornai, mercanti e funzionari della stessa, forti organizzazioni di potere che vi lucravano a discapito del popolo minuto. Quando però la grande carestia del 1763-64 affamò la popolazione, il pane era impossibile da trovare oppure era immangiabile, impastato con cenere e sabbia, i più poveri morivano in quantità.

Dalla piazza del Mercato ebbe inizio una rivolta simile a quella di Masaniello di quasi un secolo prima. "In galera li panettieri" era ancora il grido contro gli speculatori. I ministri della corona riuscirono a scongiurare il peggio creando un centro di distribuzione alimentare, sempre a piazza Mercato, dove veniva messa in vendita farina di buona qualità a prezzo politico.

Re Ferdinando poté inoltre contare sull'immancabile sostegno dei lazzari che, con intimidazioni e maniere forti, riuscirono a sedare la rivolta. Si parlò anche di abolire l'annona, ma non si fece.

Oggi nei comuni l'assessorato all'annona è preposto ai mercati e al controllo delle licenze commerciali, dei prezzi e qualità dei prodotti. Durante l'ultima guerra provvedeva al tesseramento alimentare che avrebbe dovuto assicurare un'equa distribuzione dei beni alimentari e di prima necessità, la cui carenza alimentò invece il mercato nero.

IV.6. La Cuccagna

L'abbondanza e raffinatezza alimentare della corte regia e delle varie corti aristocratiche naturalmente non era alla portata della plebe, che veniva tenuta tranquilla con occasionali elargizioni alimentari e feste, che i detrattori antiborbonici hanno sintetizzato in "feste farina e forca".

Uno dei divertimenti che il paternalismo regio offriva alla plebe era la "Festa della Cuccagna". Nel periodo di Carnevale nella piazza antistante al Palazzo Reale veniva costruito non più il solo albero, ma un intero paese della "Cuccagna". Era questa una consuetudine comunque antecedente all'arrivo dei Borbone. Dalla documentazione letteraria e iconografica sappiamo che il mito del "Paese di Cuccagna " o "di Bengodi", come lo chiama Boccaccio, ha universalmente dominato, a fini consolatori, l'immaginazione dei poveri.

La più antica attestazione è presente nei *fabliaux*, racconti comico-fantastici composti da chierici e da giullari della Francia settentrionale nel basso Medioevo, in cui si descrivono località con campi di grano recintati di carne arrosto dove dal cielo piovono sformati.

Riguardo a Napoli, la instancabile ricercatrice gastronoma Lejla Mancusi Sorrentino ha recentemente ritrovato, trascritto in italiano e pubblicato per i tipi di Dante & Descartes, una ballata: *Opera nuova di Ottave siciliane – Composte sopra lo bello Mercato di Napoli* scritta in siciliano da Francesco Saragusa Palermitano nel '600, in cui l'autore in una delle ottave, per l'abbondanza e varietà di merci, chiama il mercato napoletano "Cuccagna": *Io lo chiamo Cuccagna il Mercato, / tutti Cuccagna lo possono chiamare; / Cuccagna se ti giri da ogni lato, / trovi sempre da bere e da mangiare, / Cuccagna che vedrà nessuno spogliato, / con poco assai si può rimediare, / Cuccagna non avendo altro che un ducato, / Può con un ducato vestirsi e calzarsi.* E più avanti aggiunge *non è giusto chiamarlo Mercato, / chiamatelo gran largo di Cuccagna.*

Per quanto riguarda l'iconografia relativa alle installazioni che le autorità facevano erigere di fronte al Palazzo Reale, su una stampa di Domenico Antonio Vaccaro datata 1728-1731, e dunque durante il trentennio austriaco che precedette l'inizio del periodo borbonico del 1734, è scritto: *Machina della coccagnìa fatta ergere auanti il real*

Macchina della Cuccagna, Stampa d'epoca, D. A.Vaccaro

palazzo da Sua Ecc.za il sig d. Luise Raimondo conte di Harach andc. vicere luogot.te e capitan generale di questo regno di Napoli per festeggiare il dì 28 agosto giorno natalizio di S.M.C.C. di Elisabetta imperatrice regniante.

Più tardi, durante il regno di Carlo di Borbone, da una incisione di Giuseppe Vasi (1710-1782) leggiamo: *Cuccagna posta sulla piazza del real palazzo [Narrazione delle solenni reali feste: fatte celebrare in Napoli da Sua Maestà il re delle Due Sicilie Carlo infante di Spagna, duca di Parma, Piacenza andc. andc. per la nascita del suo primogenito Filippo real principe delle Due Sicilie], [1749].*

E c'è un bel dipinto ad olio di Antonio Joli che raffigura *La Cuccagna a Largo di Palazzo* nella seconda metà del secolo XVIII, dunque durante il regno di Ferdinando.

Sullo sfondo, dipinto di montagne e cielo, si creava la scenografica ricostruzione di colline di formaggi, prosciutti, ricotte e grandi forme di pane, prati di maccheroni e parmigiano grattugiato in cui erano disposti polli, porcelli e capretti arrostiti, sentieri di timballi, frittate, migliacci e casatielli, laghetti di sanguinaccio o di creme dolci, fiumi di latte e miele, fontane di vini e di rosoli, mucchi di zeppole e dolcetti, di pastiere e torte.

La Cuccagna a Largo di Palazzo, Antonio Joli

Mentre le guardie sorvegliavano che nessuno si avvicinasse, la folla si assiepava famelica di fronte a questa pubblica ostentazione di abbondanza eccezionalmente messa a disposizione dalla corona. Ad un cenno del re, che assisteva allo spettacolo insieme ai nobili dal balcone della Reggia, l'assalto aveva inizio e ciascuno cercava di impossessarsi di quanto poteva.

Le risse e gli incidenti non mancavano e, a seguito di un crollo causato da un assalto fin troppo violento che portò ad un alto numero di morti e feriti, nel 1779 la Cuccagna ebbe termine per sempre.

IV.7. Ampia diffusione e consumo dei prodotti dalle Americhe e dall'Oriente

I nuovi prodotti giunti dalle Americhe rientrarono molto lentamente nella gastronomia locale. Inizialmente furono guardati con diffidenza e alcuni, come si è detto, addirittura considerati tossici.

Via via però divennero parte integrante ed irrinunciabile delle consuetudini culinarie.

Primo tra tutti il **pomodoro**, così chiamato perché le prime piante giunte in Europa avevano frutti gialli. Originario del Sudamerica, in particolare del Perù, giunse a Napoli dalla Spagna nel Cinquecento.

Fu considerato ornamentale e non commestibile per molto tempo. Entrò negli usi gastronomici soltanto alla metà del XVIII secolo. Gradualmente attraverso innesti si giunse ad ottenere i frutti rossi e altrettanto gradualmente fu inserito tra gli alimenti nelle salse, di cui la prima ricetta pubblicata è stata, come abbiamo visto, quella del Latini alla fine del Seicento. Nel Settecento inizia la coltivazione di specie che diventeranno tipiche del territorio come il **San Marzano** che fu piantato nell'area dell'attuale comune di San Marzano sul Sarno e territorio limitrofo, dove attecchì bene grazie alla fertilità del suolo vulcanico e per le sue caratteristiche fu subito considerato ideale per la preparazione della salsa.

Dell'uso del pomodoro in cucina nel '700 abbiamo la testimonianza del Trinchera (1743) e soprattutto di Vincenzo Corrado (1736-1836) di cui parleremo a breve, dove il pomodoro è presente in alcune ricette del suo manoscritto *Il Cuoco Galante* (1773) come la *Zuppa alli pomidoro,* il *Colì di pomidoro,*il *Potaggio di zucca al colì di pomidoro,* ecc... ma non ancora è usato per condire la pasta.

Ippolito Cavalcanti nella sua *Cucina teorico-pratica*, nomina per la prima volta, e in dialetto napoletano, *i vermicielli co' le pommodore.*

La coltivazione del **pomodorino del Piennolo** sulle falde del Vesuvio è documentata nell'Ottocento verso la fine del periodo borbonico da Achille Bruni (1817-1881), avvocato *appassionato ai prediletti studi agrari*[10]. Nel 1847, in *Degli ortaggi e loro coltivazione presso la città di Napoli,* in *Annali civili del regno delle Due Sicilie* parla di pomodori a ciliegia, molto saporiti, che *si mantengono ottimi fino in primavera, purché legati in serti e sospesi alle soffitte.*

Nel prossimo capitolo seguiremo il grande sviluppo del pomodoro in Campania, protagonista assoluto della cucina partenopea.

La **patata** scoperta da Pizarro sulle Ande e portata in Europa dai monaci carmelitani, fu a lungo considerata velenosa per l'uso sbagliato di mangiarne le foglie e i frutti invece dei tuberi.

Quando se ne capì l'importanza nutritiva, divenne una preziosa risorsa per affrontare le grandi carestie che tormentarono l'Europa. La spinta alla diffusione della patata in Campania si deve nel Settecento a Vincenzo Corrado, nativo di Oria, ma napoletano di adozione. Egli ha avuto il grande merito di averla fatta conoscere e accettare ai napoletani dedicandole addirittura un trattato.

Alla rivoluzione del 1799 seguì una grave carestia, che fu superata grazie all'acquisto da parte del re di enormi quantitativi di patate dal Nord Europa, che sfamarono la popolazione.

I Borbone decisero pertanto di investire in questa coltura, e la creazione di una "Scuola di Agricoltura" presso il Palazzo Reale di Portici contribuì a formare quei tecnici che insegnarono poi agli agricoltori i metodi appropriati per la coltivazione del tubero. La Scuola di Agricoltura fu trasformata in Reale Istituto Superiore Agrario nel 1871 e nel 1935-36 in Facoltà di Agraria che ancora oggi è in parte allocata nella splendida reggia borbonica.

---

10 Scrisse molti saggi di agronomia *Cenno su lo stato attuale dell'agricoltura di Barletta,* Napoli 1844, *Breve ragguaglio dell'agricoltura e pastorizia del Regno di Napoli di qua del Faro,* Napoli 1845.

Più articolata è la storia di **peperoncini e peperoni**.

Il **peperoncino piccante** fu scoperto nel 1493 nell'isola di Haiti da Cristoforo Colombo durante il suo secondo viaggio verso le Americhe. Scrisse: *[...] i miei uomini vi trovarono molti aji*[11] *che gli Indigeni usano come fossero pepe e che vantano maggiori pregi del nostro, perché esso può considerarsi vera e propria pietanza per chi riesca a sopportarne il sapore assai forte. Niuno là mangia senza il condimento di questo aroma.*

E ancora: *Vi era in abbondanza pure aji che è il loro pepe, di qualità che molto sopravanza quella del pepe e non v'è chi mangi senza di esso che reputano assai curativo [...].*

Colombo lo importò in Spagna proprio a causa del suo sapore piccante: era convinto, e con lui i reali, che avrebbe sostituito il pepe consentendo grossi affari, ma non gradito ai ricchi e ai nobili, divenne invece una spezia per i poveri. È la capsicina (o capsaicina), un alcaloide presente in grande quantità, che lo rende piccante. Nel 1568 il botanico italiano Pier Andrea Mattioli lo chiama "pepe d'India", e poi, da pepe, viene chiamato "peperone" e infine "peperoncino" per distinguerlo da quello dolce. Si diffonde in Italia soprattutto in Calabria.

I gastronomi borbonici Vincenzo Corrado e Ippolito Cavalcanti Duca di Buonvicino, lo hanno ben presente.

Corrado, propone il *Peperoncino in addobbata*, una salsa per riempire la testa del capretto. E nel trattato *Del cibo pitagorico, ovvero erbaceo* (1781), dedica ai peperoni otto ricette.

Cavalcanti nel suo trattato *La cucina teorico-pratica*, propone peperoni dolci e peperoni piccanti in una *Zuppa di soffritto* e nel *Piatto d'erba stomatico.*

Non è invece citato nella *Scienza in cucina* di Pellegrino Artusi del 1891 essendo allora diffuso solo presso i ceti popolari. Nel resto dell'Europa non riscosse grande successo, almeno fino alla fine del XIX ed i primi anni del XX secolo, quando si svilupparono e diffusero molte varietà di **peperone dolce**, cioè prive di capsaicina, di cui la Campania ha realizzato grandi coltivazioni rendendolo un alimento base di tante preparazioni.

---

11 *Ajì* è il nome haitiano rimasto nella lingua della Spagna, in Messico invece si chiamava e si continua a chiamare *chili.*

Una tipicità napoletana reperibile solo in questo territorio è il **lungo di Nocera o friariello, peperoncino verde dolce** a forma di cornetto che diventa rosso a completa maturazione. Si consuma verde, fritto con o senza aggiunta di pomodorini saltati con aglio e basilico ed è molto gradito ai buongustai.

La **zucca**: bislunga o rotonda, grande o piccola, verde, gialla, striata, rossa, tutte varietà differenti da quella alquanto insapore già presente in Europa fin dal tempo dei Romani, venne introdotta in Europa nel XVI secolo con la scoperta dell'America. Tuttavia anche queste tipologie non furono inizialmente molto apprezzate, e furono ritenute cibo utile per sfamare i contadini e la bassa plebe. Con il tempo dalle stesse furono selezionati e coltivati gli zucchini, poi ampiamente diffusi.

Il **fico d'India** è originario dell'altopiano del Messico dove ancora viene chiamato con il nome azteco *nopal* e dove le pale tenere, tolte le spine, si consumano in vari modi, sia cotte che a pezzettini in insalata con i pomodori. Si trovano facilmente nei mercati locali già spinate. Portato in Europa da Colombo convinto di aver raggiunto le Indie (e perciò chiamato d'India) attecchì rapidamente nelle regioni meridionali calde e asciutte. In Sicilia attualmente viene addirittura coltivato su ampia scala per l'utilizzo alimentare delle pale e dei frutti crudi o in conserve. Nell'isola di Ischia, a Sant'Angelo, si produce un gradevole liquore ai fichi d'India.

La **vaniglia**. Si racconta che Montezuma, in segno di ospitalità, avrebbe offerto a Hernàn Cortes una bevanda alla cioccolata aromatizzata alla vaniglia, *Tlilxochitl,* che gli Aztechi ricavavano dai baccelli di un'orchidea (*Vanilla planifolia*). Fu importata in Spagna all'inizio del XVI secolo ma i tentativi di riprodurla fallirono per la mancanza del tipo di ape giusta per l'impollinazione.

Fino al XVIII secolo il Messico, nella regione di Veracruz, conservò il monopolio della vaniglia. Successivamnete fu introdotta nell'isola di Bourbon (oggi Réunion) e poi in Madagascar che è diventato il maggior produttore mondiale. È presente in varie preparazioni della pasticceria napoletana dal ripieno delle sfogliatelle, ai dolci di Natale e di Pasqua. Da non confondere la vaniglia naturale (quotata 600 dollari al chilo) con la più economica polverina prodotta chimicamente.

Il **Cioccolato**. Per i Maya prima e poi per gli Aztechi, era la bevanda degli dei. La polvere dei semi di **cacao** veniva sciolta in acqua calda con aggiunta di vaniglia, pepe e peperoncino.

Era una bevanda preziosa e riservata ai nobili. I colonizzatori lo chiamarono *chocolate* dalla parola india *chocol* (caldo) e lo portarono in Spagna. I monaci ne addomesticarono il sapore sostituendo pepe e peperoncino con lo zucchero. In Italia fu introdotto dagli Spagnoli nel '600 e a Napoli lo troviamo nel sanguinaccio mescolato al sangue di maiale. Sull'esempio degli altri paesi europei, nel '700 presso le corti divenne una moda bere la **cioccolata** in raffinate tazze di porcellana. Naturalmente anche alla corte dei Borbone si ripeteva questo rito.

L'emblema delle bevande napoletane è però il **caffè**, che ci è giunto dall'Oriente. Esistono vari racconti sul come e sul quando. Forse era già presente tra '4 e '500, certamente lo era nel '600.

Un certo Pietro della Valle, nel 1614 stabilitosi da Roma a Napoli, per un periodo stette in Terra Santa da dove rimase in corrispondenza con il medico, grecista, arabista e poeta napoletano, Mario Schipano. In una delle sue 56 lettere racconta di una specialissima bevanda detta *kahve* e probabilmente al suo ritorno la introdusse a Napoli, dove si diffuse su ampia scala tra la fine del '700 e gli inizi dell'800. Nel 1820 Corrado scrisse un trattato sul caffè. I caffettieri ambulanti percorrevano la città con un bricco pieno di caffè e un altro di latte, in un cesto portavano tazze e zucchero per i numerosi clienti.

Il **riso**, giunto come si è detto con gli Aragonesi, non avrà molta fortuna fino all'epoca borbonica, quando dai Monzù nelle cucine dei nobili fu inventato un timballo di riso arricchito di vari ingredienti, alcuni collocati come guarnizione sopra a tutto, in francese *sur-tout*, da cui "sartù". La novità fu molto gradita e la ricetta entrò di diritto nel repertorio dei grandi piatti napoletani. Cavalcanti, come si vedrà, ne riporta una versione ancora in bianco con uova e ragù senza pomodoro. Più tardi verrà condito con salsa di pomodoro, formaggio, polpettine e piselli o funghi.

IV.8. I grandi ricettari borbonici

a) Vincenzo Corrado Il Cuoco Galante

Nato ad Oria in provincia di Brindisi il 18 gennaio 1736, rimasto orfano del padre ancora adolescente fu portato a Napoli come paggio del gentiluomo di camera del Re, il Principe di Modena e Francavilla Fontana, Michele Imperiali.

Il Principe, lo affidò alla Congregazione dei Padri Celestini dove si dedicò agli studi di matematica, astronomia, filosofia, scienze naturali e soprattutto arte culinaria.

Divenne quindi capo dei "Servizi di Bocca" del principe[12] nel Palazzo Cellamare, tenuto in fitto per 1600 ducati l'anno dal principe di Francavilla che vi condusse, secondo Croce, *splendida e fastosa vita*. Parrino lo definì *paradiso in terra* ed era famoso per gli splendidi conviti, la sterminata famiglia di servi e gli equipaggi.

Corrado, dirigendo una folta squadra di maggiordomi, volanti, paggi e camerieri nel grande servizio di cucina, preparava banchetti suntuosi caratterizzati e arricchiti da fantasiose e raffinate scenografie, diventando il punto di riferimento della cucina nobile a Napoli, così che i suoi servigi venivano richiesti da altre famiglie gentilizie.

Il suo trattato *Il Cuoco Galante* comparso a Napoli nel 1773, pur aderendo alla consuetudine ormai dominante del lessico gastronomico francese, si mantenne fedele alla tradizione della cucina napoletana, cercando di integrare la moda d'oltralpe con quella locale.

Mentre le cucine delle regioni dell'Italia settentrionale, soprattutto il Piemonte, hanno subito più profondamente l'influenza francese, Corrado ha valorizzato l'identità locale con l'uso dei prodotti del territorio nella preparazione dei piatti tipici.

Dunque: pesce appena pescato nel golfo, ortaggi, verdure e formaggi del Regno e i maccheroni che stavano diventando emblema del mangiare popolare partenopeo.

---

12 Della struttura e del Capo del Servizio di Bocca presso le corti di reali e nobili europei abbiamo già parlato riferendo sull'*Oficio de boca* della corte aragonese di Napoli. Con i Savoia si ebbe il Capo dei Servizi di Tavola della Real Casa.

Tra le sue ricette troviamo "culì di pomodori" (dal francese *coulis*) densa salsa di accompagnamento. E il *bucchè* il "mazzetto" d'erbe aromatiche che si fa bollire nelle vivande, così popolare che i *verdummari* napoletani oggi spesso lo aggiungono gratuitamente alla spesa dei loro clienti.

Definito dai contemporanei un libro di alta cucina, fu ristampato, per ordine del Principe per ben sei volte, andò a ruba e fu fortemente richiesto ovunque da altissime autorità e nobili dell'epoca. Si compone di capitoli di una certa ampiezza, ciascuno dedicato ad un argomento (minestre, carni domestiche e selvatiche, pesci, uova, latticini, verdure, crostate, dolci, sapori, conserve) a sua volta suddiviso in brevi paragrafi nei quali si prescrivono i modi di cucinare senza l'eccessivo uso delle spezie.

Il capitolo V spiega nel dettaglio come utilizzare le varie parti del maiale: fegato, grugno, orecchie, testa, lingua e di questa per esempio scrive: *Lingua di porco – come si cuoce – La lingua si cuoce, e si condisce come quella di vitello, ma quando è salata, si può mangiare lessa in acqua con erbe, e servita sopra potaggi; o pure cotta in vino bianco, e imbandita con verdura intorno, o con salsa all'olio.*

Le numerose edizioni e ristampe, giunte fino alla metà dell'Ottocento, ne dimostrano la modernità e la grande influenza che l'autore esercitò nei secoli successivi anche grazie agli altri suoi scritti, come *Il Trattato del Vitto Pitagorico,* basato su piatti vegetariani, che egli presenta come una guida alle corrette abitudini alimentari *per uso de' nobili e de' letterati.* Qui dedica delle pagine ai peperoni *rustico, vulgar cibo* e alle varie erbe aromatiche.

Utilizzò per la prima volta nelle sue ricette il pomodoro e la patata. Delle patate scrisse: *Son d'ottimo cibo a poveri perché molto nudrono, e poco dispendiano* e nel 1798 pubblicò il *Trattato della patata per uso di cibo.* Dall'uso culinario della patata nasceranno successivamente il gattò di patate, gli gnocchi di patate, e altri piatti diventati piatti tipici della cucina napoletana. *Il Credenziere di buon gusto* pubblicato nel 1778 a Napoli fu più volte ristampato e ampliato con due "trattati storici" sulla cioccolata e il caffè (edizione 1820). In età avanzata fu precettore di giovanetti aristocratici per i quali scrisse piccoli manuali a uso didattico. Corrado morì centenario a Napoli nel 1836.

b) termini cucinarj usati da Corrado

Riportiamo qui alcuni termini culinari, di cui nella terza edizione de *Il Cuoco Galante* del 1786, Corrado offre la spiegazione, qui ulteriormente semplificata:

Azioni. *Adobare:* Condire con sughi, erbette e aromi; *Arrossare*: Girare nelle uova sbattute; *Bianchire*: Bollire un poco in acqua; *Passare*: Soffriggere nel grasso; *Stagionare:* Soffriggere le carni o altro; *Piccare:* Inserire pezzetti di lardo nella carne; *Farcire*: Imbottire.

Preparazioni. *Farsa*: Mescolanza di carne, uova, ecc.; *Bucché*: Mazzetto d'erbe aromatiche che si fa bollire nelle vivande; *Barda*: Fetta di lardo; *Salza*: Brodo con aromi, con erbe o con sughi acidi; *Colì*: Denso brodo estratto dalla sostanza delle carni (ma non solo); *Purè*: Condimento che si estrae dai legumi, o d'altro; *Sapore*: Polpa di frutta resa liquida.

Portate[13]. *Entrées*: Vivande di primo servizio; *Hors-dœuvres*: Vivande di tramezzo a quelle di primo servizio; *Entremets*: Vivande di secondo servizio; *Relevés*: Vivande di muta alle zuppe, o potaggi.

c) M. F. un anonimo tra Corrado e Cavalcanti

Lejla Mancusi Sorrentino, la studiosa a cui abbiamo già fatto riferimento, nel 1993 ha pubblicato con introduzione e glossario un manoscritto anonimo contrassegnato dalle sole inziali M. F. risalente al 1803 da lei ritrovato: *La cucina casereccia: per istruzione di chi ama unire al gusto la economia* con cinque utili trattati *Della frutta, De' vini, De' gelati, De' rosolj e Della manifattura de' dolci.*

L'autore, a detta della curatrice, adopera termini correnti, comprensibili a chi sta in cucina. Le ricette sono riportate seguendo l'ordine alfabetico dei titoli. A dispetto del titolo, che farebbe pensare a cibi semplici, si tratta di una cucina per ricchi borghesi, tanto che quando si parla di maccheroni non si fa riferimento a quelli che mangiavano i poveri in strada, bensì a ricchi timballi per raffinati intenditori.

---

13 Si riporta qui la terminologia esatta dell'autore.

Vengono proposte due imbandigioni di otto portate che includono sartù, carni, e ragù forse per la prima volta con pomodoro.

IV.9. Ippolito Cavalcanti: *La Cucina teorico-pratica* e la *Cucina casarinola co la lengua napolitana*

Poche sono le notizie certe sull'arrivo della famiglia a Napoli. Si racconta che nel 1311 avrebbe lasciato la Toscana per trasferirsi nel Regno degli Angioini presso Giovanna I, ma la vicenda non sarebbe documentata.

Per quanto riguarda Ippolito, egli era figlio di Guido Cavalcanti, Duca di Buonvicino e di Montemurro. Si trasferì a Napoli dove pubblicò *La Cucina teorico-pratica*.

Molti cibi e ingredienti, che affondano le loro radici nella storia della città, si sono tramandati anche grazie al ricettario da lui raccolto in epoca borbonica.

Il libro in lingua italiana per nobili e ricchi borghesi ebbe, dal 1837 al 1865, nove edizioni abbastanza diverse fra loro per i continui ampliamenti dell'autore.

È un compendio di cucina tradizionale napoletana ma alcune delle ricette sono di ispirazione francese.

Molto interessante e particolare è l'appendice in napoletano dei piatti tradizionali datata 1839: *Cucina casarinola co la lengua napolitana* e divertenti i commenti elogiativi con cui accompagna le ricette.

Il libro del Cavalcanti precede di mezzo secolo il grande classico della cucina che è il *Manuale* di Pellegrino Artusi, divenuto celeberrimo perchè pubblicato dopo l'Unità nel 1891, quando la politica unitaria tendeva a oscurare e ad omologare lingue, tradizioni e usi regionali. Anche le peculiarità gastronomiche locali dovevano essere oscurate in nome di un cibo che fosse unitario per la Nazione.

Artusi era certamente a conoscenza del lavoro del Cavalcanti e nel suo ricettario inserisce, oltre alle tante ricette toscane, del Centro e del Nord Italia, anche alcune ricette che si limita a chiamare "alla napoletana".

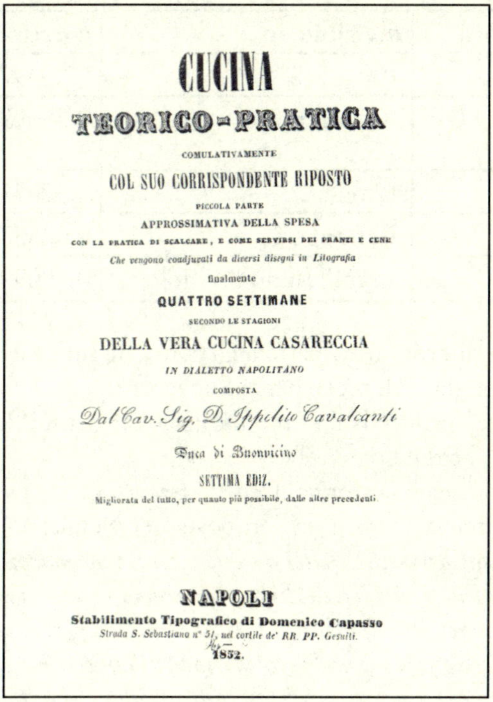
CUCINA

TEORICO-PRATICA

COMULATIVAMENTE

COL SUO CORRISPONDENTE RIPOSTO

PICCOLA PARTE

APPROSSIMATIVA DELLA SPESA

CON LA PRATICA DI SCALCARE, E COME SERVIRSI DEI PRANZI E CENE

Che vengono coadjuvati da diversi disegni in Litografia

finalmente

QUATTRO SETTIMANE

SECONDO LE STAGIONI

DELLA VERA CUCINA CASARECCIA

IN DIALETTO NAPOLITANO

COMPOSTA

Dal Cav. Sig. D. Ippolito Cavalcanti

Duca di Buonvicino

SETTIMA EDIZ.

Migliorata del tutto, per quanto più possibile, dalle altre precedenti.

NAPOLI

Stabilimento Tipografico di Domenico Capasso

Strada S. Sebastiano n° 51, nel cortile de' RR. PP. Gesuiti.

1852.

Cucina teorico-pratica, 1852, settima edizione, frontespizio

Claudio Bemporat[14] dice del trattato di Cavalcanti: *Nel corso delle nove ristampe questo simpatico quanto interessante libro infarcito di note, chiacchiere e maldicenze sui nobili amici e le gentili baronessine che egli frequentava nella città partenopea, si trasforma grazie a numerose aggiunte e modifiche e si arricchisce di alcune belle incisioni sul modo da seguire per disporre correttamente i piatti sulla tavola, completate più tardi da alcuni interessanti disegni di attrezzi ed utensili di cucina.*

Per una più facile comprensione delle dosi indicate nel ricettario si riporta lo schema che ci si è sforzati di dedurre, con una certa approssimazione, da *Tavole di riduzione dei pesi e delle misure delle Due Sicilie, in quelli statuiti dalla legge de' 6 aprile del 1840* del Commendator Carlo Afan de Rivera.

14 Claudio Bemporat *Per la 'tavola' napoletana della prima metà dell'Ottocento: arredi e cucine,*1990.

la misura d'uso	divisibile in	corrispondente a
1 cantaro	100 rotoli	89,0997 kg
1 rotolo	1000 trappesi o 33 1 / 3 once	0,890997 kg
1 libbra	12 once	0,320759 kg
1 oncia	30 trappesi	0,026730 kg
1 trappeso	un millesimo di rotolo	0,890997 g

Cavalcanti riporta varie ricette oggi consuete sulle tavole napoletane come: Parmigiana di melanzane; Panzerotto o pizza fritta; Vermicelli a vongole; Vermicelli al pomodoro; Baccalà fritto; Pasta e fagioli; Pasta e piselli; Frittata di cipolle.

Non può mancare la storica *Menesta mmaritata,* più sostanziosa di quella che vedremo da lui stesso proposta per Natale:

Menèsta mmaritata. *Miétti a vóllere rint'a na marmitta doie rotola*[15] *de carne de vacca, na bella iallina, nu ruotolo nfra verrinia, presutto e vucculаro de puorco, scummarraie, e po nge miétti miezu ruotolo de lardo pisato. Quanno tutta la carne s'è ccotta, nne la liévi e la miétti rint'a n'atu commodo cu acqua caura pe farla sta ncáuro; po passa lu broro pe dint'a lu scolamaccaruni e torna a mettere lu broro rint'a la marmitta e quanno volle nge miétti na bella menesta de cappucce, turzelle, na scarulella, e nu poco de vasenicola; la farraie còcere bona, e po me sapraie a ddìcere che menesta acconcia stommaco ca te mangi.*

(Fai bollire in una pentola cilindrica circa un chilo e ottocento di carne di vacca, una bella gallina, 900 grammi tra carne secca, prosciutto e sottocollo di maiale, schiuma e poi mettici 450 grammi di lardo pestato. Quando la carne si sarà cotta, toglila e mettila in un piatto da portata poggiato su acqua calda per farla stare in caldo. Scola il brodo attraverso uno scolapasta e poni nuovamente il brodo nella marmitta. Quando va in ebollizione versaci il misto già cotto di cavolo cappuccio, broccoletti, scaroline e un po' di basilico. Lasciala cuocere

15 Ròtola: Plurale di "ruotolo", unità di peso pari ad un centesimo del "cantàro", come abbiamo visto nello schema già riportato, dunque arrotondando, un "ruotolo" era pari a circa 900 grammi. Un "cantàro" era pari a circa 90 Kg.

per bene e poi mi saprai dire che gran minestra "aggiustastomaco" hai mangiato).

Un altro classico sempre attuale, che Cavalcanti descrive in maniera molto colorita è la:

Frettata co la cepolla. *Chisso è no bello piatto p'acconcià buono lo stommaco pe chi lo tene revotato... e averamante stammatina me lo voglio fa; piglia nzomma na bella cepolla janca, la ntritarraje e la faje zoffriere co no poca de nzogna dint'a la tiella e la farraje venì jonna jonna; sbattarraje l'ova fresche, nge mjette miezo quarto de provola grattata, no poco de mollica de pane, o spugnata o grattata, no poco de petrosino ntretato, e nge mbruoglie chella cepolla, anniette la tjella, nge miette no poco de nzogna e, quanno fummeca, nge mine chella puparotta d'ova; po co na cucchiara de lignammo, vuote sempe, pecchè accossì se coce nfiachè se quaglio tutto ll'uovo; quanno s'è tutto quagliato nge farraje piglià la forma a frettato attunnannola cu la cucchiara e co lo maneco mmano de la tjella mperò! la muovvarraje sempe sempe pe no farla azzeccà sotto; po nge miette no piatto ncoppa, e la vuote sott'è ncoppa dinto a lo piatto; miette n'uto poco poco de nzogna dint'a la tjella e la farraje purzì fummechià, po accuongio, accuongio, nge farraje sciulià co lu stesso piatto la frettata e la farraje cocere da chell'auta parte e sempe tenenno mmano lo maneco de la tjella; quanno s'è cotta la lieve da la tjella e la miette dint'a lo vacile suojo.*

(Frittata di cipolle. Questo è un bel piatto adatto a risistemare lo stomaco per chi lo abbia sotto sopra... e invero stamattina me lo voglio cucinare; prendi dunque una bella cipolla bianca, tritala e falla soffriggere con un poco di sugna in una padella e falla diventare bionda bionda; sbatti le uova fresche, mettici mezzo quarto di provola grattugiata, un poco di mollica di pane, o spugnata o grattugiata, un poco di prezzemolo tritato e mescola con la cipolla; ripulisci la padella, metti sul fuoco con un po' di sugna e quando fuma versaci l'insieme di uova e cipolla; poi, con un cucchiaio di legno, rigirala continuamente, così cuoce fino a che l'uovo si rassoda; quando si sarà tutto rassodato farai prendere forma alla frittata aiutandoti con il cucchiaio e reggendo con la mano il manico della padella, muovendola di continuo per non farla attaccare sotto; quindi, poggiandovi un piatto sopra, la rigirerai nel piatto; aggiungerai un altro po' di sugna nella padella e quando si sarà riscaldata bene, piano piano vi farai scivolare la frittata dal piatto così da farla cuocere anche dall'altro lato sempre reggendo il manico della padella. Quando sarà cotta la trasferirai dalla padella in un piatto da portata).

CUCINA CASARINOLA.

Cucina Casarinola, indice

a) i menù delle festività

Un'altra particolarità che conferma l'attualità del ricettario sono i menù delle festività natalizie, che sorprendentemente ancora oggi, con pochissime varianti, vengono rispettati con la cena della Vigilia, rigorosamente di magro, e il pranzo del giorno di Natale di grasso.

Vigilia de lo Santo Natale: *Vruóccoli zuffritti cu l'alici salate Vermiciélli cu la mullica de pane, o pure zuffritti cu l'alici salate Anguille fritte Raóste vullute cu la sauza de zuco de limone e uóglio Cassuóla de calamariélli e siccetèlle Pasticcio de pesce Arrusto de capitóne Strùffuli.*

(Broccoli soffritti con alici salate, Vermicelli con la mollica di pane, oppure soffritti con alici salate, Anguille fritte, Aragoste bollite con salsa di succo di limone e olio, Cassuola di calamaretti e seppioline, Pasticcio di pesce, Capitone arrostito, Struffoli).

Vruóccoli. *Piglia 24 belle cimme de vruoccoli, di chilli pieri chini de cimmulelle; li mmunni, e nge daie na scauratella. Mietti rinto a nu tiano quatto misuriélli r'uoglio, quatto spìculi r'aglio, otto alici salate pulite, ca farraie zuffrìere; nge vuoti li vruóccoli, cu ssale e ppepe, e lli ffarraie stufá asciutt'asciutti e accussì li siervarráie.*

(Broccoli. Prendi 24 belle cime di broccoli, di quelli pieni di cimette, li pulisci e gli dai una bollita. Metti in un tegame quattro misurini di olio, quattro spicchi d'aglio, otto acciughe dissalate che farai soffriggere, ci versi i broccoli con sale e pepe e li farai stufare asciugando il liquido per poi servirli).

Vermicièlli. *Scaura doie rotola e meza de vermicielli; li sculi, e li revuoti cu tre misuriélli r'uoglio, aglio, sale, pepe e miezu quarto r'alici salate e viérdi viérdi l'appresienti.*

(Vermicelli. Fai cuocere in acqua bollente circa due chili e un quarto di vermicelli, scolali e saltali con tre misurini di olio, sale pepe e mezzo quarto di alici salate e ben al dente li presenti in tavola).

Cavalcanti propone altrove come piatto di magro pasta con le vongole che verrà di seguito adottata nella versione "vermicelli a vongole".

Tagliarielli e bongole. *Pe li juorne de scamarro so boni chisti tagliarielli; piglia doje o tre rotola de bongole, ma che sieno fresche, li scaudarraje pecchè accossì s'araprano tutte quante, ne lieve le scorze, e li frutte li lave pecchè a vote nce sta l'arena, piglia na carrafa d'acqua, nce trite no grano de petrosino e nce miette o no terzo de nzogna o tre misurelle d'uoglio, e farraje zoffriere dinto a no tiano, o na cazzarola, e nce mettarraje chelle bongole, doppo scaudarraje doje rotole de tagliarielli, li scrollaraje buoni, e li farraje ncorporà dint'a chillo brodo.*

(Tagliolini o vermicelli e vongole. Per i giorni di magro vanno bene questi tagliolini; prendi circa due chili e mezzo di vongole, ma che siano fresche, mettile sul fuoco così si apriranno tutte, togli i gusci e lava i frutti perché a volte c'è la sabbia, prendi una piccola quantità d'acqua, tritaci un poco di prezzemolo, un terzo di sugna e tre misurini d'olio. Fai soffriggere in un tegame o in una casseruola e mettici le vongole. Poi metti a cuocere un paio di chili scarsi di tagliolini, scolali e mettili ad incorporarsi in quel liquido).

Anguille fritte. *Piglia doie rotola d'anguille, li ffaie piezzi piezzi, lavate, nfarinate e fritte; piglia nu ruotolo de calamari li pulizzi, ne liévi* *chella spada, (statt'attiento a non ffá schiattá lu ffèle), li ffaie fèlle, fèlle, li llavi e lli ffrie e tutti mmiscati li miétti rinto a lu vacile.*

(Anguille fritte. Prendi circa un chilo e ottocento di anguille, tagliale a pezzi, lavale, e poi falle infarinate e fritte. Prendi 900 grammi di calamari, puliscili, togli la lisca interna, stai attento a non far rompere il fiele, tagliali ad anelli, lavali e friggili e disponi tutto il misto in un piatto da portata).

Raóste vullute. *Piglia sei raóste de tre quarti l'una, le scauri e po li ttaglie a meza a meza, ne lievi lu stentino e li mietti rinto a lu piatto, facènnole servì cu uoglio, zuco de limone, sale, pepe e petrusino ntritato.*

(Aragoste bollite. Prendi sei aragoste di circa tre quarti l'una, bollile e tagliale a metà, togli l'intestino e mettile in un piatto, servile con olio, succo di limone, sale, pepe e prezzemolo tritato).

Pesce mpasticcio. *Scaura doie ròtola de merluzzi e ciéfari, ne liévi le spine e la pella; ntréta quatto rana*[16] *de scarola, la lavi e la zuffrìje cu nu misuriéllo e mmiezo r'uoglio, nge miétti quatto rana r'aulive, senz'ossa mperò, e chiappariélli, miezu quarto r'alici salate, sale pepe e nu rano de pignuóli. Farraie la pasta nfrolla cu tre quarti de scióre, stiennarráie la pasta mperò. Rinto a na turtiera*[17]*, nge miétti na mmità de chella scarola senza broro, mmiezo nge miétti lu pesce, pecché chisso se mette sempe mmiezo, ncoppa a isso nge miétti l'ata scarola e all'urdemo l'ata pasta pe commuóglio. L'azzicchi attuorno attuorno e lu farraie còcere sott'a lu tiesto*[18].

(Pesce in pasticcio. Bolli circa un chilo e ottocento di merluzzi e cefali, leva spine e pelle; trita quattro grana di scarola, lavala e soffriggila con un misurino e mezzo di olio, mettici quattro grana di olive snocciolate e capperi, mezzo quarto di alici salate, sale e pepe e un grano di pinoli. Farai intanto la pasta frolla con tre quarti di farina e la stenderai. Dentro una tortiera, che avrai foderato di pasta, metti

16 *Rana* plurale di "rano": grano, termine usato sia nella tabella dei pesi che in quella delle monete. In questo caso è un peso e corrisponde a 0,051404 g. Come moneta va detto che all'avvento di Carlo di Borbone al trono di Napoli, nel 1734, l'unità monetaria di base era il ducato, una massa di argento del peso di g 22 circa e contenente 9 / 10 di fino e 1 / 10 di lega (rame). Il ducato si divideva in 10 carlini, ognuno dei quali composto da 10 grani, ognuno dei quali da 12 cavalli, ma tutto ciò subì successivamente notevoli variazioni.

17 *Turtiéra*: Teglia a bordi verticali per la cottura delle torte.

18 *Tiésto*: Coperchio di terracotta. Dal latino *testum*, oggetto di terracotta.

quindi una metà della scarola senza liquido, al centro colloca il pesce perché va sempre messo in mezzo, sopra sistema la scarola rimanente e in ultimo copri con l'altra pasta sfoglia. Sigilla bene tutto intorno le due sfoglie di pasta e fai cuocere sotto un coperchio di terracotta).

Arrusto de capitóne. *Piglia doie rotola de capitone, o ruie o uno, ca si no farraie n'arrusto d'anguille, lo faciarraie a pezzulli e cu na fronna de lauro lu nfili a lu spito e accussì lu farraie còcere, abbagnannolo cu acqua, sale e uoglio; lu sfili, e l'apparicchi rinto a lu vacìle cu nu poco de scarola ntritata sotto.*

(Capitone arrosto. Prendi circa un chilo e ottocento di capitoni, grandi tanto da essere in tutto due o uno solo, altrimenti farai arrosto di anguille, falli a pezzetti e infilzali con lo spiedo insieme a qualche foglia di alloro. Fai cuocere inumidendo con acqua sale e olio; poi li sfili e li sistemi in un piatto da portata adagiandoli su un letto di scarola tritata).

Pe lo juorno de lo Santo Natale: *Menesta de cicorie Bullito de vaccina, e ati ccose Capuni a lu tiáno, Puorco sarvatico Bucchinotti*[19] *mbuttunati de nteriora de pulli* (o in alternativa *Nteriora de pulli mpasticcio*), *Filetto de puorco* de *Surriento arrustuto, Nzalata cotta de cavulisciore e vruócculi Ammènnole ncruccanda.*

(Per il giorno del Santo Natale: Minestra di cicorie, Bollito di vaccina e altre cose, Capponi in tegame, Maiale selvatico, Bocconotti ripieni di interiora di polli, Costatelle di porco gratinate, Insalata di cavolfiore cotto e broccoli, Croccante di mandorle).

Menesta. *Pe ffa bona la menesta, miette a bollerè duje capune, doje rotola de carne de vacca, e no ruotolo de prosutto salato, farraje no bello brodo, nge miette miezo ruotolo de lardo, quanno tutto s'è cuotto a parti tanne lo llive, cule lo brodo, e nge farraje cocere 10 livre* [20] *de cecorie, e bona cotta la miette nzuppiera, e la sierve.*

(Per fare una buona minestra, metti a bollire due capponi, un chilo e otto di carne di vacca e circa novecento grammi di prosciutto salato, fai un bel brodo e poi mettici quattrocento grammi di lardo, quando il

19 *Bucchinòtti*: Forme di rame per pasticcini detti bocconotti perché da mangiare in un sol boccone.

20 Libbra: composta da 12 once o 360 trappesi, equivalendo circa 320 g. Oncia: pari a 1 / 12 di libbra, cioè circa 27 g e si suddivideva in 30 *trappesi*. *Trappeso*: millesima parte del rotolo che corrispondeva a poco meno di 900 g dunque circa 0,89 g.

tutto si sarà cotto, un po' alla volta lo sgrassi, coli il brodo e ci fai cuocere la cicoria e appena sarà ben cotta versa in una zuppiera e servi).

Bollito. *Miette buon'apparecchiato tutta la carne dinto a lo vacile, e co na guarnizione de torzell'attuorno l'appresiente.*

(Bollito. Sistema graziosamente tutta la carne in un vassoio e presenta in tavola con una guarnizione di broccoletti).

Capuni a lu tiáno. *Piglia quatto capuni, l'anniétti belli puliti li ncuosci, l'attacchi e li ffaie zuffrìere a lu tiano, facennoli còcere tale e quale comm'a la gallotta a lu tiáno de la terza semmana pe la Rummenica.*

(Capponi in tegame. Prendi quattro capponi e puliscili per bene, unisci le cosce al petto, legali e falli rosolare nel tegame facendoli cuocere così come si è detto per la tacchina in tegame della domenica della terza settimana).

Puorco sarvatico nzeviéro[21]. *Piglia doie ròtola de puorco sarvatico o puramente lu cignale; lu farraie a pezzulli e lu zuffrìe cu nu poco de nzogna, sbruffannoce spisso spisso nu poco a la vota na carrafa*[22] *de vino russo de Calavria e sempe vullente accussì lu farraie còcere; po nge miétti la còncia, zoè, na libbra de mustacciuólo pisáto, doi rana de carofano e ccannella fina, na libbra de cetrunata ntritata, nu quarto de zuccaro, poco sale, pepe e acìto; farraie vóllere e ncurpurá, po pruovi, l'assaggi, mme ntiénni, pe beré si nge vô cchiù zuccaro, o cchiù acìto e fatto denzo denzo lu siervarraie.*

(Maiale selvatico in agrodolce. Prendi circa un chilo e ottocento di maiale selvatico oppure di cinghiale, taglialo in piccoli pezzi e soffriggili con un po' di sugna versandovi di tanto in tanto e un poco alla volta una caraffa di vino rosso di Calabria mantenendo il bollo così da continuare la cottura: poi aggiungi le spezie, cioè 320 g di mostaccioli pestati, circa 100 g di garofano e cannella in polvere, 320 g di cedro candito tritato, un quarto di zucchero, poco sale pepe e aceto; fai bollire il tutto perché si insaporisca, quindi lo provi, vale a dire lo assaggi per vedere se ci vuole più zucchero o più aceto, e quando si sarà bene addensato lo servi).

Nteriora de pulli mpasticcio. *Farraie cócere le nteriora rinto a nu poco de broro de li capuni, cu doie purpettelle de vaccina e nu poco de sciore pe*

---

21 *Nzeviéro*: In agrodolce, talvolta con aggiunta di zenzero.
22 *Carràfa*: Caraffa. Unità di misura corrispondente a 0,727 litri.

ffá liá lu broro; farraie la pasta nfrolla comm'a cchella de la sera de pesce, e mmiezo nge miétti la cassuóla e po l'ato cupiérchio de pasta e lu farraie còcere comm'a chillo.

(Pasticcio di interiora di pollo. Fai cuocere le interiora in un po' del brodo di capponi con due polpettine di vaccina e un po' di farina per far addensare il brodo; fai la pasta frolla come quella che ti ho indicato per il pasticcio di pesce, mettici dentro l'impasto preparato, quindi un altro coperchio di pasta e lo fai cuocere).

Filetto de puorco de Surriento arrustuto. *Piglia nu piezzo de tre rotola de chillo filetto, l'attacchi cu lu spavo, lu nfili a lu spito e lu farraie còcere suave, suave, e junno junno, lu sfili, e lu miétti rinto a lu vacile e che te magni nè...*

(Filetto di porco di Sorrento arrosto. Prendi un pezzo di due chili e settecento di filetto, legalo con lo spago, infilalo nello spiedo e fallo cuocere lentamente facendolo diventare biondo dorato, sfilalo dallo spiedo e mettilo in un vassoio. Poi vedrai che ti mangi...).

Nzalata de caulisciore. *Scaura nu bellu caulisciore, lu faie a ccimmulelle piccerelle, l'accuonci rinto a lu vacile bello pulito, e cu acìto e uoglio, sale e ppepe, lu siervarráie.*

(Insalata di cavolfiore. Metti a bollire e poi dividi in cimette il cavolfiore. Accomodale dentro a un piatto da portata, condiscilo con aceto, olio, sale e pepe e servilo).

Questa ricetta nel tempo si andata arricchendo di olive, *papaccelle* (peperoni) in aceto, acciughe e si è chiamata "insalata di rinforzo".

E troviamo anche il **menù per lo Primo Juorno dell'Anno**: *Sartù di riso Fritto de palaie e calamarielli Capuni a lu tiano Pasticcio de carne Arrusto de Vitella Crema de ciucculata.*

(Sartù di riso, Fritto di sogliole e calamaretti, Capponi in tegame, Pasticcio di carne, Arrosto di vitella, Crema di cioccolata).

Nell'attualità non è più così rigoroso. Riportiamo la ricetta del Sartù di riso nella versione in italiano.

Sartù di riso. *Prendi un rotolo e mezzo di riso ma che sia di quello forte lo lesserai nel brodo chiaro ed in mancanza anche nell'acqua sia pure per economia perché vale lo stesso. Quando il riso sarà cotto ma non scotto ci porrai un terzo ossia once undici di panneggiano o caciocavallo ed un pane di butiro (purché non l'avrai cotto nel brodo), ci farai un battuto di dodici* *ovi e mescolerai tutto ben bene: indi farai raffreddare questa composizione e poscia prenderai la casseruola proporzionata per formare il sartù facendoci una inverniciata di strutto con una uguale impellicciata di pan gratto, poscia ci porrai la metà del riso già intiepidito e con una mescola leggiermente lo adatterai facendoci un concavo nel mezzo ove porrai il solito raguncino che più volte ti ho detto per i timpani: Al di sopra ci porrai l'altra mettà del riso e con le mani l'accomoderai in modo che vada tutto bene incassato, facendoci al di sopra una ingranita di pan gratto con de' pezzettini di strutto. Gli darai la cottura come al timpano con la pasta facendoci anche un buco in mezzo come a quello versandoci uno o due coppini di sugo.*

Rituali per il **giorno di Pasqua** la Pastiera e la Pizza rustica di cui spiega come chiudere tra due dischi di pasta frolla ricotta, provola, formaggio, salame a pezzetti, uova, sale e pepe mescolati insieme e cuocere in forno, e perfino come rivoltarla senza scottarsi.

Torta rustica. *Farai la pasta frolla con libbre due di fior di farina per dartene la proporzione, prendi once 16 di buona ricotta, la mescolerai con once 12 di provola grattugiata, ed un battuto di numero otto ovi, e forse qualcuno dippiù, farai come una farsa con poco sale e pepe, porrai la pasta nella tortiera, ci porrai un suolo della farsa, e sopra ci porrai uno strato di mozzarella con fettoline di prosciutto, e così farai suol per suolo, finalmente porrai il coverchio della pasta, ci farai un grazioso bordino, e la farai cuocere al forno, o sotto al fornello, e caldissima la servirai, facendola scivolare nel piatto proprio diligentemente, e laddove questa operazione non potrà riuscirti, finché non acquisterai maggior pratica, porrai un piatto proporzionato sopra la torta, con una salvietta traverso perché non ti scotti le mani, e così rivolterai la tortiera, essendo un grande errore quello di presentare la torta con la tortiera.*

Si fa ancora così, magari con pasta brisè o più ruspante con pasta di pane. Nel Beneventano credo che se ne trovi ancora una versione raffinatissima e molto leggera con il coperchio di pasta sfoglia, che cuocendo forma dei cerchi concentrici che si sollevano: bellissima!

Le mie prozie la preparavano mirabilmente e mia nonna l'aveva appresa da loro. Molti anni dopo ho tentato di replicare il procedimento sul filo del ricordo, ma evidentemente qualche perla di quel filo è andata perduta. Una modalità per eseguirla è riportata nel ricettario della Caròla Francesconi, ma non è proprio quella di casa mia.

La ***Pastiera di grano***, ormai si fa non solo a Pasqua ma tutto l'anno in ogni occasione festiva:

Piglia miezu ruotolo de grano buono e scìveto acino acino; se nfonne e po lu pisi rinto a lu murtaro, mperò senza farlo rompere ma cu lu pisaturo arravugliannolo sempe pe dint'a lu stesso murtaro pe farne luvá chella vrenna, ncioè, chella scurzetella che tene; roppo lu miétti a vóllere pe 24 ore e quanno s'è cuotto lu farraie buono arreffreddá, e po piglia nu ruotolo de ricotta bona senza siero, la mmìschi cu lu ggrano, dànnoce n'àta pestatella rint'a lu murtaro; roppo nce miétti doie rotola de zuccaro fino e pestato, nu pucurillo de sale, nce sbatti na duzzana d'ova, e n'onza de cannella fine e nu tantillo r'acqua e quanno s'è buono rammullato, nce miétti tutte sciorte de sciuruppate; farraie la pasta ordinaria rinto a na tièlla sedonta de nzogna, e ce miétti la paparotta de la pastiera facennoce ncoppa na ratiglia de pasta purzì e la farraie còcere a lu furno. Vì ca chesta è la pastiera la chiù eccellente che nce pozza essere.

(Prendi 450 g di grano che avrai scelto acino per acino, lo bagni e poi lo pesti in un mortaio, senza però farlo rompere rigirando il pestello nel suddetto mortaio fino a far separare la crusca cioè la scorzetta che copre i chicchi; quindi fallo bollire per 24 ore e quando si sarà cotto fallo raffreddare per bene. Prendi 900 g di ricotta senza siero e mischiala al grano con una pestatina nel mortaio, aggiungi 1800 g di zucchero sottilmente pestato, un pochino di sale, una dozzina di uova sbattute, un poco di cannella in polvere e un pochettino d'acqua e appena il tutto si sarà ben ammorbidito, aggiungi pezzetti di frutta candita. Prepara la pasta solita in un tegame unto di sugna, accomoda l'impasto della pastiera disegnando sopra un piccola griglia con la stessa pasta e falla cuocere in forno. Vedrai che questa è la più eccellente pastiera che ci possa essere).

Cavalcanti ci ha lasciato un suo "Gattò di lasagnette alla Buonvicino" che però non prevede la ricotta.

La ***lasagna*** era molto apprezzata alla corte dei Borbone tanto che Francesco II, l'ultimo Re delle due Sicilie, era detto "Re Lasagna" per la passione che nutriva per questo piatto.

È una preparazione categorica a Carnevale quando si "deve mangiare di grasso", cioè piatti ricchi di carni e condimenti, e che c'è di più ricco della lasagna?

b) i termini adoperati da Cavalcanti

Riportiamo un accurato lavoro di selezione e traduzione[23] della *Regola primma de tutto chello che nce vo' pe la cucina*, cioè l'elenco dell'attrezzatura da cucina e di alcuni nomi di prodotti alimentari:

Cauràra: Caldaia. etim. Lat. "calidaria". *Marmitta*: Pentola cilindrica. *Cazzaròla*: Tegame alto con manico. Casseruola. etim. Francese "casserole". *Turtiéra*: Teglia a bordi verticali per la cottura delle torte. *Tiésto*: Coperchio di terracotta. etim. Dal latino "testu", indicante un oggetto di terracotta. *Purzì*: Anche. *Puzonètto*: Pozunetto. Piccolo paiolo di rame, con lungo manico, polsonetto. *Tièlla*: Teglia, padella. etim. Lat. "patella", per aferesi, "tella". *Bucchinòtti*: Forme di rame per pasticcini. *Caccavèlla*: Pentola. etim. Greco "kàkkabos". *Tiàne*: Tegami. etim. Greco "tegánion". *Stufaròle*: Scaldavivande. *Prattèlle*: Scodelle. Dallo spagnolo "platel" derivato dal latino "plattus", piatto. *Scafaréja*: Tinozza di terracotta. etim. Dal greco "skaphe", tino, barca. *Ratìglia*: Graticola. *Lacciacàrne*: Coltellaccio per sminuzzare la carne. *Trébbeto*: Trebbeto, treppiedi. Serviva di appoggio a pentole e teglie sulla brace. etim. Greco "tripus+podos", tre+piede. *Arciulo*: Brocca. *Cuppino*: Mestolo. etim. Lat. med. "cuppina", coppa, utensile per bere. *Muliniéllo*: Macinino per il caffè. *Pisaturo*: Pestello. Dal verbo "pisá", pestare. *Abbrunzo*: Bronzo. *Setélla*: Staccio, setaccio. etim. Lat. Tardo "saetacium" da "saeta". *Màrtora*: Madia. etim. Lat. "mactra", greco "maktra". *Rasóla*: Raschietto per pulire la madia. *Laniaturo. Laganaturo*, mattarello. etim. Dal greco "laganon" e latino "laganum", focaccia distesa. Cáto: Secchio di ferro per l'acqua. etim. Greco "kàdos", brocca, secchia. *Mappine*: Stracci, strofinacci per la pulizia. etim. Lat. "mappa", tovagliolo. *Ròtola*: Plurale di "ruotolo", unità di peso pari ad un centesimo del "cantàro", 900 g circa. Un "cantàro" era pari a circa 90 Kg. *Viérdi viérdi*: Al dente. *Vacile*: vassoio. *Gráno*: grano, unità di peso e corrisponde a 0,051404 g. *Ncusciá*: Unire le cosce al petto. *Gallòtta*: Tacchina. *Nzeviéro*: In agrodolce, cotto con lo zenzero. *Cignàle*: Cinghiale. *Carràfa*: Caraffa. Unità di misura corrispondente a

23 Salvatore Argenziano e Gianna de Filippis, *Cucina Napoletana delle Feste*, da Ippolito Cavalcanti, *vesuvioweb.pdf.*

circa 3/4 di litro. etim. Arabo "garràfa". *Mustacciuólo*: Dolce natalizio di farina, zucchero e mandorle. etim. Il nome deriva dal latino "mustàceus", torta nuziale a base di mosto. *Pisáto*: Pestato. *Scióre*: Farina. etim. Lat. "flos". I romani distinguevano tre tipi di farina. La farina grossa *cibarium*, la media *siliga* e la finissima *flos*, fiore.

Suàve suàve: Piano piano. *Junno junno*: Biondo, biondo. *Palàja*: Sogliola. etim. Dal catalano "palaya", che deriva dal greco "pelagikós", marino. *Verrìnia*: Si tratta di carne di maiale seccata, la vulva o anche la mammella. *Vucculàro*: Sottomento del maiale, quello che per gli uomini è detto pappagorgia. etim. Lat. "buccula", gola. *Còmmodo*: Piatto di servizio. *Cappùccia*: Varietà di cavolo detto cappuccio (brassica capitata). *Torze e turzelle* (*p'a menesta mmaritata*): Verdura dalle foglie scure. *Scìveto*: Scelto. *Lu pisi*: Lo pesti. *Vrénna*: Crusca. etim. Lat. tardo "brinna". *Sedónta*: Unta. Da "ógnere", ungere. *Paparòtta*: Poltiglia, pappa.

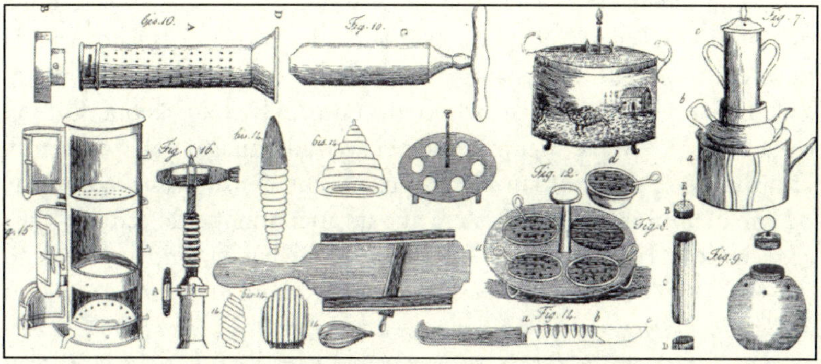

Utensili e tegami, da *La cucina teorico-pratica*

IV.10. I sorbetti e la neve

Abbiamo trovato nello *Scalco* del Latini del '600 varie ricette di sorbetti. Nel 1775, il medico Filippo Baldini pubblicò a Napoli *De' Sorbetti*, il primo libro dedicato a tale prodotto, classificato in tre tipi: subacido (alla frutta), aromatico (alla cannella, al cioccolato, al caffè) e lattiginoso. Nacque così la distinzione tra sorbetto e gelato, il primo a base d'acqua, il secondo a base di latte.

Anche Cavalcanti parla di sorbetti. Inoltre per i napoletani era imprescindibile che le bevande fossero ghiacciate e per questo in inverno si raccoglieva la neve che veniva conservata in profonde fosse con pareti di mattoni lisce e pulite: le neviere[24]. Pressata e poi tagliata in blocchi di ghiaccio veniva portata in città per fare sorbetti, per rinfrescare vino e bibite, per rendere "nevata" l'acqua da bere e per mantenere fresca la frutta.

Il fenomeno incuriosì molto i viaggiatori stranieri del Grand Tour per i quali Napoli era una meta irrinunciabile insieme alle sue isole e alle aree archeologiche.

Alcuni, nelle loro memorie di viaggio, scrissero dell'incredibile diffusione dell'acqua nevata a Napoli e dei modi di trasportarvi la neve dai monti di Castellammare. Abbiamo trovato brani di Henry Swinburne nell'ultimo quarto del Settecento, di Richard Keppel Craven e Karl August Mayer nel primo e nel secondo quarto dell'Ottocento; le ultime due testimonianze dimostrano che con il passare di poche decine di anni il fenomeno si era andato incrementando sempre più.

L'inglese H. Swinburne (1743-1803), il cui viaggio ebbe luogo dal 1777 al 1780 dice: *La passione per questa acqua nevata è cosí viva a Napoli, che non vi è assolutamente nessuno, se non i mendicanti, a bere l'acqua al suo stato naturale, ed io sono persuaso che una carestia di pane sarebbe più sopportata di una carestia di neve. La si porta in bastimenti tutte le mattine dalle montagne che sono dietro Castellammare e l'appalto è notevole. I Gesuiti, che possiedono capitali immensi e il vero spirito d'impresa, hanno acquistato il privilegio esclusivo di fornire la neve in tutta la città*[25].

24 In Sicilia sull'Etna e sulle Madonie ve ne erano di grandissime.
25 Da *Travels in the two Sicilies*.

E il barone inglese Richard Keppel Craven[26] (1779-1851), nel 1821 in *A Tour through the Southern of the Kingdom of Naples*: *Un altro promontorio separa Vico da Castellammare, posta sotto i monti più alti che costeggiano il golfo di Napoli. Una cima in particolare, Sant'Angelo, è più alta del Vesuvio, e i suoi recessi più alti sono perennemente coperti di neve. È questo luogo infatti che rifornisce la capitale di ghiaccio, di quel prodotto tanto necessario per tutto l'anno. Viene raccolto in grotte naturali, da dove poi viene prelevato quando serve. Il modo con cui è trasportato da queste grandi altezze è tanto semplice quanto singolare e veloce. Lunghe funi vengono tese dall'alto verso il basso. Il blocco, rivestito con cura di foglie secche e cespugli, viene sospeso su una fune con dei ganci e il suo stesso peso lo porta a valle molto rapidamente. Ad ogni angolo vi è un ragazzo che ha il compito di appendere il gancio sull'altra fune; l'ultima li deposita direttamente su imbarcazioni che portano il carico a Napoli. Questa operazione dura pochi minuti, mentre un qualsiasi altro tipo di trasporto avrebbe richiesto ore, poiché i sentieri della montagna sono ripidi e ardui.*

Infine il letterato tedesco Karl August Mayer (1808-1894) pubblicò nel 1840 *Neapel und die Neapolitaner*, epistolario che Lidia Croce nel 1948 ha tradotto col titolo *Vita popolare a Napoli nell'età romantica:*

Devo anche dire una parola sui rinfreschi preparati con la neve, che si prendono soprattutto di sera, e d'estate sono ai napoletani più necessari dei maccheroni. Poichè sui monti vi è molta neve ma poco ghiaccio, di regola ci si serve solo di neve per rinfrescare le bibite, o per tener fresca la frutta. L'alta cortina di monti che separa il golfo di Salerno da quello di Napoli, e la cui cima più alta si chiama il Sant'Angelo, è la grande produttrice di neve di Napoli. Là, soprattutto nel lato nord, si trovano una quantità di gole, di buche o anche di cantine, che servono a conservare la neve, e sono riparate dall'aria per mezzo di rami, fogliame, paglia o muratura. Appena la neve è caduta, la vanno a prendere e, dandole forma di palle, la trasportano in questi luoghi. Sono stato d'inverno nei villaggi sul Sant'Angelo e ho visto interi comuni uscire giubilanti a sotterrare questo prezioso mezzo di refrigerio: la manna che cade dal cielo ai napoletani. Ogni notte scendono da quelle alture le bestie da soma con pesanti carichi di

26 Figlio di primo letto ed erede della Margravia di Anspach che possedeva una splendida villa a Posillipo (attuale villa Rae).

neve giú a Castellammare; di là la neve viene trasportata, pure di notte, in barche ricoperte di fogliame e di frasche, alla riva di Napoli. Gente addetta a ciò la trasporta poi nel grande magazzino: dogana della neve, dove i commercianti di neve, che si trovano in ogni strada e in ogni vicolo, se la dividono. Le loro botteghe devono restare aperte anche di notte. Sono addetti dalla polizia al trasporto e alla custodia della neve, un centinaio di uomini. La mancanza di neve qui sarebbe peggiore della mancanza di pane in Germania: ne nascerebbe immancabilmente una sommossa generale. Perciò le persone a cui è affidato il compito di provvedere Napoli di neve, quando nevica poco sugli Appennini la prendono dall'Etna o dal Nord, e se la fanno mancare cadono in enormi multe. Non molto tempo fa si è fatto pagare a un fornitore, per questa mancanza, una multa di 30.000 ducati, e inoltre egli dovette anche mandare una nave in Dalmazia, per prendervi della neve. Non solo in città, ma anche nei più piccoli villaggi si consuma questa bibita sana e ristoratrice e l'uso che se ne fa è incredibilmente grande. Cosí in un'estate che passai a Ischia vidi trasportare continuamente enormi balle di neve cucite in stuoie a Casamicciola, il villaggio in cui abitavo, sebbene allora vi dimorassero solo pochi stranieri.

IV. 11. La situazione di agricoltura ed allevamento fino al 1860

Nell'ambito di una delle ormai sempre più frequenti operazioni di revisione storiografica di tanta retorica risorgimentale che ha voluto diffondere un'immagine del Sud arretrato e degradato, gli autori[27] dello studio che segue, indifferenti all'eventuale accusa grottesca di essere retrivi filoborbonici e intenti, invece, a ricostruire la verità della storia, hanno pubblicato un accurato lavoro da cui si evince che il Regno delle Due Sicilie nell'anno dell'Unità d'Italia cioè *nel 1860 conta il 36,7% della popolazione d'Italia, produce il 50,4% di grano; l'80,2% di orzo e avena; il 53% di patate; il 41,5% di legumi; il 60% di olio, favorito in questo anche dal clima che consente spesso due raccolti l'anno [...]. Si svilupparono le coltivazioni di agrumi e di piante idonee al suolo arido: l'olivo, la vite, il fico, il ciliegio ed il mandorlo.*

27 Giuseppe Ressa e Alfonso Grasso, *Il Sud e l'Unità d'Italia – Dalla storiografia ufficiale alla realtà dei fatti*, pubblicato su *www.morronedelsannio.com / sud / index.htm.*

Nelle Due Sicilie l'ultima vera grande carestia fu negli anni 1763-64 e successivamente, dai dati complessivi si ricava che un meridionale, tra grano e granaglie aveva una razione quotidiana di 418 grammi di carboidrati. Nella restante parte della Penisola la razione si riduceva a 270. La dieta del meridionale dell'epoca era quella tipica mediterranea, ricca di verdura, ortaggi, frutta, pesce, latte e derivati, pane e pasta. Particolare risalto è da dare all'opera di Carlo di Borbone che introdusse riduzioni delle tasse per i proprietari che avessero coltivato i loro terreni ad uliveto. Fu così che nella buona terra pugliese misero radici gli ulivi: oggi su 180 milioni di alberi italiani ben 50 milioni sono localizzati in Puglia, la regione olivicola più importante del mondo con il 10% della produzione totale di olio. Un decreto emanato il 12 dicembre 1844 da Ferdinando II prescriveva la necessità di un "certificato di origine" per l'olio di oliva che era esportato in tutto il mondo, Stati Uniti compresi. L'industria alimentare era legata all'ottima produzione di grano duro e vantava i migliori pastifici d'Italia, circa cento (provincia di Napoli, Crotone e Catanzaro) che esportavano in molti paesi stranieri, compreso Russia, America, Svezia e Grecia. Un accenno alla pizza che, pur presente da secoli sulle tavole mediterranee, ha celebrato i suoi trionfi proprio nella Napoli capitale delle Due Sicilie; presente anche nella mensa dei re Borbone, questi l'apprezzarono ma non imposero nessun nome di famiglia[28]. Per quanto riguarda l'allevamento, considerando il numero dei capi, il Sud era in testa in quello ovino, equino e dei maiali, poco al di sotto del resto dell'Italia per quello caprino e molto al di sotto per quello bovino. Tra gli Abruzzi e la Puglia continuava, come fin dall'epoca romana, la transumanza delle greggi che si svolgeva su sentieri chiamati tratturi e che era regolata da un codice molto particolareggiato che prevedeva il pascolo nel Tavoliere dal 29 settembre all'otto maggio. In quel mese si svolgeva la grande fiera zootecnica di Foggia alla quale era tradizione partecipasse il Re, vestito alla maniera paesana. Vivacissima era anche l'attività dei caseifici la cui lavorazione riguardava particolarmente il latte di pecora, ma il cui fiore all'occhiello era naturalmente la mozzarella di bufala; numerosissimi gli stabilimenti ittici (ad esempio le tonnare di Favignana), del pomodoro, famose le fabbriche di liquirizia in Calabria e dei confetti a Sulmona. Infine segnaliamo la

28 In riferimento alla pizza "Margherita", nome della regina di casa Savoia.

coltivazione e la lavorazione del tabacco, dove il Sud era all'avanguardia con la importante manifattura di Napoli che occupava agli inizi degli anni 1850 più di 1.700 operaie (poi ridotte per introduzione di macchinari più moderni), e che esportava in tutta Europa. Inoltre dal primo censimento della popolazione d'Italia del 1861 (a pochi mesi dall'Unità) si ricava che il Sud, che contava 36,7% della popolazione italiana, aveva il 56,3% dei braccianti agricoli e il 55,8% degli operai agricoli specializzati. Quando nel 1887-88 il protezionismo chiuderà gli sbocchi esteri, l'agricoltura del Sud subirà un colpo mortale. Quella non era, infatti, solo un'agricoltura di sussistenza e autoconsumo, bensì mercantile, destinata all'esportazione: a quel punto la enorme massa di operai agricoli non ebbe più lavoro e non poté far altro che emigrare. [...] Il costo della vita era basso rispetto agli altri Stati preunitari e lo si può dimostrare paragonando i salari con il costo dei generi di prima necessità: la giornata di lavoro di un contadino era pagata il corrispondente odierno di 3 € (15-20 Grana di allora), quella degli operai generici valeva in media 5 € che salivano a 6,50 € per quelli specializzati (dai 20 ai 40 grana); 13 € spettavano ai maestri d'opera (80 grana). A tali retribuzioni veniva aggiunto un soprassoldo giornaliero di 10-15 grana per il vitto. Un impiegato statale percepiva 15 ducati al mese, la paga di un colonnello di fanteria era di 105 ducati (1680 €), quella di un tenente di fanteria 23 ducati (370 €). Sul versante dei costi riportiamo che un rotolo di pane (tra gli 800 e i 900 grammi) costava 6 grana (1 €), un equivalente di maccheroni 8 grana (1,30 €), di carne bovina 16 grana (2,5 €), un litro di vino 3 grana (0,50 €), tre pizze 2 grana (0,32 €).

Chi scrive non può che concordare aggiungendo che il grandioso acquedotto Carolino voluto da Carlo di Borbone e realizzato da Vanvitelli per portare acqua dal Taburno alla Reggia di Caserta e a San Leucio, con i suoi arditi "ponti della valle" di Maddaloni favorì l'irrigazione del territorio attraversato e la conseguente maggiore produzione di tanti prodotti agricoli, prima tra tutti la mela annurca.

IV.12. Le trattorie e i ristoranti dell'Ottocento e del primo Novecento

Scavando tra i testi letterari ho trovato un divertente brano del dimenticato poeta Domenico Piccinni che nel Canto Terzo *Lo taffio*[29] *'e Puortece* del poemetto *Dalla villeggiatura d'autunno*[30] del 1826, descrive con grande vivacità, per più di dieci ottave in rima, la ricchezza degli ingredienti per la preparazione di un sontuoso pranzo a Portici e l'agitazione del personale addetto:

[...] 'Mmoto stanno li sguattere e lo cuoco / [...] chi desossa pullanche e cchì gallotte, / chi la pasta co 'nzogna e ova mena, / uno de carna e ppane fa pallotte, / 'nato d'annecchia no lacerto nprena, / chi ppe'nnaurà lo fritto ll'ova ha rotte, / chi lo feletto a lo spito 'ncatena; / e nasceno pe mmiezz' a tanta mbruoglie / e timpan 'e pastic' e pizze 'e sfuoglie [...].

(Stanno in movimento sguatteri e cuoco [...] chi disossa galline e chi tacchini, chi prepara la pasta con sugna e uova, uno fa pallottole di carne e uova, un altro farcisce un girello di vitella, chi per dare avvio alla frittura ha rotto le uova, chi aggancia un filetto nello spiedo; e in mezzo a tanta confusione nascono timballi, pasticci e pizze sfogliate).

Illuminante circa la frequentazione di ristoranti e trattorie a secondo delle classi sociali, è uno stralcio del volume II *Usi e costumi di Napoli e contorni descritti e dipinti* del 1858, opera diretta da Francesco De Bourcard: *Le modeste tavole di Santa Lucia rivaleggiano con quelle pompose dello scoglio di Frisio, del Pacchianiello, e di tutte le osterie che costeggiano la riva di Posillipo; e la sola differenza che passi fra queste e quelle si è che a Posillipo si spende il triplo e si mangia lo stesso. Ma la illusione è tutto in questo mondo, e per poco che un uomo si rispetti bisogna che corra a Posillipo a satollarsi, e guardi con occhio di compassione l'umile desco di Santa Lucia. Qui dunque tu trovi la bassa borghesia e gli artigiani, e là tutti quanti hanno uno stemma da incollare sulla carta di visita!... Poveri uomini, martiri sempre de' pregiudizi, perfino quando vanno a cena! A Santa Lucia come a Posillipo, non si va per gustare i manicaretti ed i pasticci della cucina francese, ma una sempre ed inalterabile è la minuta del*

29 *Lo taffio* sta per "il mangiare".
30 Domenico Piccinni, *Poesie napoletane*, Saverio Starita, 1826, pag 76.

pranzo, che umilmente si addimanda cena. I rituali vermicelli al pomidoro, la rituale frittura di pesce, allora allora sottratto alle onde e che guizzi ancora nella padella, lo spezzato di polli nel sugo dei pomidoro, l'insalata, l'arrosto, i frutti di mare, e un buon bicchiere di asprino con la neve, crittogama permettente!... Dal superbo patrizio al modesto artigiano non vi è la differenza di una sola vivanda, sicché potrebbe dirsi: tutti gli uomini sono uguali innanzi al plenilunio!... E dopo aver tolto una buona satolla di maccheroni ed averli inaffiati con un bicchier di asprino di Aversa (bevanda di rito), la voce del barcaiuolo v'invita ad una passeggiata sul mare, in cui placidamente si specchia l'astro d'argento, e vuoi o non vuoi bisogna passar la sera cullati dall'onda, spesso al suono di una chitarra strimpellata e di qualche voce sconosciuta nella scala musicale! [...]

Trattoria scoglio di Frisio a Posillipo (particolare)
S. Della Gatta, 1785. Museo di San Martino, Napoli

Erano molte le trattorie sia al centro, ma soprattutto in collina tra il verde e la vista del mare a Posillipo, al Vomero, con ameni pergolati sotto i quali si poteva godere la frescura delle fronde.

Una delle ultime, molto semplice e rustica, ubicata a metà delle rampe di S. Antonio a Posillipo è durata fino agli anni '70, sostituita da un locale notturno.

Insieme a *'O Scoglio 'e Frisio*, ristorante attivo per circa due secoli e che piaceva molto a D'Annunzio, uno dei più noti era "Pallino" di *Monzù Nicola 'e Tricase*. Era stato cuoco, appunto in casa dei principi di Tricase fino al 1840. Decise quindi di aprire il ristorante in via Tasso chiamato *Pallino*, dal suo soprannome, poiché era alquanto paffuto.

All'epoca, e per i primi decenni del Novecento, la zona era salubre, panoramica e molto verde, adattissima dunque come meta di scampagnate in carrozzella. Il locale nell'800 fu subito frequentato dalla nobiltà napoletana. In seguito, gestito dai discendenti, pur avendo cambiato sede, fu meta di intellettuali da Eduardo Scarfoglio, a Giosuè Carducci, Antonio Fogazzaro, Giuseppe Giacosa, Gabriele D'Annunzio. Ferdinando Russo nel poemetto *'N Paraviso* scriveva: *Che ghiurnate! Che delizie! / Chille fritte addu Pallino! / Io che te vasavo mmocca / quanno tu mettive 'o vino!*

Nell'ultimo decennio del secolo Benedetto Croce aveva formato con i suoi amici letterati una società di buongustai il cui articolo programmatico recitava: *La Società dei Nove Musi non può riunirsi che a tavola* e la tavola era quella di Pallino.

Molti scrittori hanno pubblicato libri e articoli sulle taverne napoletane. Oltre alla famiglia Micera, del ristorante *Pallino*, erano celebri altre dinastie di grandi cuochi napoletani come i Piccolo e i Polisano[31].

Nei primi del Novecento la consuetudine di frequentare le trattorie è raccontata nella canzone *Napule ca se ne va* di Murolo-Tagliaferri: *E só sbarcate 'nterra Marechiaro / tre cumitive 'e vascio â Sanità. / (...) / E che tavula speciale, / 'nterra 'o cato cu 'a frutta e 'o vino, / nu mellone dint' 'a cantina, / 'o cumpare dint' 'a cucina / ca discute cu 'a principale [...]* [32].

31 Da un articolo di Vittorio Dell'Erba, *Tre grandi osti degni della fantasia di Dumas,* 1966.

32 E ancora nel Novecento: Alberto Consiglio *Sentimento del gusto ovvero della Cucina napoletana,* 1957, con riproduzioni a colori di scene e costumi napoletani di argomento gastronomico. Mario Nahartii de Luco, *Trattorie e Cuochi celebri nella Napoli dell'800,* 1969. Giuseppe Porcaro, *Taverne e Locande della vecchia Napoli (tra '400 e '700), 1970.*

Salvatore di Giacomo nel 1899, nell'ottavo volume di *Napoli Nobilissima* scrisse un lungo saggio in quattro parti, *Taverne famose napoletane,* arricchito da acquerelli di Gonsalvo Carelli e nel 1901 in una lirica dice:

Maggio. Na tavernella / ncopp' Antignano: 'addore / d' 'anèpeta nuvella; [...] / Stammo a na tavulella / tutte e dduie. Chiano chiano / s'allonga sta manella / e mm'accarezza 'a mano... / Ma 'o bbì ca dint' 'o piatto / se fa fredda 'a frettata?... / Comme me sò distratto! / Comme te sì ncantata! [...].

V
La tradizione oggi

V.1. La cucina è memoria

Quando si parla della cucina di Napoli (e non già di cucina regionale della Campania, che imporrebbe un discorso molto più allargato), bisogna tenere ben presente, come si era anticipato in apertura e come si è visto nel corso di questa trattazione, che essa non può limitarsi ai soli confini cittadini ma che s'imbeve e risente degli apporti non solo della regione, ma di quello che fu l'intero Regno.

Ciò innanzitutto per la forte urbanizzazione che, invadendo la città fin dal '600, eliminò quasi del tutto le zone agricole coltivate ad orti e vigneti, facendo afferire dalle regioni periferiche del Sud, alla sempre più popolosa capitale, copiose derrate insieme alle abitudini alimentari e agli usi portati dai vari intellettuali e nobili che vi si stabilivano, e viceversa, tanti usi cittadini si riverberavano sulle province.

Tale osmosi ha determinato la speciale e complessa molteplicità gastronomica, il cui vasto assortimento sintetizza nei cibi memorie di storia e di cultura dell'intero Meridione. Gli scambi con la cucina siciliana, diventarono poi particolarmente intensi con il re Ferdinando, che a causa dell'arrivo dei francesi si trasferì per ben due volte in esilio in Sicilia, trattenendosi la seconda diversi anni, e sposando in seconde nozze la nobile siciliana Lucia Migliaccio, duchessa di Floridia[1].

---

1 Dopo la Restaurazione, nel 1816 Ferdinando IV, unificando i regni di Napoli e di Sicilia, cambiò il nome in Ferdinano I re delle Due Sicilie.

Dopo il 1860 le condizioni del Sud in generale, e di Napoli in particolare, precipitarono enormemente.

Alla politica poco illuminata e poco liberale dell'ultima fase borbonica si aggiunse la nuova politica dei piemontesi invasori. La ex capitale andò decadendo, e larghe fasce di popolazione, abbandonata e denutrita versavano in condizioni di estrema indigenza.

Matilde Serao traccia un quadro sconsolante di tanta miseria raccontando come la gente affamata si nutrisse per strada di cibi poveri e scadenti, senza alcuna forma di igiene.

Con la sua denuncia sollecita aiuti e interventi, mentre il toscano Renato Fucini nel 1878 in *Napoli a occhio nudo* così esprime un malcelato disgusto: *Essi sono Napoletani e basta, e il resto degli Italiani dal lato Nord son piemontesi, dal lato Sud cafoni e niente altro; ma del rimanente, neppure del loro nido sentono nobile affezione, non hanno altre aspirazioni che il godimento tranquillo della loro miseria. Lasciateli svoltolare nel loro fango e date loro chiocciole e maccheroni a poco prezzo, non chiederanno mai quale forma di governo regga il loro paese*[2].

Fucini non è il solo ad esternare giudizi tanto ingiusti quanto superficiali, lo fanno tutti i viaggiatori del tempo, compreso Mark Twain, secondo cui: *Il colera di solito sconfigge il napoletano, perché, voi capite, prima che il medico possa scavare nel sudiciume e raggiungere il male, l'uomo è morto*[3]; e Collodi che, pur restando colpito dall'allegria e dai canti, non risparmia strali di alterigia[4].

Dunque tanti in quel periodo raccontano la città senza comprendere le cause e il dramma di quella realtà agonizzante. Sono giudizi che per il resto del Paese si sono incisi nella memoria collettiva e che ancora pesano e più che mai ci umiliano e ci feriscono insieme agli effettivi danni causati dalla malavita che, inquinando tanti aspetti della vita civile, frena lo sviluppo.

A ciò va aggiunta tutta un'oleografia superficiale che ha disegnato una cartolina stereotipata e di maniera senza contenuti profondi. Dopo il colera e il conseguente "Risanamento" la gente si è sforzata di

2 Renato Fucini, *Napoli a occhio nudo*,1878.
3 Mark Twain, *Gli innocenti all'estero,* 1869.
4 Carlo Collodi, *Il viaggio per l'Italia di Giannettino - L'Italia meridionale*, 1886.

rialzarsi dal degrado, le condizioni delle classi sociali più povere sono andate lentamente migliorando, ma la batosta delle due guerre non ha certamente aiutato. Le classi più abbienti, comprese famiglie nobili ormai decadute e borghesi in difficoltà economiche, hanno cercato di tirare avanti alla meglio restando gelosamente attaccate alle tradizioni familiari, incluse le consuetudini alimentari.

Moltissime pietanze, che abbiamo incontrato nel nostro excursus attraverso i secoli, sono ancora presenti tra i nostri cibi quotidiani, a conferma che quella civiltà della cucina, che si è andata formando stratificando e affinando, è fortemente radicata nella memoria della cultura culinaria delle generazioni, che per i napoletani è particolarmente legata all'aspetto emozionale e nostalgico ed è il filo che collega il passato con il futuro.

In questo capitolo si delineerà un panorama della situazione enogastronomica attuale, passando in rassegna alcuni dei piatti oggi più consueti, i prodotti tipici, i cibi di strada, i dolci.

Naturalmente ciascuna preparazione ha subìto le trasformazioni e gli inevitabili adeguamenti ai tempi; i nuovi prodotti e i mutamenti del gusto hanno fatto trionfare altre pietanze, l'uso di grassi animali è stato assai ridotto, ma la base della cucina è rimasta fondamentalmente quella canonizzata da Corrado e soprattutto dal trattato di Cavalcanti.

Come guida ai cibi della gatronomia napoletana del Novecento si potrebbe seguire alla lettera il poemetto *Si cucine cumme vogl' 'i'*, incluso nell'omonimo libro di ricette di Eduardo De Filippo raccolte dopo la sua morte dalla moglie Isabella. Egli, che era un vero cultore della cucina napoletana e che amava molto cucinare, cita in rima tutti gli elementi fondamentali e i piatti (molti erano piatti poveri) che la nonna preparava e che descrive secondo il suo piacevolissimo stile di scrittura.

Sono circa 350 versi, troppo lungo per poterlo riportare per intero, ma di volta in volta se ne citerà qualche brano in riferimento alle varie pietanze.

V.2. Che cosa si è conservato della tradizione?

a) i menù dei giorni di festa

I menù delle feste di Natale del Cavalcanti sono rimasti quasi invariati, così che la sera della Vigilia gli spaghetti a vongole e il capitone restano rigorosamente rituali. Jeanne Caròla Francesconi così prescrive nel suo ricettario del 1965, seguito da varie edizioni successive:

Per la Vigilia: *Broccoli soffritti* – naturalmente i broccoli di Natale napoletani a fusto lungo, molto dolci, che si trovano solo in Campania e solo nel periodo natalizio – *Vermicelli alle acciughe o alle vongole oppure aglio e uoglio; Capitone fritto o arrosto* – il capitone che a Napoli si mangia solo a Natale, è una grossa e scivolosissima anguilla femmina, la cui preparazione prevede il taglio a pezzi. Mentre è ancora vivo ingaggia con chi lo vuole cucinare furibonde battaglie per la sopravvivenza, agitandosi e sgusciando via fino a infilarsi a volte nei luoghi più impensati (anche ciò fa parte del rito dei preparativi delle feste) – *Aragosta lessa o pesce arrosto o baccalà fritto; Caponata* – che sarebbe "l'insalata di rinforzo" con cavolfiori, sottaceti, olive e acciughe – *Pizza di scarola; Croccante; Dolci di Natale; Frutta fresca e secca: sciosciole,* cioè fichi secchi, albicocche e prugne secche, datteri, uva passa, castagne del prete, noci, nocciole, mandorle.

Per il pranzo di Natale: *Minestra di broccoli di Natale o Timballo di maccheroni; Pesce in bianco o Capitone* – in verità il giorno di Natale a me non risulta che si mangi ancora pesce – *Capponi lessi o Tacchino al forno; Caponata; Struffoli; Dolci di Natale; Frutta fresca e sciosciole.*

Per il giorno di Pasqua: *La fellata di salame e di soppressata* è un elemento ineludibile dell'antipasto insieme alle uova sode e alla ricotta salata. Faranno seguito, come prescrive ancora la Francesconi: *Minestra maritata o Crostata di tagliolini, Agnello cacio e uova, Patate al forno, Agnello al forno, Carciofi fritti, Insalata. Pastiera e Cassata.*

Immancabili nelle scampagnate di **Pasquetta** (lunedì dell'Angelo) il **casatiello**[5], una torta rustica a forma di ciambella con salame e

5 Ricetta simile a quella del tòrtano, dove invece vengono aggiunti nell'impasto uova sode a pezzettini e i *cicoli* (o ciccioli).

pecorino o provolone, con le uova crude ritualmente fermate con striscioline di pasta messe a croce prima di infornarla; e la **torta rustica** *o pizza chiena.*

E, se dal giorno precedente è avanzata pasta, anche una **frittata di maccheroni.**

Il **giovedì santo**: l'antivigilia, si mangia la **zuppa di cozze**, composta di cozze, lumachine di mare, a volte un po' di pomodoro e certamente crostoni di pane sul fondo e olio piccante. Nella versione più ricca si aggiungono polpo e gamberi. Si può ancora gustare in vari locali ai Camaldoli, a Santa Croce e nella zona tra Porta Capuana e via Foria.

A **Carnevale** è d'obbligo la **lasagna napoletana** fatta con làgane di acqua e farina dai bordi arricciati, rigorosamente senza besciamella ma con ricotta, fior di latte molto asciutto, meglio ancora scamorza, formaggio grattugiato, polpettine, cervellatine a pezzetti, sugo di ragù preferibilmente di maiale; e il **migliaccio rustico**, oramai quasi scomparso tranne che nell'avellinese, composto mescolando semola, pasta corta piccola (ditali), pezzetti di salame e formaggio, sale e pepe.

Per dessert il **migliaccio dolce** (là dove sopravvive), **il sanguinaccio e le chiacchiere**.

Di tutti i dolci citati si parlerà più in là avendo riservato loro uno spazio speciale.

b) e durante tutto l'anno

Secondo Domenico Rea, che si dilettava a scrivere sul cibo[6], *la tavola, vissuta oggi all'insegna del take-away, non è più come un tempo luogo di incontro, vivace occasione di convivialità* ed è vista da lui come un termometro su cui registrare i cambiamenti sociali. *Della famosa e ricca cucina napoletana, che ha bisogno di estro e pazienza, nulla o quasi.* Solo nei "bassi" a suo avviso è possibile ritrovare odori e sapori di un

6 Ricordiamo *Sazi e digiuni*, in *Fate bene alle anime del Purgatorio. Illuminazione napoletane,* Milano, Mondadori, 1977, un gustoso saggio di gastronomia, dietetica e di consenso alla vita, attraverso la storia dell'arte del mangiare, delle cucine nazionali e regionali. A lui è stato anche intitolato l'Istituto Alberghiero IPSSEOA di Nocera Inferiore.

tempo: *alici fritte, perciatielli con sugo di alici e peperoncino, salsicce e patate, testine di agnello e 'ntestinelli, ossia intestini di capretto*[7].

Nonostante ciò, sappiamo che nelle cucine di casa e nei ristoranti ancora oggi non possono mancare gli spaghetti conditi in cento modi: con le vongole, con le cozze, e con svariati sughi a base di pesce, con pomodoro fresco e basilico, con olive di Gaeta e capperi (detti "alla puttanesca", perché pare che venissero frettolosamente preparati nelle case di tolleranza tra una prestazione e l'altra), aglio e olio, e infine una grande varietà di ortaggi.

Maria Orsini Natale in *Francesca e Nunziata,* descrivendo con la sua scrittura colta e affascinante un lussuoso buffet (siamo negli ultimi anni dell'800) riferisce della immancabile presenza di ortaggi elaborati nei modi tanto cari al gusto dei napoletani: *Perché al centro in piatti oblunghi, grandi teglie e vasti tondi di porcellana inglese, il buffet sciorinava [...] melanzane alla brace, in tonde fette profumate di fumo, melanzane alla parmigiana dorate sotto le screziature rosse della salsa, melanzane a barchetta che navigavano scure nello zefiro dell'origano con le vele di pomodorini appassiti, fiori gialli di zucchini fritti, dischiusi e aerei nei petali sfuggiti alla pastella. E ancora zucchini ripieni, teneri di verde sotto le colate di mozzarella, peperoni arrostiti e spellati, smembrati in strisce che squillavano colore, peperoni tirati in padella con il bocconcino del cappero e le olive, peperoni imbottiti, melanzane a funghetti, zucchini alla scapece, peperoncini fritti e polpette di melanzane, rotonde rotonde. Tutte leccornie campagnole, verdure di stagione che nelle loro fibre portavano gli umori di un terreno fecondo [...] ne circostanziavano la collocazione geografica.*

Lo scrittore Mario Stefanile amava le linguine aglio ed olio perché: *La squisitezza e la digeribilità delle linguine aglio e olio son tali che, sul far dell'alba, chi rientra a casa dopo un banchetto una sola pietanza desidera e per ischerzo la propone e per gioco la fa preparare da un'assonnata padrona di casa: sul serio poi divorandola, ammatassando intorno alla forchetta, quanti più maccheroni può. E non è impresa facile, se perfino gli esperti hanno da metterci tutta la loro esperienza: perché quelle sottili lingue di pasta lunga, scolate al dente e quasi verdi – oh, di un verde tenerissimo, madreperlaceo, s'intende! – così intrise d'olio appena soffritto con uno sfri-*

7 Domenico Rea, *Pensieri della notte,* Dante & Descartes, Napoli 1995.

golante spicchio d'aglio scappano da tutte le parti e quelle che restano via superstiti son le più difficili a cogliersi ma anche le più ghiotte[8].

I napoletani adorano il pesce cucinato in maniera semplice così da conservare il sapore e il profumo della freschezza: alici, orate, spigole, merluzzi, molluschi e frutti di mare si prestano alle infinite preparazioni: in bianco, con il pomodoro, al forno, al cartoccio, all'acqua pazza, ecc…

Tra i più prelibati c'è la *pezzogna* (besugo o occhione) che si pesca tra Capri e Sorrento. I pesci piccoli si fanno fritti: sia in un misto, come la *paranza* che si raccoglie nella rete[9], i *fravagli* (piccoli di 4-5 cm) di triglia o altro, o in pastella come i *cicenielli* (bianchetti), la cui pesca è soggetta a limitazioni stagionali. Senza dimenticare la classica frittura di gamberi e anelli di calamari.

Il polpo grande verace è buonissimo all'insalata, quelli piccoli (sempre veraci) "alla luciana" con pomodorino olive e capperi, all'uso dei pescatori di Santa Lucia.

Un'eccellenza della cucina di pesce napoletana, quasi scomparsa dai menù dei ristoranti ed elaborata solo nelle case per la varietà delle specie ittiche che richiede, è la **zuppa di pesce**. Tutte le regioni che affacciano sul mare, sia Tirreno che Adriatico, hanno la loro zuppa: cacciucco, brodetto e così via...

Per quella napoletana ci vogliono freschissimi: il *cuoccio* (lo scorfano o gallinella), la tràcina (pesce ragno o antrace), seppioline, calamaretti, piccoli polpi, gamberi, cozze, vongole, lupini o arselle, aglio e cipolla, un po' di pomodoro, vino bianco e tanta pazienza nella cottura dei pesci e dei molluschi iniziando da quelli che cuociono in più tempo e via via aggiungendo gli altri senza farli rompere. Si serve poi presentando in una *sperlunga* i pesci interi su fette di pane tostato o fritto, su cui è stato strofinato l'aglio, bagnate con il brodo di cottura.

Tanti anni fa il ristorante *Sbrescia* nella parte alta delle rampe di S. Antonio a Posillipo, portava in tavola una sontuosa zuppa di pesce che era uno spettacolo, una natura morta di mare: il compendio dei

8 Mario Stefanile *Partenope in Cucina,* Azienda Autonoma di Soggiorno, Cura e Turismo di Napoli, Napoli, 1954.

9 Da non confondere con la *mazzamma* che è proprio l'ultimo scarto.

più bei pesci, crostacei e molluschi del golfo. Sbrescia non c'è più, come tanti locali del passato neanche tanto remoto; resta la struttura tristemente chiusa a dominare un meraviglioso panorama.

Persiste invece, dal 1879, in un luogo altrettanto bello e panoramico, l'antico ristorante *Renzo e Lucia* a San Martino con grandi terrazze affacciate sulla città secondo la tradizione delle trattorie dell'800. Rinnovato in stile moderno e con una gestione giovane, propone oggi una cucina tradizionale di pesce rivisitata.

Altri ristoranti storici sono al Borgo Marinari: a partire da *Zi' Teresa* che risale al 1890 e che nella prima metà del '900 ha accolto personalità del mondo politico e culturale da tutto il mondo.

La novità, da qualche tempo a questa parte, sono le varie pescherie che servono pesce cucinato al momento. Cominciò Luigi Mattiucci una decina di anni fa, organizzando nella piccola pescheria di vico Belledonne, un punto per la degustazione di pesce all'insegna della filiera breve. Egli, che aveva ereditato dal nonno, pescivendolo del Pallonetto di Santa Lucia, le pescherie e la flottiglia di pescherecci in Sicilia e nel Cilento, dopo essersi laureato in Scozia, si è dedicato alla modernizzazione del mestiere di famiglia, fino ad aprire pescherie-ristoranti a Milano e a Londra.

Ho avuto modo di conoscerlo a Capri nel 2010 nel ristorante che tenne aperto solo quell'anno sulla Grotta Azzurra, raggiungibile sia per terra che per mare, dove proponeva un vasto menù, variabile a seconda del pescato di giornata con approvvigionamento quotidiano mediante una propria imbarcazione tenuta alla fonda nelle acque sottostanti. Lo stesso Luigi, abbigliato con un lungo grembiulone di cuoio annodato con una cima di barca ad uso dei pescivendoli, accoglieva la clientela accanto al banco del pesce in impeccabile italiano o in napoletano verace o in compìto inglese, secondo i casi. Mi raccontò la sua storia e scrissi un articolo per Albatros.

Oggi esercizi analoghi funzionano in diverse zone della città e soprattutto nel territorio flegreo, vocato per tradizione alla cucina di pesce fresco, per la presenza del grande mercato ittico di Pozzuoli.

Accanto alla cucina di mare, che è caratterizzata da un'elaborazione veloce delle materie prime senza eccessive manipolazioni, la cucina di terra, più lunga ed elaborata, ha una sua indiscussa nobiltà: ragù e genovese per condire la pasta corta; gattò; minestroni e minestre; fagioli e scarola, pasta e fagioli nella versione di terra con le cotiche, con cozze nella versione di mare; *spollichini,* cioè fagioli freschi appena sbaccellati, con pomodorino e basilico; pasta e ceci; pasta e patate con la provola o senza; pasta e cavolfiore e così via.

E ancora: riso e lenticchie, riso e piselli, riso e verza, sartù. E poi: carne alla pizzaiola, spezzatino, braciole e bracioloni anche in bianco, polpette di melanzane, di zucchine, di carne, fino al **polpettone**, scrigno di sapore sia al forno che al sugo. Chi della sua infanzia non ha il ricordo della sorpresa (annunciata!) della sezioni di uova sode contenute nel cuore del polpettone quando veniva affettato?

Al **sartù**, già trattato dal Cavalcanti, Eduardo, tra le varie e saporite ricette con il riso riserva un posto d'onore sia nella versione con il ragù che in bianco: *Nu sartù turzuto e àveto, / ova toste e purpettine, / cu 'e pesielle e chin' 'e provola / parmigiano e fegatine, / zuco 'e carne e a ffuoco lento / fin'a quanno ll' 'e cuociuto; / quann'è cuotto o sta a mumento, / n'avvampata e ll'e arrussuto. / Se po' fao cu ll'uovo, in bianco, / parmigiano e muzzarella, / 'e pesielle, 'a murtadella... / E si po' te vuo' spassà, / nce puo' mettere 'o tartufo / o na vranca 'e fungetielle, / chille' 'chiuppe e chiuvetielle: / rrobb' 'e Napule, gnorsì.*

L'elenco non finisce mai e ancor più se si considerano piatti come i conchiglioni ripieni ma anche specialità dello storico ristorante *'O Parrucchiano* di Sorrento, come gli gnocchi di patate al forno con la mozzarella e i cannelloni alla sorrentina, perfettamente integrati nel repertorio gastronomico napoletano.

La mia amica Rita Ragni mi ha raccontato come i suoi genitori si cimentassero nella preparazione, da veri virtuosi, degli **Zitoni "all'in-piedi"**[10], una complicata composizione di zitoni (formato di diametro maggiore rispetto agli ziti) cotti al dente e tagliati quasi dell'altezza di uno stampo il più alto possibile (dai 20 ai 30 cm). Conditi con burro e parmigiano, vanno allineati stretti uno accanto all'altro in senso verticale lungo il bordo dello stampo, segue una fila di bastoncini di fior di latte e strisce di prosciutto, quindi un altro giro di zitoni in piedi e poi di fior di latte e così via fino all'ultimo cerchio di zitoni che al

10 Così li chiama la Caròla Francesconi.

centro deve conservare un buco di 7-8 cm di diametro che verrà riempito, così come i fori della pasta, con un soufflè di besciamella in cui si devono mescolare sei tuorli d'uovo, prezzemolo, sale e pepe, molto formaggio grattugiato e le chiare battute a neve. Piatto sontuoso che va servito caldissimo, prima che il soufflè, che in forno è cresciuto, si smonti.

Sua suocera invece la domenica portava in tavola il *Timpano di maccheroni in pasta frolla*: un timballo di bucatini (o perciatelli) conditi con sugo di carne macinata e salsiccia in bianco, farcito con polpettine, pezzetti di cervellatine, piselli, fior di latte, parmigiano, funghi, uova sode. Il tutto racchiuso in uno scrigno di pasta frolla e cotto in forno.

Entrambi i piatti sono riportati dalla Francesconi che a sua volta ha ripreso il secondo dal Cavalcanti, mentre Eduardo così descrive la stessa vivanda sia con il pomodoro che in bianco: *Nu timpàno 'e maccarune? / Pasta frolla e bucatine, / ova toste, purpettine / e pesielle a vuluntà; / nce vo' 'a provola e pe' zuco / una ''e chelli sarzulelle / c' 'a bbutteglia e cu 'e mmurzelle. / Quann' 'o nfurne, t'i'a quatrà. / Se po' fa' c' 'o zuco 'e carne / in francese fosse' 'a glassa / c'o furmaggio te ce spasse / siente quanta qualità.*

Timpano di mezzani con melanzane

Personalmente mi sono voluta confrontare con il **Timpano di mezzani con le melanzane** di Cavalcanti, (con l'aggiunta di salsa di pomodoro) foderato esternamente con fette di melanzane fritte e farcito con pasta, polpettine, parmigiano, mozzarella, basilico, e sono rimasta piuttosto soddisfatta del risultato sia dal punto di vista estetico che del gusto.

Non è negli intenti di questo libro soffermarsi più di tanto sulle singole ricette ma è certamente necessario un più esplicito riferimento al ragù, alla genovese, allo scarpariello, al gattò, alle fritture e alle frittate e soprattutto alla pizza.

Il **ragù napoletano** (deformazione del termine francese *ragout*) è un piatto di antica consuetudine circa il modo di cuocere le carni, che ha subìto notevoli evoluzioni nel corso del tempo. In Provenza nel XIII e XIV secolo si preparava uno stufato di carne bovina con verdure, *Daube de boeuf*, che si faceva cuocere a lungo in un recipiente di creta, successivamente compare il *ragout*, uno stufato di carne di montone. Nella cucina napoletana lo si trova dal 1700 come piatto per mense signorili, con carni di manzo o di vitello di qualità.

Di esso scrive già Vincenzo Corrado ne *Il Cuoco Galante*.

Troviamo la ricetta dello stufato anche nelle prime edizioni della *Cucina teorica-pratica* che risalgono alla prima metà dell'Ottocento, dove Ippolito Cavalcanti per la prima volta cita dei maccheroni conditi con sugo di stufato e formaggio grattugiato (ma non accenna al pomodoro). Nelle edizioni successive parla del sugo di stufato con il nome di "brodo rosso", senza però citare esplicitamente il pomodoro fra gli ingredienti di cottura.

Solo in una delle ultime edizioni leggiamo per la prima volta la parola "ragù": *[...] li frammezzerai in zuppiera con once 12 di parmigiano grattugiato e sugo di carne ovvero brodo di ragù.* Ma anche in questo caso non specifica la presenza di pomodoro.

Dell'uso del pomodoro nel ragù, invece, scrive, forse per la prima volta, Carlo Dal Bono che, nella sua opera *Usi e costumi di Napoli* risalente al 1857, così descrive il modo di condire i maccheroni da parte dei tavernai: *Talvolta poi dopo il formaggio si tingono di color purpureo o paonazzo, quando cioè il tavernaio del sugo di pomodoro o del ragù (specie di stufato) copre, quasi rugiada di fiori, la polvere del formaggio.*

La preparazione del ragù napoletano con il pezzo o i pezzi di carne interi[11] o con le *brasciole* (involtini), ma anche con le polpette o con le *tracchie* (costine) di maiale o con la salsiccia, varia da quartiere a quartiere, da famiglia a famiglia. È diventato uno dei piatti simbolo della cucina partenopea su cui si è creato un ampio repertorio di racconti e vicende.

Una ricca letteratura è fiorita sul ragù. Poeti e scrittori vi hanno dedicato versi. Per Rocco Galdieri ha addirittura una valenza erotica: *[...] ca I' mò, trasenno 'a porta, aggiu sentito ll'addore d' 'o rraù. Perciò... Stateve bona!... Ve saluto... Me ne vaco, gnorsì... Ca si m'assetto nun mene vaco cchiù... E succede c'aspetto ca ve mettite a ttavula... E 'nu sta... Chiù ccerto 'e che, so' maccarune ' e zita. L'aggiu 'ntiso 'e spezzà, trasenno 'a porta. E 'overo? E s'è capita tutt' 'a cucina d'ogge: So' brasciole; so' sfilatore 'annecchia. Niente cunzerva: tutte pummarole passate pe' ssetaccio... E v'è rimasta pure 'na pellecchia 'ncopp' 'o vraccio... pare 'na macchia 'e sango... Permettete? V' 'a levo. Comm'è fina 'sta pella vosta... e comme è avvelluta-ta: mme sciulia sotto 'e ddete... E parite cchiù bella, stammatina. 'O ffuoco, comme fosse... v' 'ha appezzata. State cchiù culurita... Chiù ccerto è che so' mmaccarune 'e zita... Ma i' mme ne vaco... Addio! Ca si m'assetto nun mene vaco cchiù... E succede c'aspetto... ca ve mettite a ttavula... p'avè 'nu vaso c' 'o sapore 'e 'stu rraù!*

Con la scherzosa canzoncina di Salvatore Palomba[12] *Il babà è una cosa seria* Maurisa Laurito canta: *A me quello che mi consola / È l'addore d'a pummarola / Perché quel che mi tira su / Songo 'e zite con il ragù / La fortuna è fugace, si sa / L'amor, l'amor, l'ammore viene e va / Ma il maccherone resta / Non c'è sta niente 'a fa' [...].*

Eduardo poi ha scritto moltissimo sul ragù sia con la poesia che recita: *'O rraù ca me piace a me / m' 'o ffaceva sulo mammà [...]*, sia con la commedia *Sabato, domenica e lunedì*, il cui tema centrale è la tensione emotiva che si crea tra marito e moglie e che si convoglia sulla preparazione del ragù e della pasta al forno alla siciliana, a conferma che il cibo è memoria ed è fortemente connesso alla sfera affettiva.

---

11 Da non confondere con il ragù con la carne tritata dell'Italia centro-settentrionale, a Napoli chiamato "la bolognese".

12 Poeta e autore del testo di celebri bellissime canzoni napoletane come *Carmela, Amaro è 'o bbene.*

Nel poemetto, qui più volte citato, sottolinea la necessità di tempo e calma necessari per cucinarlo: *'O rraù nun 'o tuccammo... / Nun tuccammo chistu tasto: / songo certo ca me guasto / e nce avimma ntussecà. / P' 'o rraù nce vo' pacienzia, / e'a pacienzia chi t'a 'dà?*. Si favoleggia infatti che il migliore sia *'o rraù d' 'o guardaporta,* attribuendo ai portinai, appunto, il tempo e la calma per seguirne la cottura lenta e lunghissima standosene seduti nella guardiola attigua all'abitazione.

La genovese. Indica la cottura della carne con molta cipolla affettata, sfumata con vino bianco e prolungata fino a che la cipolla si sarà completamente consumata, così da utilizzarla come sugo per la pasta di formato corto, servendo poi la carne come secondo.

Circolano innumerevoli teorie circa l'origine della pietanza. Si dice che il nome derivi da un cuoco di Genova o addirittura di *Geneve*, Ginevra. La studiosa Mancusi Sorrentino le considera tutte leggende metropolitane. Sostiene che stufare la carne con un fondo di cipolla era la tecnica usuale per la preparazione della carne glassata; nel tempo, aumentando la quantità di cipolle, il sugo che se ne ricavava fu utilizzato come condimento della pasta. Dichiara anche che le ricette dei libri di cucina sono in effetti una codificazione dell'esistente: lo stesso Cavalcanti infatti in una delle ultime edizioni del suo trattato, descrivendo il procedimento per cuocere la carne alla genovese raccomanda di aggiungere un poco d'acqua per poterci poi condire la pasta.

Secondo Eduardo il *Lacierto 'a genuvese / ll'i 'a tirà cu e 'ccutenelle, / vino ianco, alla francese, / e nce vònno 'e ttagliarelle. / Fuoco lento, lento assaie, / ca si 'o piezzo piglia sotto, / lass' o' sta' ca quann'è cotto / siente 'o fieto pure 'a ccà.*

Lo scarpariello, ricetta nata secondo alcuni nei quartieri spagnoli, secondo altri in zone dove i fabbricanti di scarpe affidavano parte del lavoro a cottimo allo *scarparo*, cioè il calzolaio, o anche alle madri di famiglia che arrotondavano confezionando in casa parti di scarpe. Interrompendo il lavoro, preparavano un pasto veloce soffriggendo l'aglio nell'olio (o nello strutto), versandoci i pomodori e mantecando poi la pasta con parmigiano, pecorino e peperoncino. Oggi lo strutto è stato sostituito dall'olio.

Il gattò di patate. Il racconto, secondo cui sarebbe stato inventato dai Monzù di corte per il pranzo di nozze di Ferdinando e Maria Carolina nel 1768, per quanto affascinante, è a mio avviso da respingere, dato che, come si è visto, a Napoli la patata ebbe diffusione più tardi (dal 1798). Del resto in Francia Antoine Parmentier, che si era impegnato nella diffusione del nuovo tubero, offre per la prima volta al re e alla regina una cena con piatti a base di patate nel 1785.

Il *gattò* è comunque una preparazione molto diffusa e gradita anche oggi, a base di patate a pasta gialla bollite e schiacciate, burro (per ungere il *ruoto* cioè la tortiera) e a fiocchetti sul pane grattugiato spolverizzato in superficie, sale e pepe, parmigiano grattugiato o pecorino, provola o mozzarella a pezzetti, salame napoletano (magari mortadella mai, a mio avviso, prosciutto cotto), aroma di noce moscata (o di buccia di limone grattugiata, come mi ha insegnato la mia amica Livia Coletta in occasione delle cene a casa sua che fanno seguito agli spettacoli de *Il Teatro cerca Casa*).

c) fritture e frittate

Molte sono le specialità fritte che vengono servite nei ristoranti: piccoli crocchè di patate, palline di riso, di pasta cresciuta con le alghe o senza, insieme a strisce di zucchini, alla mozzarella alla francese (fritta dopo averla fatta passare per farina, uovo e pangrattato), alla mozzarella "in carrozza" (chiusa tra due fettine di pane), nella "frittura all'italiana", così chiamata per distinguerla dalla "frittura di pesce" di *paranza,* o di gamberi e calamari, o alici infarinate e fritte oppure *indorate e fritte* (aperte, spinate e passate nella farina e nell'uovo).

Le frittate. Nelle trattorie e soprattutto nelle case, oltre alle varie fritture citate, si cucinano la frittata di sole uova e il *filoscio* dal francese *filoche:* frittata sottile imbottita di mozzarella, formaggio e ripiegata.

La più grande frittata della storia sarebbe stata preparata per l'imperatore Carlo V, quando, durante il viaggio verso Tunisi[13], sostò nella Certosa di Padula, dove i monaci allestirono per lui e per il suo seguito, nella loro grande e bellissima cucina maiolicata, un pranzo degno di tanto rango tra cui una gigantesca frittata di mille uova[14].

---

13 Di cui si è parlato al capitolo III.

14 La vicenda delle mille uova viene ripresa nel film fiabesco girato proprio in quella

Frequenti sono nella cucina partenopea le frittate di vari ortaggi, soprattutto di cipolle (la cui ricetta Cavalcanti descrive, come si è visto, in maniera magistrale) e la **frittata di maccheroni**. Quest'ultima nasce dal bisogno di recuperare la pasta avanzata, siano spaghetti o pasta corta, visto che a Napoli il problema, oggi tanto giustamente deprecato, dello spreco alimentare non è mai esistito.

La frittata può essere bianca o rossa, e siccome è buonissima anche fredda, era il piatto tradizionale delle scampagnate, specie quella di Pasquetta. A Washington in occasione di un grande picnic in un parco, in cui si radunavano gli allievi stranieri delle scuole di inglese provenienti da tutto il mondo, ciascuno dei quali era stato invitato a portare una pietanza tipica del proprio paese, mi presentai con una megafrittata di spaghetti, con mia somma meraviglia a tutti sconosciuta, che riscosse un successo "planetario".

Baccalà fritto e in altri modi. Dell'arrivo e della diffusione del baccalà in Italia si è già parlato. Oltre ad essere uno dei piatti di magro della vigilia di Natale e dei venerdì di una volta, è molto apprezzato fritto, in umido, in bianco e con le patate.

A Napoli, dove esistono molte baccalerie, si distinguono il *mussillo* la parte più pregiata del baccalà e il *coroniello* che lo è dello stocco. Baccalà e stocco sono rimasti nelle famiglie come elementi essenziali in un'infinità di ricette.

Per parecchio tempo però non figurava nei menù dei ristoranti importanti, si è poi verificata un'inversione di tendenza con la riscoperta e l'utilizzo in nuove preparazioni.

Strutture per la lavorazione dei pesci, che devono essere dissalati o reidratati, sono ubicate a Somma Vesuviana dove si tiene una sagra annuale e dove c'è anche un ristorante specializzato: *Lo Smeraldo,* in cui lo stocco viene proposto in infinite ricette (tiepido con olio e limone, con il sugo per i paccheri ecc...). Ottimi i filetti di baccalà fritto della trattoria *La Campagnola* in via Tribunali a Napoli. Ristoranti specializzati sono stati aperti di recente come *Baccalaria.*

---

storica cucina da Francesco Rosi nel 1967 *C'era una volta*, ispirato a varie novelle di Basile, con Sofia Loren e Omar Sharif.

Il brodo. I napoletani non sono appassionati di brodo, sia esso di manzo, di gallina o di cappone, lo considerano una pietanza per ammalati, soprattutto il brodino di pollo e ancor più il brodo vegetale. Insomma un ripiego, infatti c'è un detto che recita: *Si nun può magnà carne accuntientate d' 'o broro*.

Tuttavia nel brodo non deve mai mancare il "mazzetto" composto almeno da cipolla, sedano, carota, maggiorana (e spezie varie se piacciono).

Rocco Galdieri nel dichiarare il suo amore alla moglie arriva paradossalmente a dire: *Io sì, te voglio bene! Cucìname sciapito [...] / Ragù pigliato sotto, brodo senza mazzetto [...] / Che fa? Si è senza sale, te pienze ch'io ce 'o mmetto? / Pecchè? Mangianno 'nzieme tutto è chiù sapurito!*

Il "mazzetto" è, a maggior ragione, essenziale per il brodo vegetale a cui si possono aggiungere anche pomodoro, zucchini o patate. Celebre il brano di Eduardo in *Natale in casa Cupiello:*

– Sa' che vuo' fa'? domani è vigilia, poi vengono tutte queste feste, e dobbiamo mangiare assai: è meglio che ci manteniamo leggeri. Fai un poco di brodo vegetale che tu lo fai bene, e nce mine trecento grammi di tubetti [...].

– Ma che dovete fare 'e sto brodo vegetale? Mo vi mando una bella gallina!

– E certo, quello il brodo di gallina è sostanzioso [...]. Ma noi ci vogliamo mantenere leggieri. Brodo vegetale e cinquecento grammi di tubetti.

– Ma niente affatto, vi dovete sostenere. Io vi mando una bella gallina.

– Tu mànneme a gallina, ma io mi faccio 'o brodo vegetale.

V.3. Esempi di come vengono elaborate oggi le ricette tradizionali

I piatti della tradizione continuano a gratificare il palato dei napoletani ma, com'è logico, si riscontrano delle modifiche, magari più aderenti ai gusti attuali.

Ciò avviene inevitabilmente sia nelle preparazioni domestiche che in quelle dei professionisti della ristorazione dove ogni cuoco, ogni chef, applica una personale rielaborazione.

Marcello Molettieri è un cuoco appartenente alla famiglia dell' *Antica Forneria*, in cui tutti i figli del fondatore si sono dedicati all'arte dell'alimentazione, ciascuno ritagliandosi un proprio percorso di specializzazione (panificazione, pasticceria, primi e secondi e così via). Si riporta una sua testimonianza che viene a porsi come un giusto punto di incontro tra rinnovamento e rispetto dei sapori antichi, dato che egli è molto impegnato a recuperare ricette attinte dai monaci Vincenziani del vicino convento e da famiglie radicate negli antichi palazzi in quella zona del corso Vittorio Emanuele:

[...] Le mie fonti partono da retaggi di esperienze con grandi maestri della cucina napoletana e tanta gavetta, passione e sperimentazione, ma anche dalle ricette di antiche famiglie che avevano a servizio nelle loro dimore gli allievi dei Monzù. Per esempio: "Involtini di vitellina alla Monzù" ricetta della famiglia Mancini: fettine scelte di carne, fettine di prosciutto crudo o pancetta arrotolata, sedano abbondante, pane inzuppato nel latte ed impastato con un uovo, parmigiano prezzemolo sale e pepe. Fare degli involtini con la carne il prosciutto ed un po' del composto di pane, fermare con uno stecchino di legno. In un tegame mettere un po' di cipolla un aglio un po' di carota il prezzemolo ed il sedano abbondante ma solo la parte bianca, tutto ben tritato, con acqua ed olio e un mestolo di brodo ristretto di carne, aggiungere gli involtini e cuocere lentamente per almeno 2 ore.

"La mia genovese": far rosolare in olio extravergine di oliva un odore di aglio sedano carota e una parte di cipolle, appena queste si saranno dorate inserire il lardo precedentemente allacciato a coltello, e quando si sarà sciolto aggiungere la carne: tracchie di maiale muscolo di manzo, muscolo di maiale, nervi. Sfumare con vino bianco, meglio se frizzante, dopo rosolato aggiungere il resto delle cipolle e una mela per ogni chilo di cipolle oppure una pera. Dopo 2 ore la carne ormai avrà rilasciato tutto il sapore e acquisito una morbidezza quasi burrosa. Proseguire la cottura lenta per quasi 13 ore in totale sospendendo in due tempi intervallati da un po' di riposo. Quasi a cottura ultimata innaffiare con un bicchiere di brandy.

La sintesi di ogni esperienza, secondo me, è la capacità di dialogare con gli ingredienti attraverso la modulazione della fiamma, principio valido per tutti i tipi di cotture. Mi appassiona la preparazione delle zuppe con ortaggi ed erbe aromatiche seguendo i metodi dei monaci e anche l'idea di sperimentare la trasformazione di semplici ortaggi in dessert considerando che la semplicità è una conquista.

V.4. E la storica minestra mmaritata?

Che fine ha fatto ai giorni nostri la *minestra mmaritata* regina incontrastata della tavola dal '500, fino a che, con la diffusione della pasta lo scettro è passato allo spaghetto al pomodoro fresco, allo spaghetto a vongole, agli ziti al ragù o addirittura alla pizza?

Oggi restano varie versioni sia in città che nelle zone agricole della Regione. A Napoli dove è confinata ormai al giorno di Pasqua e anche al giorno di Natale, permangono le due varianti:

Una più leggera, primaverile, con il pollo (magari un po' di manzo) e le verdure: scarole *schiane* (lisce, non ricce), broccoli "neri" (a foglia larga), mezzo cavolo verza, *menestrella* composta di *vurraccia* (borragine) *scarolella*, cicoria più *torzella* (broccoli), pezzetti di parmigiano, cipolla, carota, sedano, sale e pepe.

E una versione natalizia, anche con salsiccia piccante, pollo, manzo e *nnoglia* (salsiccia detta anche *Pezzenta*) che prescrive di far bollire l'acqua, versare la cipolla tagliata, la costa di sedano, la carota e il sale, unire poi la gallina e il manzo al brodo e cuocere per circa un'ora. A parte sbollentare le *nnoglie* per sgrassarle, aggiungerle e cuocere per un'altra ora. Pulire le verdure miste e sbollentarle separatamente, per poco tempo. Mettere la carne in un piatto, far raffreddare il brodo e sgrassarlo, aggiungere poi le verdure, la carne tagliata a pezzi grossi, le scorzette di formaggio e rimettere in cottura per un po'. Servire la minestra con crostini di pane e parmigiano grattugiato.

Una terza versione più simile a quella antica e molto più robusta, è ormai rara e reperibile solo nelle zone di campagna, dove si era soliti preparare la minestra in occasione della macellazione del maiale. Ancora oggi è facile trovare ristoranti che sono soliti proporla nei menù invernali, soprattutto in Irpinia e accompagnarla con la schiacciata di granturco cotta sulla pietra del focolare o fritta, detta *pizzillo*. L'abbiamo degustata nel ristorante *Urciuolo* a Pietrastornina, preparata dalla signora Antonella nella versione rigorosamente contadina con pezzetti di maiale (orecchio, muso, cotiche), salsiccia affumicata, *tracchie*, prosciutto e verdure di campo (*cardilli*) cicoria, verza, scarola, cavolo nero, saltate con l'aglio.

V.5. Altri piatti di origine contadina che si consumavano anche in città

Come è avvenuto per la lingua napoletana che nelle zone periferiche ha subito minori trasformazioni e si è conservata più simile a quella antica, così è avvenuto anche per la cucina. Vari piatti di antica memoria contadina, che ormai in città è difficile reperire, si cucinano ancora nelle zone rurali. Una pietanza povera ma buonissima è "**foglie e patane**" che si può ancora trovare a Pietrastornina presso il ristorante *La locandina* preparata dalla signora Melina. I contadini raccoglievano le foglie delle rape dolci, magari quelle che trovavano nei campi perché rimaste dai raccolti precedenti o cresciute selvatiche, le bollivano e le soffriggevano con un po' di *sugna* (strutto di maiale) o di olio in un battuto di aglio e lardo, quindi vi aggiungevano, mescolando, delle patate precedentemente lessate e schiacciate grossolanamente condite con sale e pepe.

E ancora si trova da quelle parti il "**maiale con le papaccelle**": piccoli pezzi di carne di maiale paesano rosolato e cotto insieme alle *papaccelle*, i peperoni tondi conservati sottaceto, tagliati a spicchi e uniti alla carne a metà cottura.

Va detto che oltre alla consueta ricerca dei profumatissimi e squisisti **funghi porcini** del Partenio (che ahimè praticata spesso senza la necessaria accortezza, ne ha molto ridotto la quantità) da qualche tempo si ci è resi conto della presenza in quello stesso ambiente del **tartufo nero** che, come i porcini, sta assumendo un'importante collocazione nella cucina sia del luogo che di Napoli.

Nell'isola di Ischia, dove i contadini da sempre sono soliti allevare i conigli di razza piccola liberi nelle fosse, il piatto caratteristico è il **coniglio all'ischitana** con aglio, pomodorino, basilico, prezzemolo e vino bianco. Con il sugo si condiscono i bucatini ed è rientrato di diritto nel repertorio culinario del capoluogo.

La **zuppa di cicerchie** era un cibo povero con cui si sono nutriti per secoli i contadini di Anacapri, un tempo località isolata e scarsamente irrigata, dove questa leguminosa rustica si riusciva comunque a coltivare. Faceva parte delle provviste che i marinai campani portavano sulle navi. Dopo anni di abbandono, è stata recentemente riscoperta e recuperata anche nel territorio flegreo dove era conosciuta fin dal tempo dei Romani, con il nome di *Cicercula*.

V.6. Il cibo di strada di ieri e di oggi

Recentemente il mitico David Rocco, metà canadese e metà puteolano, che si aggira per il mondo alla ricerca di piatti esotici, ha scelto come meta di una puntata della *David Rocco's Dolce Vita* per il National Geografic i vicoli di Napoli alla ricerca dello street food locale, e ha girato un video che a breve si vedrà sugli schermi. Ha assaggiato trippe, brodo di polpo, pizze fritte e tutto ciò che da tanto tempo abitualmente si mangia per strada in questa città.

Da *Il Ventre di Napoli* della Serao, sappiamo, come si è accennato altrove, che dopo l'avvenuta Unità d'Italia, quando Napoli versava in una condizione terribile di abbandono, molti che non avevano la possibilità di cucinare nelle loro poverissime case, proprio come facevano i Pompeiani più umili all'epoca dell'eruzione del 79 d.C., con pochi soldi si nutrivano in strada con un pugno di povere cibarie:

Con un soldo, la scelta è abbastanza varia, pel popolo napoletano. Dal friggitore si ha un cartoccetto di pesciolini minutissimi, fritti nell'olio, quei pesciolini che si chiamano fragaglia e che sono il fondo del paniere dei pescivendoli; dallo stesso friggitore si hanno, per un soldo, quattro o cinque panzarotti, vale a dire delle frittelline in cui vi è un pezzetto di carciofo, quando niuno vuol più saperne, o un torsolino di cavolo, o un frammentino di alici. Per un soldo, una vecchia dà nove castagne allesse, denudate della prima buccia e nuotanti in un succo rossastro: in questo brodo il popolo napoletano ci bagna il pane e mangia le castagne, come seconda pietanza; per un soldo, un'altra vecchia, che si trascina dietro un calderottino in un carroccio, dà due spighe di granturco cotte nell'acqua; per un soldo, una povera donna che allatta suo figlio e soffia sopra un braciere di terracotta, dà due spighe di granturco arrostite.

Dall'oste, per un soldo si può comperare una porzione di scapece; la scapece è fatta di zucchetto o di molignane fritte nell'olio e poi condite con pepe, origano, formaggio, pomidoro, ed è esposta in istrada, in un grande vaso profondo in cui sta intasata, come una conserva e da cui si toglie con un cucchiaio. Il popolo napoletano porta il suo tozzo di pane, lo divide per metà, e l'oste ci versa sopra la scapece. Dall'oste, sempre per un soldo, si compra la spiritosa; la spiritosa è fatta di pastinache gialle cotte nell'acqua e poi messe in una salsa forte di aceto, pepe, origano, aglio e peperoni. L'oste sta sulla porta e grida: addorosa, addorosa, a' spiritosa! Come è naturale, tutta questa roba fritta è cotta in un olio forte e nero, tutta questa roba è condita in modo piccantissimo, tanto da soddisfare il più eccitato palato meridionale…

Appena ha due soldi, il popolo napoletano compra un piatto di maccheroni cotti e conditi; tutte le strade dei quattro quartieri popolari hanno uno di quelli osti che installano all'aria aperta le loro caldaie, dove i maccheroni bollono sempre, i tegami dove bolle il sugo di pomidoro, le montagne di cacio grattato, un cacio piccante che viene da Cotrone […]. Questi maccheroni si vendono a piattelli di due soldi e di tre soldi; e il popolo napoletano li chiama brevemente, dal loro prezzo: nu doie, nu tre. La porzione è piccola e il compratore litiga con l'oste, perché vuole un po' più di sugo, un po' più di formaggio e un po' più di maccheroni.

Con due soldi si compra un pezzo di polipo bollito nell'acqua di mare, condito con peperone fortissimo: questo commercio lo fanno le donne, nella strada, con un focolaretto e una piccola pignatta; con due soldi di maruzze, si hanno le lumache, il brodo e anche un biscotto intriso nel brodo; per due soldi l'oste, da una grande padella dove friggono confusamente ritagli di grasso di maiale e pezzi di coratella, cipolline e frammenti di seppia, cava una grossa cucchiaiata di questa miscela e la depone sul pane del compratore, badando bene a che l'unto caldo e bruno non coli per terra, che vada tutto sulla mollica, perché il compratore ci tiene.

Appena ha tre soldi, quattro soldi, otto soldi al giorno per pranzare, il buon popolo napoletano, che è corroso dalla nostalgia familiare, non va più dall'oste per comprare i commestibili cotti, pranza a casa sua, per terra, sulla soglia del basso, o sopra una sedia sfiancata.

Con quattro soldi si fa una grande insalata di pomidori crudi verdastri e di cipolle; o una insalata di patate cotte e di barbabietole; o una insalata di broccoli di rape o una insalata di citrioli freschi. La gente agiata, quella che può disporre di otto soldi al giorno, mangia dei grandi piatti di minestra verde, indivia, foglie di cavolo, cicoria o tutte quest'erbe insieme, la cosidetta mmenesta maretata; o una minestra, quando ne è tempo, di zucca gialla con molto pepe; o una minestra di fagiolini verdi, conditi col pomi-

doro; o una minestra di patate cotte nel pomidoro. Ma per lo più compra un rotolo di maccheroni, una pasta nerastra, di tutte le misure e di tutte le grossezze, che è il raccogliticcio, il fondiccio confuso di tutti i cartoni di pasta e che si chiama efficacemente la monnezzaglia: e la condisce con pomidoro e formaggio [...]. La massima golosità è il soffritto: dei ritagli di carne di maiale cotti con olio, pomidoro, peperone rosso, condensati, che formano una catasta rossa, bellissima all'occhio, da cui si tagliano delle fette: costano cinque soldi. In bocca, sembra dinamite.

Il ministro Antonio Salandra dopo una visita al quartiere Pendino, uno dei quartieri di Masaniello nella Napoli storica, nel suo diario del 1917 scriveva che vi erano le botteghe di *carnacottaro*.

Non avevano porte, perché erano aperte notte e giorno, il loro calderone perennemente accoglieva nella sua anima bollente la zuppa di carnacotta, che era servita su una fresella, oppure con una salsa di peperoni piccanti, e che nel basso dialetto assumeva uno strano sinonimo. Veniva detta "la marescialla"[15].

Oggi molti dei cibi di strada venduti nel passato dagli ambulanti continuano ad essere graditi, mentre altri sono scomparsi ed è scomparso molto di quel colore locale che stuzzicava e divertiva gli amanti di certo oleografico folclore, appariscente e frivolo, che ha vestito per tanto tempo la città nascondendone i veri pregi e i veri problemi. Era invece lo specchio drammatico di una generale condizione di povertà mai sanata dal tempo della Serao, riaffiorata ferocemente durante la Seconda guerra e con lunghi strascichi nel Dopoguerra, che la gente si sforzava di affrontare con fantasiosa arte di arrangiarsi e tirare avanti godendo con allegria di quel poco che si poteva permettere.

Da venti-trent'anni a questa parte non si vedono più i venditori che giravano per la città con una cesta piena di ricottine fresche e di panini con la ricotta coperta con un panno bianco, e tanti altri che gridavano la bontà della loro merce per attirare i compratori, come facevano i "cevezaiuoli", i venditori di gelsi bianchi o neri che offrivano la merce al grido: *ceveze, ceveze annevate!* Nei rioni popolari le massaie *acalavano 'o panaro* dai balconi con il corrispettivo in danaro e

15 La "centopelle" tagliata a listarelle sembra il gallone di una divisa militare, forse da questo il nome "marescialla".

si rifornivano a domicilio attraverso questo servizio "aereo" che era il cestino attaccato ad una lunga corda.

Quando ancora era in auge la festa di Piedigrotta alla fine degli anni '50, nella villa Comunale si collocavano vari ambulanti con banchetti o ceste che vendevano le spighe arrostite, le *maruzzelle o maruzzielli* (lumachine di mare cotte), i fichi d'India con il venditore che invitava all' "appizzata": chi riusciva con un lancio ad infilare un frutto con il coltello lo vinceva e poteva ritentare gratis. C'erano anche gli *spassatiempe* (semi, mandorle salate o caramellate, nocciole, arachidi e lupini in acqua salata) e il venditore gridava: *accattateve 'o spasso!*

La vendita di alcuni prodotti di strada è tuttora presente nei quartieri popolari o nelle zone periferiche come il "mellonaro o melonaro" che propone fette di cocomero strillando: *tenghe 'e mellune chine 'e fuoco!* E il venditore di caldarroste[16], che ritroviamo soprattutto in occasione di fiere e sagre.

Il Melonaro, da *Costumi e vestiture Napolitani*
disegnati e incisi da Carlo Lindstrom, Napoli, 1836

16 La grande produzione di castagne, che interessa le zone appenniniche del territorio avellinese del Partenio e di Montella, e del casertano (dove a Roccamonfina sono

Il mestiere dell' "acquaiuolo", praticato una volta dagli ambulanti, si perpetua ancora oggi nei chioschi degli acquafrescai che vendono acqua e limone, con o senza bicarbonato.

Goethe nel 1787 non manca di parlarne: *[...] Dell'infinita varietà dei piccoli commerci che ci si diverte ad osservare a Napoli, come in ogni altra grande città; ma non posso tacere dei venditori ambulanti, dato che provengono soprattutto dagl'infimi strati popolari. Alcuni vanno attorno con barilotti d'acqua ghiacciata, bicchieri e limoni, per poter preparare subito e ovunque una limonata, bevanda cui non rinunziano neppure i più umili; altri reggono su vassoi bottiglie con vari liquori e bicchieri a calice stretto, tenuti fermi da anelli di legno; altri ancora portano canestri di biscotti, leccornie, limoni e altre frutta, e ciascuno sembra voler condividere e ingigantire quella festa del consumo che a Napoli si celebra tutti i giorni.*

L'acqua zurfegna o suffregna. Era acqua ferrata portata insieme ad altre varietà, come "l'acqua della Madonna", nelle *mummare* (anfore di creta con due manici) dagli ambulanti. Di origine vulcanica, e dunque naturalmente gasata, con grandi proprietà curative, fu per secoli una bevanda molto gradita ai napoletani anche mescolata con il vino. L'acquaiolo la serviva liscia o con l'aggiunta di spremute d'arancia, di limone e un pizzico di bicarbonato di sodio. Dalle sorgenti del monte Echia, raggiungeva il pozzo artesiano che si trova nei giardini di Palazzo Reale, realizzato nel 1850 circa dall'ingegnere Luigi Cangiano per volere di Ferdinando II, e arrivava al numero civico 50 di via Chiatamone, dove oggi si trova una lapide in cui è scritto che una volta era fruibile liberamente.

All'esiliato re Francesco II fu inviata in dono, per ricordo di Napoli, una statuina in argento di Vincenzo Gemito raffigurante uno scugnizzo con la mummara. Si dice che si approfittò del colera del 1973 per privare i napoletani di questa ricchezza e che su quella sorgente si sia costruito un hotel di lusso in via Caracciolo con cure di acque termali. Esistevano anche delle fontanine in cui sgorgava naturalmente, abbandonate o chiuse dal tempo del colera.

riconosciute IGP), fu messa a rischio dopo la Seconda guerra mondiale dal cancro del castagno Oggi la ripresa produttiva è di nuovo minacciata da un dannosisso insetto cinese: il cinipide galligeno del castagno, che si sta combattendo.

Nel 2000 sono state inaugurate tra Palazzo Reale e Castelnuovo quattro fontanine di acqua delle "mummare", fatta affluire, batteriologicamente controllata, dal pozzo borbonico della reggia. Non versando però sempre nelle migliori condizioni, sono state nuovamente chiuse.

a) la trippa e il resto

Nel capitolo III si è parlato delle interiora e spiegato il significato del termine "zandraglie". Erano una volta un cibo di strada e i venditori gridavano: *Tengo 'o musso, 'o pere 'e puorco, 'o callo 'e trippa!*

'O pere (zampetto di maiale) *e 'o musso* (muso di vitello) si vendevano e si continuano a vendere con il carretto in occasione delle feste patronali o nelle campagne. La trippa è il ventre di grossi animali ed è costituita dalle diverse parti dello stomaco del bovino, o meglio dei quattro stomaci dell'animale: il rumine, il reticolo, l'omaso (centopelli) e l'abomaso o lampredotto (come si chiama a Firenze).

I mercanti di frattaglie erano detti "merciajuoli" nella lingua napoletana. Il significato di mercia e di merciaiolo è indicato nel vocabolario del D'Ambra[17]: *Mercia sono le viscere degli animali macellati. Entran pure nella mercia le teste ed i piedi e si vendono dal ventrajuolo: interiora, ventre, testa, piede, zampa. Detto "merciajuolo" è, dunque, chi "vende il budellame degli animali, colui, che raccoglie presso i macelli tutto ciò che andrebbe scartato e delinea un mestiere diverso da quello del macellaio.*

Nelle botteghe stabili vigono certamente norme igieniche più severe rispetto agli ambulanti e alcune storiche "tripperie" sono attive ed anche molto apprezzate come *Le Zendraglie*[18] alla Pignasecca che propone varie antiche pietanze a base di interiora. Le tre ricette più note per preparare la trippa sono "al sugo", "a zuppa 'e carnacotta" e la "zuppa marescialla".

Il soffritto di cui parla la Serao era, come si è visto, un piatto antico che veniva preparato per riciclare tutte le parti del maiale.

---

17 Raffaele D'Ambra, *Vocabolario napolitano-toscano domestico di arti e mestieri*, Napoli 1873.

18 Il nome dell'esercizio è scritto con la "e": zendraglie.

Nella Napoli della scrittrice c'erano le cosiddette venditrici di *zuffritto*, casalinghe lo preparavano e, per guadagnare qualche spicciolo, lo vendevano fuori dai loro bassi agli operai che lo mangiavano nel pezzo di pane a mezzogiorno. Questa popolare zuppa di interiora di maiale e sugo, insaporito con rosmarino, peperoncino ed alloro si trova oggi abitualmente in vendita d'inverno nelle macellerie della città. Si consuma calda su pezzi di pane adagiati nel fondo del piatto o come condimento per la pasta.

'O broro 'e purpo. Forse già dal XIV secolo si beveva per strada in inverno, bollente e pieno di pepe. Aiutava a riscaldarsi e il buon sapore del polpo dava un certo senso di sazietà. Lo si prepara ancora presso i pescivendoli di Porta Capuana ed è rituale berlo all'Epifania, quando si va in giro per i quartieri popolari, accanto alle grandi esposizioni di pesce aperte tutta la notte.

I taralli con mandorle e pepe e le freselle. Il tarallo *'nzogna e pepe* sarebbe nato verso la fine del '700 ad opera dei fornai che invece di buttare via i ritagli rimanenti di pasta lievitata (*lo sfriddo*), aggiungendovi un po' di *'nzogna* (strutto) e parecchio pepe, riducevano la pasta a due striscioline e le attorcigliavano tra di loro a forma di ciambella che poi veniva infornata. Era una risorsa alimentare molto economica che riempiva lo stomaco. All'inizio dell'800 nel tarallo *'nzogna e pepe* furono aggiunte le mandorle non pelate.

Bella l'immagine delle fanciulle che spugnano i taralli nell'acqua di mare (allora evidentemente pulitissima) e le loro manine nell'acqua sembrano d'argento, nella canzone *Napule ca se ne va* di Ernesto Murolo: *E ffigliole, pe' sottaviento, / mo se fanno na zuppetella / cu 'e taralle 'int'a ll'acqua 'e mare. / L'acqua smòppeta, fragne e pare / ca 'e mmanelle só tutte 'argiento.*

Spesso, in un incontro familiare o tra amici caratterizzato da qualche tensione, l'offerta dei taralli aiutava a distendere gli animi; così che quando una situazione difficile di stempera si dice *ca è fernuta 'a tarallucce e vino.* Il "tarallaro" era una figura caratteristica. Con la sua cesta sulle spalle, batteva senza posa la città gridando: *Taralle, taralle càvere!* Oggi che i taralli si consumano caldi presso i chioschi del lungomare accompagnati dalla birra fresca o si vendono nelle panetterie, anche in formato più piccolo essendo molto usati negli

Il tarallaro, da *Costumi e vestiture Napolitani*
disegnati e incisi da Carlo Lindstrom, Napoli, 1836

aperitivi, il tarallaro ambulante non si vede più, ma per indicare una persona umile e costretta ad agitarsi qua e là senza essere presa in considerazione si dice: *pare 'a sporta d' 'o tarallaro.*

A Fortunato Bisaccia, l'ultimo tarallaro, che negli anni '50-'60 ancora si vedeva in giro, Pino Daniele dedicò una canzone: *Furtunato tene 'a rrobba bella / e pe' chesto adda allucca' / è 'na vita ca pazzeja / p'e vie 'e chesta città. / Saluta 'e ffemmene / a'ncoppa 'e barcune / viecchie, giuvene e / guagliune / ce sta chi dice ca è l'anema / 'e chesta città. / Furtunato tene 'a rrobba bella / Nun è cchiù comme 'na vota / ma ogne tanto se fa senti' / cu'chella voce ca trase / dinto 'o core e te fa murì [...].*

Nella *sporta* del tarallaro spesso c'erano anche le *freselle*, taralli di farina bianca o integrale, tagliati orizzontalmente e rimessi in forno ad asciugare. Possono avere anche altre forme e si mangiano un po' spugnate, condite con olio e sale e con pomodorini freschi e basilico. È la **caponata napoletana**. Nelle versioni più ricche si possono aggiungere a scelta lattuga, tonno, cozze, polpo, acciughe, olive. Resta comunque un piatto fresco e molto gradevole.

Fritture da asporto. La cucina napoletana annovera una grande varietà di fritture, oltre quelle servite nei ristoranti di cui si è detto o preparate in casa. Ci sono quelle delle friggitorie che si mangiano per strada nel *coppetiello*: *sciurilli* di zucca, *sgagliozzi o sgagliuozzi* di polenta, pezzetti di pasta cresciuta che, oltre ad essere una golosità, possono costituire uno spuntino veloce. Lo stesso dicasi per quelle che si acquistano in rosticceria come la piccola pizza fritta detta "montanara", il calzone piccolo di scarola o di ricotta detto anche "panzarotto", la frittatina di maccheroni con la besciamella, il crocchè di patate che pure viene chiamato panzarotto[19], il supplì di riso bianco o rosso: che deriva certamente dalla rivisitazione delle arancine siciliane. La pizza fritta e il calzone fanno parte del cibo di strada ma non vanno confusi con la montanara e i calzoni di rosticceria.

La pizza fritta è una semplice pasta cresciuta allargata e fritta da consumare calda. È stata immortalata nel film *L'oro di Napoli* tratto dai racconti di Giuseppe Marotta in cui Sofia Loren davanti al suo "basso" frigge le pizze che gli acquirenti pagheranno "oggi a otto", cioè a fine settimana a ricezione del salario.

Il calzone fritto (che pure viene chiamato pizza fritta) o al forno, ripieno di ricotta, fior di latte, salame e cicoli, è un pasto rapido molto nutriente che consente di consumare al volo una pietanza calda, come del resto la pizza al forno "piegata a libretto" e mangiata strada facendo. Queste specialità culinarie, mai dimenticate, sono state recentemente riscoperte da molte pizzerie anche a beneficio dei tanti turisti che girano per strade e vicoli. Ne citiamo alcune un po' particolari. In una traversa di corso Lucci la tradizione perdura a *La Masardona*[20] dove con la pizza fritta (in questo caso il calzone fritto con varie farciture) viene proposto un bicchierino di Marsala, in un insolito ma buonissimo accostamento che risale a quando i carichi del vino venivano sbarcati là vicino, nel porto. In piazza Trieste e Trento troviamo la *Antica Pizza Fritta di Zia Esterina* aperta di recente come risposta tutta napoletana all'invasione di patatine, e vari snack di importazione.

19 Da non confondere con il panzarotto tipico pugliese che ha un ripieno diverso.
20 Masardona significa donna fidata che porta ambasciate, messaggi orali.

Il panino napoletano o pagnottiello, cotto al forno, si vende attualmente in rosticceria. È un altro spuntino molto sostanzioso, forse ipercalorico, ma stuzzicante e appetitoso. Una volta si preparava in casa seguendo la ricetta e gli ingredienti del tòrtano, inserendo cioè nella pasta di pane pezzettini di prosciutto, salame, provolone, pecorino, eventualmente cicoli, riciclando cioè gli avanzi di salumi e latticini.

V.7. L'Arte bianca: un grande tris

Arte bianca è il nome con cui si indica l'insieme dei prodotti che si ricavano dalla lavorazione della farina primi tra tutti il pane e la pasta, nostri elementi nutritivi basilari oltre naturalmente alla pizza.

a) il pane

Il pane napoletano ha una storia antica, soprattutto il pane "cafone"[21] con farina poco raffinata, un po' di sale e lievito madre; richiede una lunga lievitazione e dopo la cottura la pagnotta presenta crosta croccante e dorata con mollica ben alveolata. Esistono molte varietà di pane campano, ciascuna delle quali ha i suoi appassionati estimatori.

I tipi più frequenti sono: Pagnotta di pane cafone, Mezzaluna, Palatone (allungato, il cui nome è sempre derivante dalla pala lunga e sottile su cui si allineano per infornarli), Panello o palatella (più piccolo), Pane integrale, Pane di Montevergine: *'A Scanata* (come viene denominata in Irpinia, Sannio e Basilicata la forma di pane che era stata a lievitare in un cesto e poi "scanestrata"), Pane di San Sebastiano, Pane dei Camaldoli[22], oltre a sfilatini, panini, rosette e Marsigliese (composta da due sfilatini uniti insieme che non si fa quasi più).

Molti fornai si stanno dedicando con passione al recupero del pane della tradizione, tra questi mi piace ricordare la già citata *Antica*

---

21 Cafone, al plurale: *cafune*. Così venivano chiamati fin dal '600 i contadini che si avventuravano in città per portare al mercato i loro prodotti e che per non perdersi nella confusione e nella folla si tenevano legati tra di loro con una corda: ca-fune.
22 Altri tipi di pane di antica tradizione nell'ambito del Regno sono quello di Altamura e di Matera.

Forneria e riferire, come apprezzamento per il lavoro finalizzato alla salvaguardia di antichi sapori e modalità esecutive, una dichiarazione del panettiere Rodolfo Molettieri, scelto dal Centro Nazionale delle Ricerche per testare in varie preparazioni la farina di quello che viene considerato il grano del futuro: il "Tritordeum", ibridazione di orzo selvatico, che non necessita di antiparassitari, e grano duro dalle proprietà nutraceutiche eccezionali.

La nostra azienda nasce nel 1959, era un piccolo forno artigianale al civico 242 di Corso Vittorio Emanuele a Napoli, rilevato nel 1974 da nostro padre Pasquale, nel 1976 fu da lui ampliato e integrato con gastronomia, pasticceria, rosticceria, biscotteria.

Tutto senza perdere i canoni dell'artigianalità rivolta come principale obiettivo al benessere e alla salute del consumatore, questo modus operandi conquistò l'attenzione di osservatori internazionali i quali nei primissimi anni '80 gli conferirono ben due premi: "La pala d'oro" ed il "Gran Premio delle Nazioni" con una speciale motivazione: Per la qualità e la genuinità dei prodotti.

I miei fratelli ed io oggi perseguiamo la stessa vocazione scegliendo con minuzioso scrupolo le nostre materie prime come farine poco raffinate e prediligendo quelle ottenute dai grani antichi. Lo studio e la ricerca mi hanno condotto poi in prima persona a sviluppare dei lieviti madre che ho ottenuto sia dalla fermentazione delle prugne di Paestum che dal mosto d'uva. Questi vanno ad aggiungersi ad un altro lievito madre che custodiamo da oltre cento anni. Grazie all'utilizzo di questi e ad una "biga" che prepariamo con 24 ore di anticipo, sforniamo ben 52 tipi di pane quotidianamente.

In occasione di una delle cene borboniche[23], per l'evento gastronomico che si è svolto nel Museo Nazionale in omaggio a Carlo di Borbone, egli ha riprodotto il pane dell'800 con farina parzialmente raffinata per i nobili e con farina integrale per il popolo, e anche un pane "etrusco" e infine la *pizza chiena* secondo la ricetta di Cavalcanti. Sperimenta varie farine e vari grani tra cui il "Senatore Cappelli" e produce speciali pani come il pane allo zenzero o alla curcuma.

---

23 Le "Cene Borboniche" si sono svolte in cinque incontri: Pizza Borbonica (Pizzeria Port'Alba), I vini dei Borbone (Cratere degli Astroni-Residenza di caccia dei Borbone), Sapori dell'Ottocento (Galleria Borbonica) Carlo III e il Cuoco Galante (Museo Nazionale di Napoli) Aristocrazia Borbonica a tavola (Palazzo Salerno).

b) la pasta

Si se tratta de pasta longa / stelletelle, tubbettielle, / si so' zite o vermicielle: / 'nfacci' 'a pasta nun parlà dice Eduardo nel suo poemetto sul cibo mentre ne parla abbondantemente proponendo in versi deliziosi le modalità di preparazione dei vari sughi, e gli adeguati abbinamenti ai formati di pasta[24]. E infatti a Napoli come si fa a non parlarne?

Della storia della pasta si è già detto per ciò che attiene al passato, ma dopo l'Unità d'Italia la concorrenza delle industrie del Nord mise in difficoltà i pastai campani. Comunque ancora all'inizio del '900, quando dai 30 formati della fine del '700 il numero degli stessi si era andato moltiplicando, grandi quantità di pasta venivano esportate all'estero soprattutto negli USA, ma via via non si riuscì più a fronteggiare i progressi dell'innovazione tecnologica che altrove dominava.

Nelle "città della pasta" Torre del Greco e Gragnano, molti pastifici chiusero e il monopolio della produzione fu fagocitato dalla grande industria del Settentrione d'Italia. Attualmente questa produzione di qualità è ripresa così che a Torre Annunziata oggi si distingue la produzione dell'antico Pastificio Setaro e a Gragnano sono attive decine di pastifici e 12 pastifici storici sono confluiti nel Consorzio "Gragnano Città della Pasta", fondato nel 2003 con l'obiettivo di difendere e rilanciare la tradizionale attività della città. Il Presidente del Consorzio è Giuseppe Di Martino, socio del *Pastificio dei Campi* e del *Pastificio Di Martino*. Un altro pastificio che ha una storia molto antica è il *Pastificio Garofalo* acquistato recentemente dalla multinazionale spagnola Ebro Foods.

Al momento a Gragnano si producono più di 10 milioni di porzioni di pasta al giorno e il 70% della produzione è destinata all'esportazione. La Pasta di Gragnano è oggi un prodotto IGP (primo riconoscimento comunitario di qualità assegnato alla pasta in Italia e in Europa) secondo quanto previsto dalla Gazzetta Ufficiale n.198 del 25 agosto 2010 che ne disciplina l'indicazione geografica protetta. I requisiti del marchio IGP sono i seguenti: la pasta deve essere prodot-

24 Va ricordato che nel linguaggio attuale con il termine "maccarune" si intende in genere la pasta corta.

ta all'interno del Comune di Gragnano solo con semola di grano duro e acqua delle falde acquifere locali. L'estrusione dell'impasto deve avvenire attraverso trafile in bronzo. L'essiccazione deve compiersi a una temperatura compresa tra i 40° e gli 80° C. Dopo il raffreddamento (entro 24 ore) la pasta deve essere confezionata, ma senza subire spostamenti, in modo che il prodotto si conservi alla perfezione.

Vari pastifici sono attivi, per antica vocazione, nella zona di Benevento come quello della *Pasta Rummo*, che semidistrutto dall'alluvione del 2015, ha coraggiosamente ripreso la produzione e ha ricevuto la visita del Presidente Mattarella.

Un discorso a parte va fatto per la pasta fatta a mano: fusilli, orecchiette, *strangulaprievete*, làgane, gnocchi con o senza patate che una volta confezionava la cosiddetta "gnoccolara". Anche se con minore frequenza, si continuano a realizzare nelle zone di campagna ad uso domestico e nei piccoli ristoranti locali, mentre in città aumentano gli esercizi che confezionano per la vendita, oltre ai suddetti formati, anche pasta fresca all'uovo: tagliatelle tagliolini e lasagne e vari tipi di pasta imbottita. Famosi i ravioli capresi di acqua e farina con caciotta sorrentina e maggiorana, che fino a una ventina di anni fa si preparavano solo in casa, e che ormai si possono provare in tutti i ristoranti di Capri che sono tanti, più o meno lussuosi, per tutti i gusti e per tutte le tasche. Personalmente gradisco molto quelli della cucina, che rimane decisamente casalinga e tradizionale (per esplicita volontà della proprietaria signora Norma e dei figli Massimo e Claudio Coppola), dell'Hotel San Michele di Anacapri, uno dei più antichi dell'isola, nato come Hotel Molaro.

c) sua "eccellenza" la Pizza Napoletana, Patrimonio Unesco

Quando emigrò negli USA con quei napoletani che vi andavano in cerca di fortuna, ebbe tanto successo che gli americani si convinsero di averla inventata loro. È vero che a Brooklyn e a Chicago i pizzaioli fanno volteggiare il disco di pasta cruda in acrobatiche esibizioni che fanno molta scena, ma la versione americana della pizza, anche se ha ascendenze napoletane, è completamente diversa per la grandezza, per il gran numero di improbabili ingredienti (la famosa pizza con "pepperoni", non ha nulla a che vedere con i vegetali anzi è condita con uno strano salame!) e il sapore. Oltre alle focacce al taglio, pizze di tutti i tipi, differenti da quella napoletana, anche quando vengono spacciate per tale, si trovano in vari luoghi d'Italia.

La lavorazione e gli ingredienti della pizza napoletana artigianale sono stati finalmente definiti dall'Associazione Verace Pizza Napoletana presieduta da Antonio Pace, con vicepresidenza di Massimo Di Porzio. L'Associazione dal 1984 promuove la conoscenza della vera pizza ed è la promotrice della norma UNI 10791:98 e del disciplinare della Pizza Napoletana STG prodotta secondo la consuetudine napoletana. La pizza napoletana è l'unico tipo di pizza italiano riconosciuto in ambito nazionale ed europeo. Dal 4 febbraio 2010, infatti, è ufficialmente riconosciuta come Specialità Tradizionale Garantita della Comunità Europea. I ristoranti e le pizzerie che osservano tale disciplinare esibiscono in qualunque città d'Italia e del mondo il logo di "Vera pizza napoletana" rilasciato dall'AVPN a coloro che hanno seguito i corsi di formazione per pizzaioli professionisti o aspiranti tali provenienti anche dall'estero. Il corso consta di una parte teorica-tecnica e molta pratica nelle pizzerie associate. Il diploma rilasciato garantisce una certificazione garantita e duratura nel tempo.

Secondo il disciplinare la pizza si presenta di forma tonda, dalla pasta morbida e dai bordi alti (cornicione). Il rigonfiamento del cornicione è dovuto all'aria, che durante la fase di manipolazione del panetto si sposta dal centro verso l'esterno. Nell'impasto classico napoletano non è ammesso nessun tipo di grasso (soltanto acqua, farina, lievito di birra o naturale, sale), e prevede solo due varianti per quanto riguarda il condimento: Pizza marinara con pomodoro, aglio, origano e olio extravergine di oliva; Pizza Margherita con pomodoro, mozzarella STG a listelli, mozzarella di bufala campana DOP a cubetti (o fior di latte o provola affumicata campana), basilico e olio extravergine di oliva. La cottura deve avvenire sempre ed esclusivamente tramite l'utilizzo del forno a legna.

Le pizzerie di Napoli, escluso *Michele*, da sempre propongono vari altri gusti, ma le due citate sono certamente le più consumate. Va detto che attualmente alcune offrono anche la possibilità di realizzare la pizze per celiaci con farine senza glutine. Tante sono le pizzerie storiche a Napoli, ne citiamo solo alcune: *Port'Alba, Sorbillo, Umberto, Starita, Lombardi, Vuolo, Mattozzi*[25], e tantissime quelle di recente apertura sul lungomare liberato, nei vicoli di Toledo, alla Pignasecca, ai Decumani e nelle altre zone della città e tutte fanno a gara ad offrire prodotti di grande qualità.

L'arte del "pizzaiuolo" è Patrimonio UNESCO dal 7.12.2017 con la seguente motivazione: *il know-how culinario legato alla produzione della pizza, che comprende gesti, canzoni, espressioni visuali, gergo locale, capacità di maneggiare l'impasto della pizza, esibirsi e condividere è un indiscutibile patrimonio culturale. I pizzaiuoli e i loro ospiti si impegnano in un rito sociale, il cui bancone e il forno fungono da "palcoscenico" durante il processo di produzione della pizza. Ciò si verifica in un'atmosfera conviviale che comporta scambi costanti con gli ospiti. Partendo dai quartieri poveri di Napoli, la tradizione culinaria si è profondamente radicata nella vita quotidiana della comunità. Per molti giovani praticanti, diventare Pizzaiuolo rappresenta anche un modo per evitare la marginalità sociale.*

La "Pizza Margherita" che ha i colori della bandiera italiana (il bianco della mozzarella, il rosso del pomodoro e il verde del basilico) sarebbe stata così denominata in omaggio alla regina Margherita di Savoia. In occasione della sua visita a Napoli nel 1889, il cuoco Raffaele Esposito della Pizzeria Brandi avrebbe inventato una pizza tricolore da offrire alla regina d'Italia. Versione smentita da recenti studi che affermano che tale tipo di pizza sia nata a Napoli ben prima dell'Unità d'Italia e che sarebbe stata poi intitolata alla regina. Il filologo Emmanuele Rocco, già nel 1849, parla di combinazioni di ingredienti tra i quali *basilico, pomidoro e sottili fette di muzzarella* e Francesco De Bourcard, che in quello stesso testo raccoglie testimoniane di vari autori sulle tradizioni di Napoli, nel 1866 a sua volta la descrive tra i principali tipi di pizza insieme al calzone: *Le pizze più ordinarie, dette coll'aglio e l'oglio, han per condimento l'olio, e sopra vi si sparge, oltre il sale, l'origano e spicchi d'aglio trinciati minutamente. Altre sono coperte di formaggio grattugiato e condite collo strutto, e allora vi si*

25 Antonio Mattozzi, discendente dalla storica famiglia di pizzaioli e docente di materie letterarie, ha pubblicato nel 2009 il saggio: *Una storia napoletana – Pizzerie e pizzaiuoli tra Sette e Ottocento.*

pone disopra qualche foglia di basilico. Alle prime spesso si aggiunge del pesce minuto; alle seconde delle sottili fette di mozzarella. Talora si fa uso di prosciutto affettato, di pomodoro, di arselle, ecc... Talora ripiegando la pasta su se stessa se ne forma quel che chiamasi calzone.

Andando ancora a ritroso, nel *Curricolo* Alexandre Dumas padre nel 1843 ne parla come di un alimento economico destinato ai lazzari: *La pizza è una specie di stiacciata...è di forma rotonda e si lavora con la stessa pasta del pane [...]. La pizza è all'olio, al lardo, alla sugna, al formaggio, al pomodoro e ai pesciolini.*

Il termine pizza in precedenza indicava una schiacciata dolce e poi anche i vari tipi ripieni. Nel 1966 divenne celebre una spiritosa canzoncina cantata da Aurelio Fierro: *Io te 'ncuntraje / na vocca rossa comm'a na cerasa / na pelle prufumata 'e fronne 'e rose / io te 'ncuntraje / Volevo offrirti / pagandolo anche a rate / nu brillante / 'e quínnece carate / ma tu vulive 'a pizza / 'a pizza,'a pizza / cu 'a pummarola 'ncoppa / [...] 'a pizza e niente cchiù / io te purtaje / addó' ce stanno 'e meglie risturante / addó' se mangia mentre 'o mare canta / io te purtaje / entusiasmato 'a tutte st'apparate / urdinaje / nu cefalo arrustuto / ma tu vulive 'a pizza [...] / io te spusaje / 'o vicinato e 'a folla de pariente / facevano nu sacco 'e cumplimente / io te spusaje / all'improvviso / tra invite e battimane / arrevaje / na torta 'e cinche piane / ma tu vulive 'a pizza [...].*

Venditore di pizze dell'800,
Pelliccia, incisione,
Museo di San Martino, Napoli

V.8. Le pietanze con le *cose fujute* e quelle con i nomi *forestieri*

La fantasia dei napoletani in cucina si è manifestata anche nei momenti difficili, quando a causa di carestie e guerre, durante la Seconda guerra mondiale per esempio, era impossibile reperire certi prodotti o la mancanza di danaro impediva di acquistarli.

Permanendo struggente la nostalgia dei sapori amati, le massaie hanno saputo elaborare con creatività quelle stesse ricette che, in mancanza degli ingredienti pregiati come la carne e i molluschi, ne conservavano però il ricordo e se ne riempivano il cuore[26].

Rielaborazioni fantasiose, poetiche addirittura, nella capacità di affrontare anche i momenti bui senza abbattersi ma conservando viva l'illusione e la speranza che *ha da passà 'a nuttata* e che poi tornerà a splendere il sole; queste versioni povere sono rimaste nella cucina casalinga non come rimembranze di momenti negativi, ma come soluzioni veloci per allestire un pasto all'improvviso come gli **spaghetti con le vongole fujute** la cui paternità qualcuno attribuisce addirittura ad Eduardo.

In ogni caso, per avere l'impressione di gustare il tradizionale piatto a base di vongole (che sono scappate!): soffriggere l'aglio finemente tritato, cuocere a fuoco vivo i pomodorini tagliati a metà e abbondare con il prezzemolo, sia nel soffritto che a crudo sul piatto finito, perché sono il sapore dell'aglio fritto e del prezzemolo che restituiscono il ricordo della pietanza originale.

a) finto ragù, finta genovese, finto brodo

Finta genovese, detta anche *genovese fujuta*, ripropone il gusto della genovese originale ma è priva di carne e magari si può insaporire con dei pezzetti di prosciutto crudo, se piace e se c'è.

Occorrono dunque 3-4 cipolle tagliate a fettine molto sottili e qualche pezzetto di prosciutto o pancetta. Cuocere con l'olio, aggiungere un po' d'acqua per facilitare la riduzione delle cipolle in crema

26 Nel capitolo sul '600 abbiamo ricordato la novella di Basile in cui la povera mendicante si accinge a fare una minestrella maritata senza carne, solo con le cotiche.

con poco sale e un pizzico di pepe. Tenere a fuoco lento per circa un'ora e più. Con la salsa ottenuta condire un tipo di pasta corta, spolverare con abbondante parmigiano.

Finto ragù, o *ragù cu 'a carna fujuta*. Si prescinde anche qui, dalla presenza della carne. Bisogna soffriggere la cipolla lentamente, rosolare appena dei pezzetti di lardo battuto, aggiungere un po' di concentrato di pomodoro e sfumare con il vino, versarvi la passata di pomodoro, sale, pepe e cuocere a fuoco lento. Condire i paccheri o gli ziti, profumando con qualche foglia di basilico.

Finto brodo. Anche in questo caso la carne è *fujuta* e in sua assenza ci si limita al solo osso di ginocchio insieme agli odori per dare sapore e un minimo di consistenza al brodo.

b) pietanze finte forestiere

Ci sono pietanze che dal nome sembrerebbero venire da altri luoghi e che sono invece proprio napoletane:

La parmigiana di melanzane: mozzarella o provola, sugo di pomodoro, formaggio grattugiato e basilico non si fa a Parma e il nome non è dovuto al parmigiano.

Il termine "palmigiana" indicherebbe un tipo di imposta per le finestre e le "palmigiane", con i listelli di legno posti in scala, sono diventate "parmigiane". Anche altri pasticci di verdure tagliate a fette e disposte a strati vengono chiamate "parmigiana di zucchine, di finocchi, di cardi".

La pasta al forno alla siciliana con melanzane, salsa di pomodoro, mozzarella o provola, parmigiano e basilico, è una preparazione napoletana che si ispira alla siciliana pasta alla Norma per l'uso delle melanzane, ma che in Sicilia non sempre è al forno e non prevede le polpettine che si usa aggiungere a Napoli.

La cotoletta milanese a Napoli è diversa da quella di Milano che è con l'osso e che secondo gli austriaci deriverebbe dalla Wiener Schnitzel mentre secondo i milanesi sarebbe l'opposto.

V.9. Le innovazioni entrate nella consuetudine

Spaghetti alla Nerano. Francesco Caravita principe di Sirignano alias *Pupetto*, ricco e aristocratico *viveur* napoletano che sperperò allegramente la sua fortuna tra USA, Capri, Roma in viaggi, avventure e amori, nato nel 1907 e morto nel 1989, in un epitaffio aveva scritto di sé: *Non fece mai niente d'importante, ma non fece mai male a nessuno. Si divertì.* Durante una gita a Nerano in compagnia di Fred Chandon, uno dei più famosi produttori di Champagne, nell'unica trattoria del paese *Maria Grazia*, l'amico francese lo sfidò ad offrirgli un piatto nuovo, che non fosse il solito spaghetto al pomodoro. Leggiamo le parole stesse del principe tratte da una sua lettera:

[...] Arrivato nella unica e piccola trattoria di Nerano, Fred, col sarcasmo, qualche volta amichevole, che hanno i francesi verso gli italiani quando si parla di cucina, mi disse: basta con gli spaghetti al pomodoro, piatto nazionale di voi italiani del sud, voglio vedere se almeno tu sei capace di offrirmi qualcosa di più nuovo, di più personale. La stuzzicante domanda mise in moto tutte le mie idealizzazioni culinarie, e pregai M. G. (la cuoca Maria Grazia) di preparare un sugo per gli spaghetti con gli zucchini fritti con metà olio, un quarto di burro, un quarto di sugna. La nostra cordon bleu in ammirazione per il mio suggerimento eseguì la ricetta aggiungendo sugli spaghetti cotti al dente due tipi di formaggi il parmigiano e il provolone per far ancor più risaltare l'origine napoletana della ricetta. Per anni e anni questa innovazione subitanea fu un grande successo e M.G. ha vissuto su questa ricetta che divenne per i miei amici maccheroni alla Sirignano e, per i suoi clienti, spaghetti alla M.G.

Nacquero così gli *spaghetti alla Nerano* o *spaghetti alla Sirignano.* Ed ecco la ricetta "segreta":

Ingredienti per 6 persone: 600 g di spaghetti, 1 kg di zucchini, 50 ml di olio d'oliva, 60 g di burro, 20 g di parmigiano grattugiato, 120 g di caciocavallo, sale q.b. e un ciuffetto di basilico.

Procedimento: In una padella friggere con l'olio d'oliva, un poco alla volta, a fuoco vivace, gli zucchini tagliati a cubetti, lasciandoli appena dorare. Una volta fritti, disporli a strati in una terrina condendoli con il sale, il parmigiano ed il basilico freschissimo. Aggiungere, alla fine, due cucchiai dell'olio di frittura e lasciare insaporire per un'ora.

Lessare al dente gli spaghetti e rimetterli sul fuoco, in una padella, con un mestolo di acqua di cottura, il burro, gli zucchini ed il caciocavallo tagliuzzato sottile. Profumare il tutto con altro basilico. Servire caldo e Buon Appetito!

Scialatielli. Il nome deriverebbe da due parole napoletane: *scialare* cioè godere e *tiella* padella. Sono un formato di pasta fresca tipico della costiera, ormai diffusissimi anche a Napoli, e riconosciuti PAT (Prodotto Agroalimentare Tradizionale) della regione Campania.

Sono striscioline di pasta di circa 15 cm, larghe meno di 1 cm e di sezione rettangolare piuttosto irregolare. Si accompagnano soprattutto con frutti di mare e crostacei, ma anche con sughi a base di mozzarella, pomodori, verdure. La loro popolarità nasce nel 1978 quando lo chef Enrico Cosentino di Amalfi li presentò ad un concorso culinario fatti a mano con farina, acqua e /o latte, formaggio grattugiato, basilico fresco tritato e sale, e gli valsero il premio "Entremetier"[27] dell'anno. Oggi vengono prodotti anche in formato industriale.

V.10. I prodotti agricoli e i riconoscimenti IGP, DOP, DOC, STG, PAT, ecc...

Il successo e i sapori di tante pietanze sono dovuti, oltre che alla fertilità del suolo, all'alta qualità raggiunta in Campania da svariati prodotti grazie alla cura di agricoltori e allevatori, alle selezioni operate e agli studi effettuati già a partire dalla Scuola di Agraria creata dai Borbone. Riportiamo i dati presenti in rete relativi ai detti prodotti. Per orientarsi nella giungla di sigle che indicano gli attuali riconoscimenti ottenuti, consultare: "Elenco dei prodotti DOP, IGP, STG ai sensi del regolamento UE n.1151/2012 del Parlamento Europeo e del Consiglio del 21 novembre 2012, aggiornato al 20 dicembre 2016". Lo stesso dicasi per gli elenchi delle altre sigle. Dato che sono i produttori a farne richiesta presentando il relativo disciplinare, le registrazioni dei prodotti campani non sono poi ancora tante. Abbiamo già detto che la Pasta di Gragnano ha il riconoscimento IGP. Partiamo ora dal più diffuso degli ortaggi: il pomodoro da sugo e da insalata.

27 Lo Chef Entremetier in Italia si occupa dei primi piatti.

V.11. L'oro rosso della Campania: il pomodoro

Il Pomodoro "San Marzano" dell'agro sarnese-nocerino (DOP) è un pomodoro allungato con polpa compatta e carnosa, poco acquosa e con pochi semi. Adatto per le conserve che una volta si facevano in casa in bottiglia (la passata), in barattolo (i pelati o *a pacchetelle* cioè a spicchi), in concentrato: "la conserva" ottenuta facendo asciugare al sole per giorni il passato spalmato su una tavola di legno concava, coperta da un velo a protezione dagli insetti.

Fu Francesco Cirio a inscatolarlo per la prima volta nel 1875 creando il primo impianto per la lavorazione di pomodoro in Campania, e da allora il progressivo aumento della conservazione industriale ne ha consentito la enorme diffusione. Vari decenni fa la Campania era leader indiscussa nella produzione di questo tipo di pomodoro con almeno il 35% del totale nazionale, percentuale scesa successivamente al 3% a causa di una virosi che investì la cultivar.

Il San Marzano è stato fortunatamente ripreso grazie a studi e selezioni. Gli ecotipi che della varietà originale conservano parte del patrimonio genetico, attualmente ammessi dal disciplinare di produzione della DOP (Denominazione d'Origine Protetta), sono il "San Marzano 2" e la "Kiros" migliorata grazie al lavoro della ricercatrice Patrizia Spigno.

In un suo intervento al "Pummarola day" presso la nuova sede della AVPN, organizzato dal maestro pizzaiolo Guglielmo Vuolo e dalla giornalista enogastronoma Monica Piscitelli in collaborazione con Slow Food, la Spigno ha spiegato che la virosi colpì il San Marzano anche a causa dell'eccesso di produzione con concimi chimici. Passando in rassegna le altre varietà campane, ha sottolineato che i prodotti a lavorazione manuale, rispetto agli ibridi di scarsa qualità sono di gran lunga migliori e, se pure di prezzo più alto, garantiscono sia una maggiore resa sia la sicurezza dovuta alla filiera corta. A sua volta Paolo Russo di Funky Tomato, ha denunciato la piaga dei caporali che nelle grandi coltivazioni intensive, soprattutto in Puglia, sfruttano i migranti impiegati nella raccolta e si è appellato ai principi di un'agricoltura etica. Il San Marzano è il pomodoro prescritto dal disciplinare dell'Associazione Verace Pizza Napoletana:

È consentito l'utilizzo, in aggiunta o in sostituzione del pomodoro pelato, di pomodoro fresco tagliato nelle tipologie indicate nella descrizione dei prodotti. (San Marzano dell'Agro Sarnese-nocerino DOP, Pomodorini di Corbara, "Pomodorino del piennolo del Vesuvio" DOP)

Il Pomodorino di Corbara o corbarino prende nome dal paese dei Monti Lattari dove si produce oltre che nell'Agro Nocerino-Sarnese. È piccolo e allungato, a forma di lampadina o di pera, molto adatto alle ricette con i frutti di mare, a quella delle vongole fujute, allo scarpariello.

I Pomodorini del Vesuvio (**piennolo**). Francesco De Rosa, professore della Scuola di Portici, su *Italia Orticola* del novembre 1902, precisava che la vecchia "cerasella" tonda vesuviana era stata via via sostituita dal tipo "a fiaschetto", più indicato per la conservazione al piennolo. Il De Rosa è stato il primo ricercatore a riportare in modo esaustivo l'intera tecnica di coltivazione dei pomodorini vesuviani, facendo anche intendere che si stava sviluppando nell'area un'intera economia intorno a questo prodotto, dalla produzione delle piantine da seme alla vendita del prodotto conservato.

Anche il prof. Marzio Cozzolino, della Facoltà di Agraria di Portici, nel suo testo del 1916, concorda con le fonti precedenti, sia sulla descrizione varietale che sui metodi di produzione, dedicando intere parti del testo a descrivere minuziosamente la tecnica colturale e soprattutto fornendo dati, anche economici, che aiutano a capire la laboriosità e la complessità di questa tipologia di prodotto.

Apprendiamo così che nei secoli scorsi la coltivazione si era affermata sia per le ridotte esigenze colturali che per l'idoneità alla lunga conservazione nei mesi invernali, in virtù della consistenza della buccia, e della forza di attaccatura al peduncolo che consente di tenere i pomodorini intrecciati insieme a grappolo: "il pendolo", che deve durare fino a Natale. L'antica diffusione di questa tipologia di pomodoro conservato era infatti legata alla necessità di poterne disporre nei mesi invernali allo stato fresco per poter adeguatamente guarnire le preparazioni domestiche, fra cui pizze e primi piatti.

Come sempre accadeva per gli ortaggi d'uso familiare, i contadini sceglievano i frutti che reputavano più adatti e ne prelevavano il seme, che andava a costituire il materiale di riproduzione per l'anno successivo. Attualmente gli agricoltori potano la pianta così che, producendo meno, migliora la qualità e il sapore del frutto. Nel dicembre 2009 il pomodorino del Vesuvio ha ottenuto la certificazione DOP.

Il Pomodoro giallo è un pomodoro molto simile a quello portato dai conquistatori che era color oro e rotondo, tutte le altre forme e il colore rosso così ricco di licopene sono frutto di selezioni e mutazioni genetiche operate nel tempo.

È stato riscoperto di recente e rivalutato, è particolarmente ricco di pectina così che in cottura si addensa subito. Si adopera anche sulla pizza nelle varietà "giallo vesuviano" del territorio di Ercolano, particolarmente dolce, e "giallo verneteco" più aranciato e di sapore più erbaceo e acidulo conservabile anche naturalmente in pendolo o nelle varie modalità di conservazione in vetro.

Il Pomodoro di Sorrento, squisito pomodoro da insalata, così viene definito: *pomodoro da mensa di grossa pezzatura, di forma rotondeggiante, costoluto e di colore rosso chiaro tendente al rosa con sfumature verdi alla raccolta, polpa molto carnosa e compatta, sapore dolce e delicato.*

L'attuale zona principale di produzione coincide con la sua terra originaria: un'area collinare della Penisola Sorrentina, detta appunto "i colli", situata nei comuni di Piano di Sorrento e S. Agnello.

Sono state le stesse aziende agricole a riprodurre l'"ecotipo Sorrentino", che è probabilmente derivato, per selezione, dal pomodoro "Cuore di bue". Secondo alcuni, invece, la coltivazione di questa varietà si sarebbe sviluppata al principio del Novecento, quando degli armatori sorrentini, che trasportavano limoni via mare nelle Americhe, ne avrebbero importato il seme direttamente dal Nuovo Continente.

Dagli inizi degli anni '90, in coincidenza con l'aumento della domanda, si è preso a coltivare questo pomodoro anche in limitate superfici pianeggianti dei comuni vesuviani, come Gragnano, Boscoreale, Torre Annunziata (qui, però, il prodotto mostra caratteristiche leggermente differenti rispetto a quelle della zona tipica di produzione).

Il pomodoro di Sorrento deve in parte il suo successo alla notissima "insalata caprese", dove compare nel classico abbinamento con basilico e fiordilatte dei Monti Lattari. Va detto che nella stessa Capri gli abitanti, che da sempre acquistano gran parte dei prodotti dalla vicina Sorrento, hanno imparato a coltivarlo nel proprio orticello.

Il rinnovato e notevole interesse che questo prodotto sta incontrando presso gli orticoltori locali, sta portando alla costituzione di un comitato promotore per la richiesta di marchio IGP (Indicazione Geografica Protetta).

a) il sommelier del pomodoro

Da qualche tempo esiste la figura del "sommelier del pomodoro" il cui ruolo è di identificare le particolari qualità organolettiche di ciascun tipo, e di promuoverne l'interazione con i latticini, oltre che riconoscere e valorizzare i prodotti locali. Poiché, nonostante i tanti meravigliosi pomodori campani e quelli siciliani di Pachino, l'Italia importa pomodori dall'Olanda e, quel che è peggio (e speriamo sia definitivamente bloccato), concentrato dalla Cina!

Un altro gravissimo problema che riguarda alcune coltivazioni intensive di pomodori per l'industria nel centro-nord è l'uso di pesticidi, fitormoni, maturanti e così via, oltre che il monopolio delle sementi dei già citati ibridi, detenuto dalle multinazionali.

V.12. Fior di latte, mozzarella e formaggi

Il fior di latte è riconosciuto come Specialità Tradizionale Garantita (STG) della Campania e di altre regioni del Meridione. Per questo motivo è stato ufficialmente inserito nella lista dei Prodotti Agroalimentari Tradizionali italiani (PAT) del Ministero delle Politiche Agricole, Alimentari e Forestali.

Il fior di latte di Agerola è prodotto, come abbiamo visto al capitolo II, con latte della pregiata razza bovina agerolese, ed è presente in molte preparazioni culinarie campane.

Provengono dallo stesso territorio altre varietà di latticini di mucca che consentono una vasta e stuzzicante scelta: scamorza e scamorzine da arrostire dette *ciccilli*, provola affumicata, ricotta, trecce e bocconcini con panna, caciottine con olive, rucola o buccia grattugiata di limone; e a pasta dura il caciocavallo e il "provolone del Monaco"[28].

28 Dai Monti Lattari i provoloni venivano trasportati a dorso dei muli fino alle spiag-

La mozzarella e la ricotta di bufala campana, il provolone del Monaco sono DOP. Altre eccellenze casearie provengono dall'Irpinia come il "caciocavallo di Calitri". Come scrivono i produttori, l'affinatura avviene in grotte di tufo di origine romana, millenarie, dove si crea un microhabitat ottimale per la stagionatura.

Nel Sannio si producono ancora meravigliosi pecorini semifreschi e stravecchi del Taburno e del Matese. Nel Casertano va ricordato il "conciato romano" che risalirebbe direttamente ai Sanniti, detto "romano" forse perchè legato al passaggio di truppe romane, e "conciato" perché messo a stagionare in vasi di creta con olio d'oliva, aceto, timo e peperoncino. Ha un sapore molto forte e intenso. Si produce ancora nel territorio di Castel di Sasso (Ce) da *Le campestre* ed è riconosciuto presidio Slow Food.

Conciato Romano

V.13. Soppressate e Salame napoletano

Sono salumi tipici, la loro tradizione risalirebbe all'età media. Oltre che ad essere consumati come affettati, sono parte essenziale di molte preparazioni: si mescolano a pezzettini nel ripieno del calzone con la

ge e caricati su imbarcazioni a remi. Il trasportatore si riparava dall'umidità dela notte e del mare, coprendosi con un grande mantello come quello indossato dai monaci, così che a Napoli, nel mercato presso il porto, veniva appellato come "il Monaco" ed il suo formaggio, il "Provolone del Monaco".

ricotta, nel gattò di patate, nella pizza rustica, nel migliaccio salato, nel casatiello e in altre pietanze. Le soppressate, piuttosto voluminose e tozze all'aspetto, con una legatura a croce fatta a mano, sono confezionate con parti pregiate del suino. Si producono in varie regioni del Sud e in tutta la Campania dove le zone migliori sono considerate l'Irpinia, il Sannio e il Cilento. Le carni magre e scelte vengono tutte tagliate a mano a punta di coltello; si aggiunge, poi, lardo tagliato a dadini in percentuale di due parti di magro e una di grasso, sale e pepe nero intero e macinato. Si insacca la carne nel budello naturale e si tengono sotto peso per alcuni giorni, esposte poi per altri 15 giorni al fumo di cucina; infine in cantina per la stagionatura, che dura almeno un paio di mesi. Dopo la stagionatura si appendono o si conservano nello strutto o nell'olio.

Il salame definito "Napoli" si presenta di un calibro più sottile della soppressata ed è più lungo. È anch'esso una produzione dell'intera Campania.

É molto simile al salame di Mugnano del Cardinale che presenta un diametro maggiore. Entrambi sono inclusi nei PAT. Del salame di Mugnano, detto anche salame paesano, si ha traccia già in un documento del 1300. La caratteristica tipica del prodotto è l'affumicatura, effettuata su degli appositi bracieri, e soprattutto l'asciugatura che avviene in presenza di un vento costante tipico della zona di produzione.

V.14. Le biodiversità protette e quelle in via di estinzione

Il cappero è presente nelle regioni mediterranee e nella nostra penisola, dove cresce spontaneo nelle fessure dei muri. È citato nei testi antichi greci ed ebraici fino a Plinio con finalità medicinali. Si cominciò a coltivarlo in fosse protette da pietre nelle isole siciliane.

I capperi di Pantelleria hanno il riconoscimento IGP. Della pianta si utilizzano i boccioli, prima che sboccino nel bellissimo fiore, e i frutti: *cucunci* in siciliano. Vennero introdotti nella seconda metà dell'800 nella gastronomia campana dove sono presenti in varie ricette caratteristiche.

Il limone. Frutto prezioso, ricco di innumerevoli proprietà vitaminiche e farmaceutiche, la sua storia e la sua progressiva diffusione hanno attraversato i secoli. Meravigliose le coltivazioni di limoni in costiera, dove nei terrazzamenti appositamente creati in zone scoscese e difficili ma baciate dal sole, sono curati con attenzione e protetti con tettoie.

I limoni di Sorrento e quelli di Amalfi sono IGP. Hanno profumo e sapore speciale. Anche i limoni di pane di Procida, inseriti nell'elenco ministeriale dei PAT e nell'elenco dei Sapori Tipici Campani, sono famosi per la dolcezza e squisite sono la granita e l'insalata di buccia di limone con aglio menta sale e olio (e peperoncino se piace) che viene servita per rinfrescare la bocca dopo le pietanze di pesce.

In cucina rende particolare il sapore di ogni tipo di preparazione rustica o dolce utilizzandone la polpa, il succo e la buccia: grattugiata, candita, o in infusione nell'alcol per confezionare il limoncello. Bollendo la scorza, compresa la parte bianca, l'albedo, si ottiene "il canarino" una bevanda digestiva da assumere calda a cui le nostre nonne, giustamente, attribuivano effetti miracolosi. Del limone, non trattato con prodotti chimici, non si butta niente, neanche le foglie, che avvolte intorno ai pezzetti di fior di latte da infornare, ai *cicinielli*, alle salsicce, rilasciano un aroma particolare.

Dalle nostre parti chiunque abbia un fazzoletto di giardino o un terrazzo ambisce a custodirvi il tesoro di una pianta di limone.

La mela annurca, la nostra mela per eccellenza, *mala orcula* per i Romani come si è detto, è IGP dal 2005.

Giovanni Battista Della Porta (1535-1615) nell'opera *Pomarium*, descrivendo i frutti prodotti nell'agro puteolano, afferma che: *[...] le mele che da Varrone, Columella e Macrobio sono dette orbiculàte, provenienti da Pozzuoli, hanno la buccia rossa, da sembrare macchiate nel sangue e sono dolci di sapore, volgarmente sono chiamate Orcole.*

Nei secoli successivi compaiono i nomi di "Anòrcola e Annòrcola" mentre l'attuale denominazione "Annùrca" è presente, per la prima volta, nel *Manuale di Arboricoltura* di Giuseppe Antonio Pasquale (1876). La mela è stata poi oggetto di attento studio presso il Reale Istituto Superiore Agrario di Portici, di cui esistono le stampe originali allora in uso dagli studenti del Gabinetto di Orticoltura.

Si è sempre coltivata nelle zone agricole di tutte le province campane, in particolare nella valle di Maddaloni. Vicino Napoli, il paese di

Mela Annurca, stampa per uso didattico Facoltà di Agraria Portici, primi del '900

Melito prende il nome appunto da queste mele; Eduardo in *Vincenzo De Pretore* parla di un paese dell'entroterra "Melizzano" come di un paese pieno di mele.

La coltivazione laboriosa e difficile, e la forte commercializzazione di mele del Nord a prezzi più bassi nel dopoguerra, ne avevano fatto diminuire la produzione. Ripresa da qualche decennio nelle aree dell'agro napoletano, beneventano e casertano oggi presenta un totale di 86 aziende agricole e conta poco più di 60.000 tonnellate medie annue, rappresentando l'80% circa della produzione campana di mele e il 5% circa di quella nazionale. Conosciuta una volta solo in ambito regionale, viene oggi esportata in tutt'Italia per un 20% della produzione. L'arrossamento a terra delle mele avviene come nel passato nei cosiddetti "melai" costituiti da piccoli appezzamenti di terreno, di larghezza non superiore 1,50 metri, sistemati in modo da evitare ristagni idrici, su cui sono stesi strati di materiale, un tempo la canapa, oggi sostituita da aghi di pino, trucioli di legna o paglia e protetti con tettoie vegetali. I frutti sono disposti su file esponendo alla luce la parte meno arrossata e periodicamente rigirati scartando quelli intaccati o marciti. Grandi distese rosse che coprono il suolo: uno spettacolo! Tali procedure, effettuate tutte a mano, contribuiscono ad esaltarne le caratteristiche qualitative.

Ne esistono due varietà: la "Sergente" e la "Caporale". La prima è più acidula, mentre la seconda è più dolce e pregiata. I frutti di maggiori dimensioni, sono detti "fioroni".

È parte integrante della dieta degli abitanti della Campania, è un sapore ancestrale e indimenticabile, è vitaminica e particolarmente digeribile. Per le sue proprietà curative è considerata il frutto più adatto per bambini, anziani e ammalati, a cui si propone grattugiata. Cruda, cotta, in confettura, in crostata, nei dolci, è sempre buonissima ed ha un profumo inconfondibile e delicato. Le tradizionali "mele cotte" al forno o bollite a pezzi o la stessa acqua di bollitura delle bucce sono un toccasana per lo stomaco.

Ottimi anche i liquori ottenuti dalla infusione in alcol di una buona quantità di semi.

Un altro prodotto caratterizzato da una biodiversità tipica del territorio Campano che si sta cercando di salvaguardare, nelle zone dove ancora è presente, è **la mela limoncella**: una mela gialla rustica, piccola e rugosa, e leggermente acidula con forte piacevolissimo aroma di limone. Piante della stessa esistono anche in Molise e Abruzzo. Questa particolare mela fa parte della vasta gamma di prodotti di nicchia unici nel loro genere, ottenuti dalla sapiente coltivazione dei caratteristici terrazzamenti della penisola Sorrentina come i meravigliosi limoni, le arance, le rinomate noci di Sorrento e lo squisito olio d'oliva, che la costiera produce soprattutto nelle zone collinari più interne.

Un altro frutto in via di estinzione a causa della colata di cemento che ha fagocitato i suoli agricoli è la **ciliegia Arecca** o della Recca, coltivata fin dal '500 nella zona della collina di Camaldoli, Marano e Quarto. Ispirandosi alle ciliegie Di Giacomo nel 1885 creava una bellissima immagine poetica: *Era de maggio e te cadéano 'nzino, / a schiocche a schiocche, li ccerase rosse. / Fresca era ll'aria, e tutto lu ciardino / addurava de rose a ciento passe [...].*

Viene invece fortunatamente tutelata la produzione di albicocche dell'area vesuviana. Un testo del secolo scorso, precisamente del 1845 ad opera di autori vari: *Breve ragguaglio dell'Agricoltura e Pastorizia del Regno di Napoli,* riconosce l'albicocco come: *l'albero più diffuso, dopo il fico, nell'area del napoletano, e precisamente in quella vesuviana, dove viene meglio che altrove e più maniere se ne contano, differenti nelle frutta [...].*

Evidentemente vi era già una discreta varietà di ecotipi che offrivano frutta diversa a seconda delle caratteristiche della varietà di appartenenza, di cui oggi se ne riconoscono oltre quaranta nella sola area vesuviana con il termine "**albicocca Vesuviana**".

Di questi ricordiamo la squisita "Pellecchiella" dal sapore dolce e inconfondibile e che si presenta bella a vedersi, piuttosto grande e turgida, di colore arancio sfumato di rosso. La coltivazione è attualmente estesa a tutto il territorio dell'area vesuviana, la cui fertilità dei terreni di natura vulcanica, è dovuta a vari minerali e in particolare al potassio. Le coltivazioni vengono protette da teli che da lontano sembrano veli da sposa distesi sulle pendici del Monte Somma.

V.15. Dal vino scadente ai grandi vini a piede franco

Come si è scritto all'inizio di questo lavoro, i vitigni campani sia bianchi che rossi sono di origine greca. I Romani prediligevano il "Falerno" e amavano gli altri vini del territorio. Col passare del tempo, pur avendo dunque la possibilità di realizzare ottimi vini, l'arte di vinificare in Campania non è stata esercitata bene come nella Toscana e nelle regioni del Nord, e i vini locali non eccellevano di qualità, anzi i vini sfusi, tranne rare eccezioni, erano spesso scadenti e le cantine smerciavano spesso prodotti di cattiva qualità. Da ciò forse la consuetudine estiva, oggi tanto apprezzata, di correggere il vino bianco o rosso, all'uso spagnolo della sangria, con fette di pesca ("percoca" PAT).

Nel volume II della citata pubblicazione di De Boucard[29] *Usi e Costumi di Napoli…* Emmanuele Rocco scriveva: *In due occasioni vanno in giro i banditori di vino: o all'apertura di una nuova cantina; o quando ad una già aperta cantina capita qualche botte di vino nuovo. Ma oltre a queste due ve n'è una terza ragione, ed è quella di risvegliare nella moltitudine la notizia di una cantina derelitta o poco frequentata, di fare una retata di bottegai e avventori sotto il pretesto della novità e adescandoli con un saggiuolo di vino abboccato per poi dar loro a bere cerboneca. Quando dunque occorre uno di questi motivi, un facchino di voce stentorea e di maniere facete vien prescelto al grande uffizio. Con un cappello a tre acque tutto adorno di*

29 Francesco de Bourcard *Usi e costumi di Napoli,* Vol II, pag 24.

cartoccetti, con un farsetto ed un robone alla foggia di quei di Don Nicola nel carnevale, tutto unto e sudicio e sdrucito e il più delle volte scalzo, il nostro eroe s'impara a mente la cantilena che dee spandere ai quattro venti, imbrandisce un fiasco esternamente impagliato, e via alla pugna seguito da un piffero e da un tamburino che ne debbono col suono guerresco eccitar l'ardimento: Uommene e femmene, gruosse e piccirille, nobele e snobele, ricche e puverielle, a o vico tale s'è aperta na nobele cantina, attaccata a o postiere, derempetto a o pizzajuolo; se venne lo vino asciutto a nu rano e a ddu rà a carrafa. Currite! (Uomini e donne, grandi e piccoli, nobili e plebei, ricchi e poveri, al vico tale si è aperta una decente cantina, accanto al prenditore del lotto, dirimpetto al pizzajuolo; si vende il vino asciutto a un grano e a due grana la carafa. Correte!)

Il banditore di vino, da *Costumi e vestiture Napolitani* disegnati e incisi da Carlo Lindstrom, Napoli, 1836

Ecco un modello delle allocuzioni che han luogo in casi simili, a cui non mancano mai delle variazioni, o per varietà di circostanze o per ingegno inventivo del faceto banditore. Qualche volta per esempio si magnifica un qualche ribasso di prezzo, a cui provvede l'acqua del pozzo, e si grida che il vino di sei si darà per quattro, quello di quattro per tre, e simili. E per intendere queste locuzioni dovete sapere che il prezzo della carafa si calcola a tornesi, e che vino di sei vuol dire vino di tre grana la carafa [...].

Nel 1869 la *Phylloxera Castratrix*, un afide originario del continente americano, arrivò in Europa con i battelli a vapore che cosentivano di traversare l'Atlantico in meno di dieci giorni, tempo sufficiente al terribile parassita per sopravvivere. Dalla Francia, la fillossera tra il 1880 e il 1900, si estese rapidamente in tutta Europa, distruggendo letteralmente i vigneti. Per poterli recuperare si dovette ricorrere agli innesti con vite americana, indenne all'afide. Si è poi scoperto che i vitigni delle zone vulcaniche non sono stati attaccati dalla fillossera, e dunque sono "a piede franco" cioè hanno conservato la purezza del patrimonio genetico originario, in particolare quelli del Vesuvio e dei Campi Flegrei, area considerata una delle più interessanti al mondo dove si concentra il piede franco. Nel frattempo l'enologia campana è migliorata in tutti i sensi dando vita ad ottimi prodotti.

Riportiamo una tabella delle più importanti DOCG e DOC.

Campania			
docg	doc	vitigni autoctoni	sottozone
Aglianico del Taburno, Fiano di Avellino, Greco di Tufo, Taurasi	Aversa, Campi Flegrei, Capri, Castel San Lorenzo, Cilento, Costa d'Amalfi, Falerno del Massico, Galluccio, Guardia Sanframondi o Guardiolo, Irpinia, Ischia, Penisola Sorrentina, Sannio, Sant'Agata de' Goti, Solopaca, Vesuvio	Bianchi: Asprinio, Biancolella, Coda di Volpe, Falanghina, Fiano, Forastera, Ginestra, Greco, Pallagrello Bianco, Ripoli Rossi: Aglianico, Pallagrello Rosso, Piedirosso, Sciascinoso	Doc Costa d' Amalfi: Tramonti, Furore, Ravello Doc Penisola Sorrentina: Gragnano, Lettere, Sorrento

Tanti dunque i grandi vini campani, a partire da quelli prodotti dalla *Cantina Mastroberardino* che nasce nel 1878 in Irpinia, e via via con la crescita esponenziale di nuove importanti cantine sia nella stessa Irpinia che nelle zone del Beneventano, del Casertano, dei Campi Flegrei, delle isole, del Cilento, di Ravello e della costiera amalfitana, che gareggiano nel raccogliere premi e riconoscimenti.

Interessante la testimonianza appassionata di un piccolo viticultore di Roccarainola in provincia di Napoli, Antonio Prevete, che ha creato uno spumante artigianale, che ha chiamato "Ingannavento" per la caratteristica delle viti che maturano prima dell'arrivo dei venti.

Egli racconta la sua personale filosofia del vino e questo suo amore alimentato addirittura da letture a carattere storico: *Mi sono lasciato rapire dal nettare degli dei fin da ragazzo, accanto ai miei nonni, viticoltori nel borgo di Roccarainola. Ho quindi continuato a studiare il mondo del Vino e a sperimentare in base alla filosofia-guida secondo cui l'Uomo deve rispettare la naturalità della Vite allevandola in un regime di piena libertà privo di assoggettamenti umani. Nei miei vigneti logico-sperimentali situati nelle cinque province campane, si sperimentano infatti metodologie che restituiscono alla Natura il suo istintivo e primordiale ruolo per l'allevamento della Vite. Tutto ciò si concreta nell'Azienda Agricola Res Naturalis che nasce dalla passione per la natura che condivido con l'amico Massimo Greco, insieme al quale mi dedico anche alla coltivazione di olive per la produzione di olio extravergine di oliva superiore, di nocciole e noci nonché di un ricco e bellissimo orto... Le colline di Roccarainola, un paesino situato a Nord del Vesuvio, sono l'ambientazione delle vicissitudini di Lucrezia d'Alagno, che vi si rifugiò vari anni dopo la morte del suo amato re Alfonso d'Aragona, come riportato nelle pagine di un romanzo storico dal titolo "Il romito di S. Donato"*[30]*. Durante la lettura del romanzo sono stato fortemente rapito dal nome e dalle caratteristiche peculiari di una Vite: Ingannavento. Il nome di questa Vite racchiude il motivo della sua stessa esistenza. Essa è esclusivamente allevata fra le colline di Roccarainola in quanto i suoi grappoli raggiungono la completa maturazione a fine Lu-*

30 *Il romito di S.Donato*, di autore anonimo del 1829 e di gusto tipicamente romantico nella ricostruzione molto fantasiosa delle vicende dei personaggi storici, ripubblicato nel 2001 da Istituto Grafico Editoriale Italiano, a cura di Domenico Campolongo e Rodolfo Rubino.

glio, ingannando l'arrivo dei venti autunnali. Questi, infatti, potrebbero arrecare danno alla vendemmia data la posizione morfologica delle colline che sono investite dal vento per la maggior parte dei mesi dell'anno. Nel tempo a seguire, la mia passione per il vino e la mia innata curiosità mi hanno condotto alla ricerca sia della pianta descritta nel romanzo che di altre Viti che racchiudano le medesime peculiarità al fine di allevarle sulle stesse colline come cinque secoli fa. Oggi da questi vigneti riesco ad ottenere diverse tipologie di vino come "Ingannavento": spumante a fermentazione naturale molto elegante e raffinato con un finissimo pérlage e una lunga persistenza. "La tana della Lupa" rosso superiore, molto ricco in sentori e dal gusto morbido, caldo e avvolgente "Harmonices Mundi" bianco superiore, anch'esso ricco di profumi e dal gusto armonioso. "Quarantamoggi" rosso tradizionale molto robusto e vigoroso e "Cinqueviti" bianco tradizionale che è il risultato di un eccellente taglio di cinque vini.

Il romanzo citato parla in effetti di una *vignetta di quelle viti, che allora si nominavano "ingannavento": [...] perché le loro uve precoci venivano a maturità anzi quel tempo, in cui suole infuriare il borea, antico desolatore di quei campi [...]* e qualche capitolo più avanti descrive come *nella Campagna felice e soprattutto in Nola, era il ricolto dell'uva. Da che incominciava la vendemmia, fino a che imbottato il vino, era un continuo gaudio in tutti i poderi [...]. Il convito si faceva nel giorno di S.Martino; e tra le molte vivande che s'imbandivano, due erano di stretta ritualità, una la prima a mangiarsi, e perciò comparir doveva nel primo servito, era un lunghissimo tondo di "strangolaprèiti", ossia di morselli di pasta scanalati, lessati, e quindi ben condizionati con brodo e formaggio: l'altra, che figurava dopo il pasto, era la "copeta", o alla latina "cupedine" specie di mandorlato, di cui insigni facitori vantava Nola [...].* Della "copeta" parleremo più avanti tra i dolci.

V.16. L'acqua. Bene comune

Della perdita quasi totale della meravigliosa acqua zurfegna, prima tanto diffusa, si è detto, e così pure della storia degli acquedotti napoletani. Oggi Napoli è un caso unico in Campania (e in Italia) perché l'acqua è pubblica. La distribuzione idrica è gestita dall'azienza ABC (Acqua Bene Comune) di proprietà del Comune.

L'acqua di Napoli è "buona da bere" nelle case e dalle fontane pubbliche, oggi distribuite anche sul lungomare. I comitati per l'acqua bene pubblico, lottano strenuamente e contano sul sostegno del sindaco per conservare "l'acqua bene comune". Ci riusciranno?

L'acquedotto della Campania occidentale, uno dei quattro cui Napoli attinge, è soggetto a gestione privata: la società regionale Acqua Campania è di proprietà della multinazionale francese Veolia e dell'italiana Vianini del Gruppo Caltagirone, 48% ciascuna, avendo la Regione nel 1993 dato loro in concessione le fonti.

V.17. Ah che bellu ccafè!

A Napoli è un rito, una necessità, una passione, una cortesia, che nel 1958 con la canzone *'O ccafè* Modugno e Pazzaglia descrivono alla perfezione:

[...] nu milione e ggente / 'e Napule comm'e mme, / nun vonno sape' niente / e campano c' 'o ccafè. / Ah, che bellu cafè, / sulo a Napule 'o sanno fa' / e nisciuno se spiega pecché / è 'na vera specialità! / Ah, che addore 'e cafè / ca se sente pe' 'sta città / e 'o nervuso, nervuso comm'è / ogni tanto s'o va a piglia'. / [...] Ah, che bellu cafè / sulo a Napule 'o sanno fa' / e accussì s'è spiegato 'o pecché / ca pe' tutta a jurnata / 'na tazza, poi 'n'ata, s'accatta, se scarfa, / se beve 'o cafè. / Pe vevere 'o cafè se trova 'a scusa / je offro a 'n ato e 'n ato offre a mme. / Nisciuno dice "no" pecché è 'n 'offesa, / so' già sei tazze e songhe appena 'e tre. / Ma mentre faccio 'o cunto, / n'amico me chiamma: "Ue'! / E fermete nu momento / e vevimmece nu cafè".

Dal ritornello di questa canzone, nel '90 Fabrizio De Andrè trasse spunto quando scrisse *Don Raffaè:*

[...] A che bell'o cafè / pure in carcere 'o sanno fa / co' à ricetta ch'à Ciccirinella / compagno di cella / ci ha dato mammà [...].

Del suo arrivo e del successo che il caffè ha subito incontrato si è parlato nel capitolo precedente. Il successo è andato vieppiù crescendo, sia per la tazzina che si prepara in casa con la "napoletana", come faceva Eduardo che ne spiega il procedimento in *Questi fantasmi*; con la moka; o con le più recenti macchine con cialda, sia per l'espresso del bar che a Napoli, in genere, tranne nei bar di lusso, ha un prezzo controllato di circa 90 centesimi. Di lunga data è la generosa consuetudine del **caffè sospeso**, cioè pagato a beneficio di chi non se lo potrà permettere, perché il piacere di una tazzina di caffè non si nega a nessuno! Il "caffè napoletano" mira al riconoscimento UNESCO.

Ogni barista, senza che gli venga richiesto, insieme al caffè serve sempre un bicchiere d'acqua, perché sa che bisogna rinfrescare la bocca per prepararla a degustare pienamente il sapore del caffè. Le richieste sono le più varie: caldo in tazza fredda, caldo in tazza calda, in tazza sottile, in tazza doppia, già zuccherato, amaro, ristretto, lungo...

A parte il celeberrimo cappuccino adorato dagli stranieri che lo accompagnano anche agli spaghetti o alla pizza, tante sono le variazioni sul tema: il caffè macchiato o schiumato, alla nocciola, con panna, in frappè, a granita e via dicendo. A Napoli anche il caffè freddo è speciale (e va detto che, sebbene i napoletani non siano cultori di tè, lo è anche il tè freddo dei bar, magari con l'aggiunta di un cucchiaio di granita di limone).

Pino Daniele nel 1977 ne denuncia l'uso come di una specie di oppio per la popolazione, affinché non si renda conto degli intrighi dei politici: *Na tazzulella 'e cafè e mai niente ce fanno sapè / nui ce puzzammo 'e famme, o sanno tutte quante / e invece e c'aiutà c'abboffano 'e cafè / 'Na tazzulella 'e cafè ca sigaretta a coppa pe nun verè / che stanno chine e sbaglie, fanno sulo mbruoglie / s'allisciano se vattono se pigliano 'o cafè / E nui passammo e guaie e nun puttimmo suppurtà / e chiste invece e rà na mano s'allisciano se vattono / se magniano a città / 'Na tazzulella 'e cafè acconcia a vocca a chi nun po' sapè / e nui tirammo annanze cu e rulore' e panze / e invece e c'aiutà c'abboffano 'e cafè / Na' tazzulella 'e cafè cu 'a sigaretta a coppa pe nun verè / s'aizano 'e palazze fanno cose 'e pazze ci girano / c'avotano ci iengono 'e tasse.*

V.18. I dolci: un mondo a parte

E "per dessert" va fatto un discorso a parte, destinando ai dolciumi, come più volte avevamo preannunciato, uno spazio speciale.

Nessun luogo offre una così vasta scelta di dolci tipici e soprattutto rituali, indissolubilmente legati alle festività, la cui consuetudine si è perpetuata nel tempo giungendo fino a noi. Ciascuno racconta una storia affascinante, alcune sono vere, altre di fantasia, ma che c'è di più poetico che legare l'origine di una prelibata dolcezza alla sfumata delicatezza di una fiaba?

I poeti e le canzoni napoletane da sempre hanno omaggiato la bellezza e la dolcezza femminile accostandola ai frutti o ai dolci. È del 1906 di Cataldo e Gambardella:

Quanno mammeta t'ha fatta, / ... Vuò 'sapé comme facette?... / Vuó'sapé che nce mettette? / ... / Latte, rose, rose e latte, / te facette 'ncopp' 'o fatto / [...] E pe' fá 'sta vocca bella, / ... Nun servette 'a stessa dose, / ... Nu panaro chino, chino, / tutt' 'e fravule 'e ciardino. / Mèle, zuccaro e cannella, / te 'mpastaje 'sta vocca bella [...].

Alcuni preparti a base di miele o zucchero sono antichissimi. Molti sono nati nei conventi, dove le suore confezionavano pasticcini di vario tipo che offrivano ai reali, ai nobili in visita o vendevano su ordinazione.

Altri sono stati creati dai pasticcieri del periodo borbonico, sia quelli di ispirazione francese, sia quelli che dimostrano gli stretti rapporti che intercorrevano tra Napoli e la Sicilia, dove Ferdinando trascorse lunghi periodi.

Per un goloso, entrare in una pasticceria napoletana significa trovarsi immersi in un paradiso di aromi e di infinite tentazioni. Sono tante le ottime pasticcerie e i caffè.

Naturalmente non possiamo non citare alcune di quelle storiche: *Il Gambrinus* il celebre "Gran Caffè", splendido di pitture e decori della *Belle Èpoque*, da sempre luogo di incontro di intellettuali, in cui D'Annunzio scrisse il testo della celebre sensuale canzone *A vucchella*[31], e che oggi rappresenta una meta imprescindibile per chi arriva in città compresi statisti e presidenti della Repubblica; e *Scaturchio* in piazza San Domenico Maggiore, creatore del dolcetto di cioccolato fondente farcito con crema al liquore, ricotta, frutta e nocciole: "Il Ministeriale". Una romantica tradizione vuole che Francesco Scaturchio lo abbia inventato negli anni '20 per amore della soubrette Anna Fougez.

31 Si racconta che Ferdinando Russo, con cui era seduto al caffè, sfidò il poeta abruzzese a scrivere una canzone in napoletano ed egli immediatamente improvvisò i versi su un tovagliolo.

a) le paste

Partiamo dalle "paste" di vari gusti e forme, che ogni napoletano, insieme al quotidiano, la domenica porta a casa fragranti nel vassoio rettangolare di cartone bianco o dorato: la "guantiera". Non c'è pranzo domenicale o festa familiare senza le paste e ognuno ha la sua preferita che è ansioso di degustare al momento del dessert. Oltre al babà e alla sfogliatella riccia o frolla, sono assai richieste la Santa Rosa, la deliziosa, la zuppetta, la monachina, gli sciù, i cannoli con la ricotta e tante altre. Perfino Elena Ferrante vi fa riferimento nel suo romanzo *L'amica geniale: [...] La madre di Gigliola, in occasione dell'onomastico [...] diede una festa con persone di ogni età. Poiché il marito era il pasticciere della pasticceria Solara, furono fatte le cose molto in grande: abbondavano gli sciu, i raffiuoli a cassata, le sfogliatelle, le paste di mandorla [...].*

Il babà. Di origine altolocata, sarebbe stato creato, nel suo esilio in Lorena nel 1735, da Stanislao Leszczynski, già re di Polonia e suocero di Luigi XV. Egli avrebbe modificato un dolce esistente, il *kugelhupf*, a suo avviso troppo asciutto, bagnandolo di rum.

Per il nome si ispirò ad Alì Babà, come indicato in una lettera a Voltaire in cui racconta anche di quanto si annoiasse a Luneville:

[...] E la mia (vita), *caro amico, è stata lunga, ma anche larga. Negli ultimi anni l'ho dilatata a dismisura; ho diviso i giorni in ore e le ho riempite di emozioni, di cose degne di memoria, di cose fatte, ma anche di cose solo immaginate. Questo lasciamo di noi; anche l'Alì Babà. Non è cosa degna di un Re? Lasciamo questi pensieri ai cortigiani ed agli intolleranti; a chi pensa di dedicare la vita alla carriera, a chi se l'accorcia al servizio di cose che credono di dominare e di cui sono solo le dileggiate e luccicanti vittime. A me invece ricorderà la luna turca della notte di Costantinopoli, mi porterà il sapore dell'amicizia con il Re di Svezia, e i canditi riproporranno l'eleganza e la preziosità dei vostri ragionamenti. Mi sono fatto rileggere Zadig, e vi ho ritrovato la nostra vita qui, tra i bassi boschetti di Luneville, quando avete recitato Zaira nel giardino. Lo scorso mese mi hanno presentato un Babà, così lo chiamano ora, talmente inzuppato di liquore che gli ho dato fuoco. Perde di leggerezza e di memoria*[32] *[...].*

32 Dallo spettacolo di Fabrizio Mangoni, *Il lungo viaggio del babà.*

A Parigi venne prodotto e commercializzato con delle variazioni dal pasticciere Stohrer, ma solo giungendo a Napoli con i Monzù il babà raggiunse poi nell'800 le vette eccelse di imperitura fama, sia a forma di fungo che in tutte le sue varianti.

I versi di Salvatore Palomba nella già citata canzone cantata dalla Laurito dicono: *[...]E si 'a vita amara se fa / Si addolcisce cu nu babà! / Il babà è una cosa seria / Cu 'o babà nun se pazzea / è una cura che fa bene / 'O babà nun po' ingannà! / [...].*

E dire a qualcuno *sei un babà* vuol dire fargli un bellissimo complimento.

La sfogliatella. Secondo alcuni sarebbe la rivisitazione napoletana della Santa Rosa creata da una suora nell'omonimo convento sulla costiera amalfitana, fra Furore e Conca dei Marini. La Mancusi Sorrentino però smentisce con decisione questa versione, affermando che la tecnica per realizzare i dolci con la pasta sfoglia era già molto diffusa.

Nel 1819, Pasquale Pintauro, la cui bottega in via Toledo emana ancora l'attraente effluvio delle sfogliate calde, la modificò eliminando crema pasticciera e amarene e lasciando la semola, la ricotta e gli aromi.

Il successo fu immediato tanto che davanti alla bottega c'era spesso una coda di compratori e nacque il detto: *Tene folla Pintauro!* ad indicare una persona molto corteggiata o un negozio o uno studio molto affollato. Nelle versioni riccia (di pasta sfoglia) e liscia (di pasta frolla), è diventata uno degli emblemi dell'arte dolciaria cittadina. Si trova in tutte le pasticcerie, compreso il *Caffè Gambrinus* dove, sebbene abbia tardato ad adottarla, è oggi un rito sedersi a consumarla per chi viene in visita a Napoli.

La monachina di pasta sfoglia sarebbe nata nel 1700 nel Monastero delle Trentatré, il convento sorto nel XV secolo così chiamato per il numero di suore che ospitava.

Il poeta e studioso Salvatore Di Giacomo ci ha tramandato la ricetta originale a suo dire scritta da una suora: *Prendi il sciore e mettilo sopra il tagliero nella quantità di rotolo mezzo. Mettici un pocorillo d'insogna e faticalo come un facchino. Doppo stendi la tela che n'e riuscita e fanne come se fosse una bella pettola. In mezzo alla pettola mettici un quarto d'insogna ancora, e spiega a scialle, 4 volte d'estate; 6 volte d'inverno. Ta-*

gliane tanti pezzi, passaci il laganaturo e dentro mettici crema e cioccolata o se più ti piace ricotta di Castellammare. Se ci metti un odore di vaniglia o pure acqua di fiori e qualche pocorillo di cedro, fa cosa santa. Fatta la sfogliata, lasciala mezza aperta e mezza 'nchiusa da una parte e dove lì scorre la crema facci sette occhi piangenti con sette amarene o pezzulli di percocata. Manda tutto al forno, fa cuocere lento, mangia caldo e alliccate le dita.

Gli sciù (dal francese *choux*), sono bignè di varie forme farciti di crema alla cioccolata, al caffè, alla vaniglia e di vari altri sapori.

La zuppetta napoletana o diplomatica è un alternarsi di strati di pasta sfoglia, pan di Spagna e crema pasticciera con l'eventuale aggiunta di amarene sciroppate.

La deliziosa è composta da due dischi di pasta frolla che racchiudono crema al burro sigillata con granella di nocciole.

I cannoli napoletani, mutuati dalla Sicilia ma rielaborati alla napoletana, a differenza di quelli siciliani, farciti di sola ricotta zuccherata inserita nella cialda al momento di consumarla, sono talvolta bicolori e presentano un lato ricotta bianca e l'altro ricotta al cacao.

b) i cioccolatini

La tavoletta di cioccolato e i cioccolatini da noi saranno in uso verso la fine dell'800 e i primi decenni del '900 con le prime cioccolaterie artigianali, che fioriranno numerose a incominciare da *Gay Odin*, fondata da Isidoro Odin con la moglie Onorina Gay, entrambi di origine svizzera. Tra le infinite specialità da loro create la più celebre è certo la "Foresta", rami di fine cioccolato al latte o fondente e una grande varietà di "Nudi". Napoli conta su molte cioccolaterie di qualità.

Del sapore dei cioccolatini, legato al ricordo dell'amore di gioventù, il poeta Claudio Pennino scrive:

[...] primma 'e dà nu vaso o na carezza, / cacciavo 'o cartucciello 'e ciucculate. / E chilli vase, 'e crema ammantecata, / erano cchiù azzeccuse e sapurite: / a vocca, profumata 'e ciucculata, / faceva 'e vase nuoste cchiù addurcite. / Tanto ca mo, meza ciucculatina / me fa turnà guaglione n'ata vota [...].

c) gli ultimi nati tra i dolci

La caprese con mandorle pelate, burro, cioccolato fondente, zucchero, uova, senza farina né lievito, è nata Capri ed è diventata subito universalmente celebre.

La delizia al limone è originaria della pasticceria sorrentina. Il piccolo dolce di pan di Spagna e crema al limone coperto di glassa, sarebbe una creazione del pasticciere Carmine Marzuillo risalente al 1978. Ne esiste anche una variante amalfitana di Sal De Riso, Presidente del Consorzio di Tutela del Limone di Amalfi che, oltre alla delizia al limone ha creato anche la **caprese al limone**, il **tiramisù al limone** e la celeberrima **torta di ricotta e pere**, con ricotta di Tramonti, nocciole di Giffoni e pere pennate di Agerola, che ha un marchio registrato DOC, ed è uno dei più recenti e apprezzati dolci del pluripremiato pasticciere.

E… appena nata: **la matilda**, creazione dello *chef patissier* del Gambrinus, dedicata alla scrittrice Matilde Serao che seduta a quel caffè fondò il quotidiano *Il Mattino*. Si tratta di un cestino di pasta sfoglia con un fondo di pan di Spagna su cui è adagiata della crema chantilly coperta di fragole. La presentazione ufficiale di questa neonata delizia ha avuto luogo nelle sale del Gran Caffè in occasione dell'evento voluto dal Comune "Zeromimose" per il Marzo donna 2017, quando ai presenti è stata offerta una "matilda".

La matilda, Gran Caffè Gambrinus

I fiocchi di neve si sono aggiunti di recente all'elenco. Composti da una morbidissima brioche, farcita con crema di ricotta e panna montata, sono una creazione della pasticceria *Poppella* della Sanità. Dato l'enorme successo, Poppella dal rione popolare ha fatto il grande salto con un elegante punto vendita in via Santa Brigida.

d) e quelli dimenticati

Il biancomangiare o bianco mangiare, già citato in precedenza, era molto apprezzato da angioini e aragonesi. Troviamo la ricetta, già presente in manuali di corte, nei successivi ricettari di Corrado e del Cavalcanti in preparazioni anche salate. Ancora presente in *La cucina napoletana* della Francesconi, con latte, zucchero, amido e buccia di limone, nell'attualità si è perduta l'abitudine di prepararlo.

e) i dolci delle ricorrenze

L'elenco dei dolci di Natale è talmente lungo che non si può non ometterne qualcuno. Nel periodo natalizio nelle case napoletane, oltre naturalmente nei laboratori di pasticceria, la frenesia di preparazione di struffoli, roccocò, croccante, cassata, pastiera, prende tutta la famiglia e gli odori inebrianti di vaniglia, miele, acqua di fiori, si espandono per le stanze. Molti preparati sono a base di nocciole e mandorle, tradizionalmente presenti sul territorio.

Gli struffoli. È certamente il dolce più antico giacché vanta origine greca: il nome, deriva da *strongulos* e nella cucina greca si ritrova ancora una preparazione molto simile, i *loukoumades*, impastati con farina, uova, zucchero, noce moscata conditi con miele aromatizzato al limone e cannella. Gli struffoli napoletani, che Cavalcanti inserisce nel menù della Vigilia di Natale, sono palline di pasta fritte e ricoperte di miele e confettini: *riavulilli o diavulilli* (confettini molto piccoli di svariati colori), anicini (all'anice), cannellini (alla cannella) e frutta candita. Molto consolidati nella produzione dolciaria napoletana, erano assai apprezzati quelli delle monache dei conventi della Croce di Lucca e di quelle di Santa Maria dello Splendore. Con mia grande sorpresa, si trovano molto simili ai nostri, rotondi e piccoli legati con il miele, nel Messico centrale a Querétaro dove li chiamano *muéganos*, portati probabilmente dalle suore spagnole ai tempi della colonia[33].

Ogni massaia ha la sua ricetta di famiglia. In Irpinia, terra delle avellane, oltre agli ingredienti già citati si arricchiscono con un bel po' di nocciole tostate mescolate con le palline di pasta fritta (ed è così che personalmente preferisco confezionarli). Nelle pasticcerie napoletane fanno bella mostra di sé, talvolta inseriti in cornucopie e cestini di croccante.

Struffoli

Il croccante in casa viene realizzato con un impasto di mandorle grossolanamente tritate e mescolate in un recipiente con zucchero caramellato a fuoco vivo.

La massa di mandorle e zucchero si versa in uno stampo unto di olio e si schiaccia sulle pareti aiutandosi con un limone mentre è ancora caldissima. Il limone, che non si attacca al preparato perché secerne un olio profumato, serve anche a non scottarsi le dita durante la lavorazione. Appena l'impasto si raffredda, lo si può rovesciare e ottenere la forma che si era scelta.

33 Nella cucina andalusa esiste un dolce somigliante agli struffoli, il *piñonate,* che differisce dal dolce napoletano per la forma delle palline di pasta, che sono più allungate.

Quando ero bambina, a casa mia si realizzava un'ardita costruzione architettonica a più piani (almeno tre, a volte quattro) ottenuti con stampi di misura decrescente, ciascuno posizionato sull'altro mediante un giro di confetti cannellini, scelti tutti di uguale altezza di circa 3 cm e incollati con il caramello, che fungevano da colonnine di sostegno al piano superiore. Il tutto decorato poi con frutta candita. Una meravigliosa torre delle fate! Allo scoccare della mezzanotte dell'ultimo dell'anno toccava al più piccolo della famiglia (che non sempre ci riusciva da solo) frantumare la costruzione con un pugno, come buon augurio.

Torroni e copeta. La copeta campana *'a cupeta* è un torrone prevalentemente di avellane, tipico di tutto il territorio, in particolare del Beneventano e dell'Avellinese. Confezionato con miele e zucchero a 80°C, albume d'uovo sciolto in acqua, zucchero a velo spolverato, vaniglia, nocciole, (in altre regioni meridionali anche mandorle o pistacchi), in grosse lastre che vengono poi spaccate in pezzi per essere vendute nel periodo natalizio, e nelle sagre.

Secondo alcuni il nome deriverebbe dal latino *cupedo-cupedinis* (desiderio), ed è citato da Tito Livio, Marziale, Varrone. Secondo altri (calabresi e siciliani) invece verrebbe dall'arabo *qubbayt* (conserva dolce). Già presente nei pranzi regali degli Aragonesi, è citato anche da Basile e da Giulio Cesare Cortese in *Micco Passaro nnammorato* canto II, ottava 23, v. 7: *E pecchè doce fu cchiù de copeta* (E perché fu più dolce di copeta).

Oltre alla copeta sulle tavole napoletane nel periodo natalizio la scelta di torroni e torroncini prodotti a Benevento (Strega), a Ospedaletto d'Alpinolo (DG3dolciaria), a San Marco dei Cavoti (Borrelli), a Dentecane (Di Iorio) è molto varia.

Di diverse consistenze e grandezze Possono essere confezionati con le mandorle, con il cioccolato fondente a latte e bianco, con il pan di Spagna e aromatizzati con il liquore Strega, con il limoncello, e così via...

Pasta reale. I pasticcini di pasta di mandorle dai delicati colori pastello che vanno dal rosa, al verde al giallino, sistemati su di un pezzetto di ostia, nascono nei conventi napoletani per la vigilia di Natale. Le suore rispettavano così la dieta di magro, confezionandoli con farina, zucchero, spezie e mandorle finemente tritate senza nessun grasso animale, oggi sono immancabilmente presenti sulle tavole natalizie.

Il nome "reale" nascerebbe da un'altra simpatica leggenda metropolitana dovuta ad una visita di Ferdinando IV di Borbone ad un convento. Si racconta che al re, accompagnato nel refettorio, fu offerto un buffet con aragoste, pesci, polli e frutta. Il sovrano che da poco aveva finito di pranzare rifiutò, ma le religiose insistettero e così al primo morso egli comprese che erano tutti dolci di pasta di mandorle artisticamente plasmati. Questa vicenda ci sembra però più aderente alla "Pasta Martorana", dall'omonimo convento in Sicilia, che giustamente ne rivendica la paternità e dove abili artigiani-artisti creano, ancora oggi, bellissime forme dipinte a mano.

Divinamore. La storia, antichissima, risalirebbe ad epoca angioina. Il nome viene dalle religiose di clausura del convento del Divino Amore che non esiste più, e che era ubicato nei pressi di San Biagio dei Librai, nel cuore di Napoli.

Le suore li confezionarono per rendere omaggio a Beatrice di Provenza, madre del re Carlo II D'Angiò. Sono dolcetti realizzati su una base di pan di Spagna con pasta di mandorle, marmellata di albicocche e canditi, ricoperti di una leggera glassa rosa.

Mostaccioli o mustacciuoli. Di forma romboidale, sono ricoperti di glassa al cioccolato. Il nome deriva dal latino *mustaceum*, che indicava una focaccia dolce tra i cui ingredienti figurava il mosto d'uva cotto su foglie di alloro.

Sono presenti nella letteratura già da Catone, Giovenale e Cicerone, e nel '600 in Basile. Nel ricettario Corrado ne indica diverse preparazioni. Il Cavalcanti riporta la ricetta dei "Mostaccioletti" che poi fa ricoprire di naspro, cannella, o cioccolata. Ancora oggi esistono molte varianti a seconda delle regioni d'Italia: con la glassa al cioccolato bianco o con zucchero e canditi. In Abruzzo se ne trova una versione piuttosto soffice all'interno, mentre quelli napoletani a base di cacao, miele, mandorle e spezie, si presentano piuttosto consistenti.

Susamielli e Sapienze. A forma di "S", i susamielli, o sosamielli, hanno questo nome forse perché una volta venivano cosparsi di sesamo. Si confezionano con mandorle tritate, pisto (miscela di spezie), vaniglia, zucchero, una goccia di ammoniaca, farina e miele. Anticamente venivano distinti in “sosamiello nobile”, preparato con la farina bianca che si offriva alle persone di riguardo (il Corrado ne riporta una ricetta); “sosamiello per zampognari”, impastato con farina ed elementi di scarto per il personale di servizio, i contadini in visita e gli zampognari, che andavano nelle case a suonare la Novena; e infine il “sosamiello del buon cammino” con marmellata di amarene, che veniva offerto ai religiosi.

Dire a qualcuno: *Sei un Susamiello*, non è affatto un complimento, indica una persona pesante e noiosa.

Le Sapienze sono una variante dei susamielli, che venivano preparati nel ’600 dalle suore del monastero della Sapienza a Santa Maria di Costantinopoli che li decoravano con tre mandorle intere poste sulla superficie.

Roccocò. Sono taralli dolci e molto consistenti, il cui nome viene dal francese *rocaille*. Può essere ammorbidito al momento di mangiarlo bagnandolo nel vermouth, nello spumante, nel vino bianco o nel marsala. Si preparano con farina, mandorle tritate e intere, pisto, e ammoniaca. Il procedimento non è facilissimo: le piccole ciambelle in cottura si gonfiano, a volte troppo. La maggiore o minore durezza dipende dal tempo di cottura in forno così che, quando ci si avventura nell’impresa di confezionarli in casa, il risultato può riuscire diverso ad ogni infornata.

Raffiuoli, cioè ravioli dolci. Si racconta che siano stati creati nel Settecento dalle monache benedettine del convento di San Gregorio Armeno come dolcetti di Pan di Spagna dalla forma ovale ricoperti di marmellata all’albicocca e pasta reale.

Raffiuoli alla ricotta. Con Pan di Spagna e crema alla ricotta, chicchi di cioccolato, ricoperti di glassa bianca sono oggi più diffusi dei precedenti e facilmente reperibili nelle pasticcerie.

Le cassatine di ricotta, rotonde ricoperte di glassa sono di origine siciliana come la cassata, entrambi i dolci fanno parte del repertorio dolciario partenopeo del Natale.

Cassata napoletana. Ci è giunta dalla Sicilia dove la ricetta varia da città a città. La nostra somiglia a quella di Palermo composta di Pan di Spagna farcito di ricotta dolce, coperta di glassa e decorata di frutta candita. Si differenzia dalla siciliana per la mancanza di pasta reale nella decorazione. Era inizialmente un dolce pasquale ma ora trionfa anche a Natale. Come abbiamo visto una meravigliosa torta che sembra una cassata è raffigurata in un affresco della villa romana di Oplontis, il che fa pensare che la sua storia abbia quantomeno 2000 anni.

Le Scorzette, di limoni di arance e di cedro, si preparano con gli agrumi di Amalfi e di Sorrento che presentano la buccia molto spessa che staccata dalla polpa e tagliata a spicchi o a strisce viene candita. L'operazione viene effettuata sia dai professionisti della ristorazione, soprattutto ad Amalfi, sia nelle case. Le scorzette possono essere gustate candite, utilizzate come ingrediente dei dolci natalizi e della pastiera o parzialmente ricoperte da cioccolato fondente.

Della **pastiera** abbiamo parlato a lungo nei capitoli precedenti. La sua origine si perde nella notte dei tempi, dolce pagano di farina grano e ricotta che, offerto a Cerere dea delle messi, inneggiava all'arrivo della primavera. È stata apprezzata in epoca angioina, aragonese e soprattutto nel '600 giungendo trionfante attraverso *La Cucina casarinola* di Cavalcanti fino ai nostri giorni. È dunque tra tutti il dolce il più antico e napoletano per antonomasia. Rituale del giorno di Pasqua, attualmente si prepara anche a Natale e durante tutto l'anno.

Le zeppole di San Giuseppe. Nelle tradizione napoletana esistono vari tipi di zeppole: ciambelle fritte. Tra i mestieri napoletani esisteva anche quello della zeppolara che in strada friggeva le ciambelle in strutto o grasso animale e le serviva ricoperte di miele.

Wolfgang Goethe nelle sue *Lettere da Napoli* nel 1787 annotava: *Oggi era anche la festa di san Giuseppe, patrono di tutti i frittaroli, cioè dei venditori di pasta fritta, beninteso della più scadente qualità. E poiché sotto il nero olio bollente arde di continuo una grande fiammata, della loro sfera fa parte anche il tormento del fuoco; perciò iersera avevan fatto, davanti alle loro case, una parata di quadri di anime del purgatorio e di giudizi universali entro un lingueggiare e divampare di fiamme. Sulle soglie delle case grandi padelle erano poste su focolari improvvisati. Un garzone lavorava la pasta, un altro la manipolava e ne faceva ciambelle che gettava nell'olio fumante. Un terzo, vicino alla padella, ritraeva con un piccolo spiedo le ciambelle man mano ch'eran cotte e con un altro spiedo le passava a un quarto che le offriva agli astanti; gli ultimi due garzoni erano ragaz-*

zotti con parrucche bionde e ricciute, che qui simboleggiano angeli. Alcuni altri completavano il gruppo mescendo vino ai lavoranti, bevendone essi stessi e gridando le lodi della mercanzia; tutti gridavano, anche gli angeli, anche i cuochi. Il popolo faceva ressa, perché in questa serata tutti i fritti si vendono a poco prezzo e una parte del ricavo va persino ai poveri.

Attualmente per il 19 marzo, le vetrine dei negozi di dolci si riempiono di zeppole di pasta bignè fritte o al forno guarnite di crema pasticciera e amarene.

In casa, sia a San Giuseppe che a Carnevale si friggono e si mangiano calde le zeppoline con impasto di patate (lo stesso delle graffe) ad anello o a palla schiacciata, tipo bomboloni.

La sera, davanti allo *Chalet Ciro*, a Mergellina, c'è sempre una lunga coda in attesa per sedersi ai tavolini e degustare le leggerissime **graffe**[34] fritte al momento in varie forme, anche a cono, e guarnite di gelato, panna o altre golosità. Tipiche della costiera sorrentina sono invece gli "scauratielli", ciambelline fritte preparate con una pasta a base di farina acqua latte ed anice, e condite con miele, *riavulilli* e scorzette d'arancia.

Il torrone dei morti. In realtà non è un vero e proprio torrone, è un impasto morbido a base di cioccolato, nocciole, crema di pistacchi, di mandorle, cocco, caffè, inserite come *ganache* in un involucro di cioccolato solido. Si presenta come un tronchetto a forma di piccola bara e si vende solo in occasione di Ognissanti e per il 2 novembre. Era un omaggio che i vivi preparavano in onore dei defunti. In piccolo formato si offrivano alle fidanzate.

Annibale Ruccello, in uno dei suoi dieci scritti inediti, pubblicati in un'opera postuma nel 2004, facendo un accostamento tra morte, cibo e sesso, così scrive: *Per la cucina ritualizzata campana vorremmo qui ricordare i cosiddetti "torroncini dei morti", che gli innamorati regalano alle loro fidanzate in occasione del 2 novembre. I torroncini sono dolci di varia forma (in genere rettangolari o a forma di cuore) su cui spesso con una glassa di zucchero vengono eseguite delle scritte dal contenuto erotico o più genericamente sentimentale, anche se non mancano frasi dichiaratamente oscene. E ci sembra che quest'ultimo esempio sottolinei appunto la forte*

34 Le "graffe" derivano dai *krapfen* tedeschi.

connessione sempre presente in questo tipo di ritualità gastronomica fra la morte ed il mangiare, fra il mangiare e il sesso, connessione che si manifesta in maniera più o meno palese in tutte le usanze culturalizzate non solo dell'area campana e su cui bisognerebbe indagare in maniera più attenta di quanto si sia fatto finora[35].

I dolci di Carnevale. Rituali del Carnevale erano il migliaccio, il sanguinaccio, le chiacchiere e le zeppoline di cui si è detto.

Il migliaccio era molto apprezzato fin dal medioevo quando si preparava con farina di "miglio" e sangue di maiale. Ne abbiamo riportato la versione più raffinata con farina di grano e senza sangue dal capitolo IV del *Libro de Arte Coquinaria* di Martino da Como. Secondo alcuni sarebbero state già le suore ad abolire il sangue e sostituire la farina di miglio con la semola di frumento aggiungendo ricotta, canditi, vaniglia, cannella e acqua di millefiori, così da essere chiamato "la pastiera dei poveri". Alla fine del 1500 il marchese e poeta Gioan Battista del Tufo, nel suo poema altrove già citato, così lo descrive:

Con due caci egli è fatto, / ambi grattati, / molto ben rimischiati, / cocozza, uovi, ricotta e provatura, / ponendo la mistura nell'acqua calda; / insogna, acqua che odora, / e con pepe qualch'altra spezia ancora, / e zuccaro, garofani e cannella.

Non più molto in uso, è rimasto confinato alle poche sopravvissute zone agricolo-periferiche della città, come la collina di Camaldoli, nella versione dolce di semola mescolata con latte, uova, zucchero, ricotta e / o crema, scorze d'arancia grattugiata, acqua di mille fiori. La Caròla Francesconi riporta sia la versione dolce "migliaccio di semolino", che la rustica, però con farina di mais.

Il sanguinaccio era una crema di cioccolato, zucchero e sangue di maiale. Il sangue doveva essere raccolto in un recipiente al momento della macellazione e si doveva mescolare ancora caldo, per evitare la coagulazione, e poi conservare in un luogo fresco e asciutto. Al momento di usarlo andava colato e filtrato. Poichè da vari decenni ne è stato proibito l'uso, attualmente è rimasta la crema di cacao e spezie in cui si intingono le chiacchiere.

35 Annibale Ruccello, *La tradizione gastronomica ritualizzata.* Da *Scritti Inediti – Una Commedia e dieci saggi*", di Pag. 152.

Le chiacchiere, che con nomi differenti si preparano in varie parti d'Italia, sono striscette di pasta dolce tagliata a pezzi di una decina di centimetri o legate a nodini, fritte e spolverate di zucchero a velo.

I dolci di Pasqua. Come si è già detto, la pastiera e la cassata che si preparavano solo a Pasqua con la ricotta dei pascoli primaverili, ora si consumano anche a Natale, anzi data la popolarità e il successo, si trovano in vendita tutto l'anno.

Nelle zone del Vesuviano, del Casertano e in Irpinia è ancora viva la tradizione del **casatiello dolce** che profuma di primavera, con farina, zucchero, lievito madre, liquore Strega, buccia grattugiata di limone e di arancia, vaniglia, acqua di fior d'arancio, cedro candito a pezzettini. In alcune zone si decora con la ghiaccia e i confettini.

Gelati e sorbetti. Il gelato napoletano, come si è detto nel capitolo precedente, ha una grande tradizione, è presente nei ricettari storici e Leopardi, durante il suo soggiorno a Napoli, ne andava particolarmente ghiotto. Sono tante le varianti ideate a Napoli, dai sorbetti di frutta ai gelati e sono ormai diventate classiche creazioni come lo spumone e la coviglia. Torte gelato e nuove produzioni nascono continuamente così come si moltiplicano i gusti.

Le gelaterie cittadine sono molte e di gran qualità, da *Remy Gelo* a *Bilancione* a *Mennella* a *Gay Odin* e tante altre, senza dimenticare la gelateria *Buonocore* a Capri, davanti alla quale c'è sempre una fila di turisti italiani e stranieri in attesa di degustare il cono o il tulipano con la cialda ancora calda ...*è sulla discesa / che l'aroma di cialde, / foriero di cremose delizie, / avvolge i sensi e cattura*[36].

Rosoli e amari. Inizialmente venivano preparati nei conventi dalle suore o dai monaci addetti alla "spezieria", in particolare benedettini, camaldolesi e verginiani. Finché non sono entrati in commercio gli alcolici prodotti dall'industria, i rosoli erano i liquori utilizzati dalle famiglie per ogni tipo di festività, dai battesimi ai fidanzamenti.

Il rosolio classico è un tipo di liquore, o meglio una soluzione liquorosa, derivata dalla macerazione ed infusione alcolica di petali di rosa. Nelle case napoletane si preparavano abitualmente rosoli di amarene, di fragole, di nòccioli di albicocca o di nespola, di erba cedrina,

---

36 Autocitazione della poesia *In piazzetta* da *L'altra Capri*, Ed. Gaeta 2006.

il liquore ai quattro agrumi, al caffè, al cioccolato e tanti altri. Attualmente, come amaro, è ancora molto apprezzato il nocillo, tradizionalmente confezionato con 24 noci fresche raccolte il 24 giugno, giorno dedicato a San Giovanni Battista. Universalmente noto il limoncello, che perfino in Germania viene proposto come "liquore locale", la cui nascita e produzione è invece strettamente legata a Sorrento, Amalfi e Capri, dove si prepara con la buccia dei limoni del posto. Risale invece al 1860 la produzione industriale del liquore "Strega" a Benevento, un digestivo alle erbe di colore giallo zafferano.

V.19. Un breve cenno alle scuole di cucina e ai ricettari attuali

Abbastanza numerose sono oggi le scuole di cucina e pasticceria sorte in città, oltre a quella della pizza della AVPN di cui abbiamo parlato, e altrettanto numerosi sono i blog che riportano ogni tipo di ricetta. Però, a differenza di altre regioni, come la Toscana o il Veneto, in cui investimenti sia pubblici che privati hanno dato vita ad innumerevoli qualificati corsi di cucina per stranieri (in eleganti ville o nel rinnovato Mercato di San Lorenzo a Firenze), che stabiliscono un intenso e proficuo legame tra cultura, turismo ed enogastronomia di livello, da noi questa attività non è ancora decollata in maniera diffusa e tale da attirare da tutto il mondo un nutrito flusso di persone interessate.

Come ricordo personale mi vengono alla memoria i corsi, piacevolissimi, tenuti da grandi chef, che mi è capitato di seguire presso la "Città del gusto" del Gambero Rosso, quando ancora la struttura era ubicata vicino al mare di Coroglio. Dopo il trasloco e l'ampliamento presso Nola, più difficile da raggiungere per semplici amatori, si organizzano incontri di degustazione in alberghi prestigiosi della città e corsi di cucina soprattutto per professionisti.

Un'iniziativa spontanea tutta napoletana e non stellata, particolarmente originale e generosa, è nata nel cuore dei "famigerati" Quartieri Spagnoli, al vico Lungo Gelso, ed è diventata nota grazie ad un servizio di Rai 3 che ha filmato una lezione di *paccheri con stocco e pummarulelle.* Nel suo negozio di frutta e verdura, infatti, la simpatica *verdummara* Tina Palombo coadiuvata dal marito Angelo Scognamiglio, ogni martedì alle 15,00 con il fornello di solito utilizzato per preparare il proprio pasto quotidiano nella bottega, dà gratuitamente lezioni di cucina napoletana a napoletani, turisti e poveri immigrati, in un'atmosfera casalinga e comunque molto igienica. Il cucinato viene poi offerto in degustazione ai presenti e ai passanti del vicolo.

È un evento, non privo di una sua semplice gioiosa spettacolarità, che forestieri piacevolmente sorpresi e immigrati desiderosi di integrarsi anche attraverso il cibo locale attendono con vivo interesse.

A Napoli c'è tanto spazio per fare di più e intanto cominciano, per fortuna, a fiorire ricettari in lingua inglese. Numerosissimi manuali di cucina napoletana nascono giorno dopo giorno.

Vi si cimentano casalinghe, studiosi e gente di spettacolo. Sofia Loren nel 1971 pubblicò *In cucina con amore*, riedito nel 2013. Più recentemente Patrizio Rispo, richiamandosi con un gioco di parole al noto serial in cui interpreta il ruolo di un napoletano che ama cucinare e che è fortemente legato ai sapori della cucina partenopea, nel 2006 ha scritto *Un pasto al sole,* raccolta di ricette della tradizione esposte con semplicità e senso dell'humor, recentemente riedita. È del 2012 *Basilico a Natale* di Rosi Padovani: ricette napoletane legate ai ricordi della sua vita e sono suoi anche alcuni momenti teatrali come *La Genovese, Sartù, Ragù* ecc..., che sottolineano le affinità tra ricette e stati d'animo, rappresentati nel corso del Napoli Teatro Festival.

Il principe dei ricettari, dato alle stampe dopo un vuoto di pubblicazioni di circa cento anni da quello storico di Cavalcanti, resta senza dubbio *La cucina napoletana*, scritto da Jeanne Caròla Francesconi nel 1965 e successivamente ristampato in varie edizioni, che abbiamo più di una volta citato. Riporta piatti tramandati solo per tradizione orale o raccolti presso amici e conoscenti, oltre a quelli per i quali fa riferimento al Cavalcanti e al Corrado.

È un testo talmente basilare, fondamentale nella letteratura gastronomica, così completo, chiaro ed esplicativo, da essere per antonomasia il manuale contemporaneo della cucina napoletana, così come il testo poetico a tema gastronomico più espressivo, semplice e denso dei nostri tempi è il poemetto: *Si cucini comme vogli' 'i'*, di Eduardo, a cui si è ripetutamente fatto riferimento, che è una miniera di piacevoli suggestioni.

V.20. I mercati agroalimentari e le strutture destinate ad eventi culinari

A Napoli i prodotti alimentari non si vendono più in piazza Mercato come ai tempi di Masaniello né la situazione è più quella descritta nel 1787 da Goethe: *Tutta la campagna che circonda Napoli è un solo giardino d'ortaggi, ed è un godimento vedere le quantità incredibili di legumi che affluiscono nei giorni di mercato.*

Negli anni Cinquanta del '900 la camorra estese il suo potere sul commercio dei prodotti ortofrutticoli dai produttori ai mercati del territorio tra cui quello di Giugliano, come raccontato nel film *La sfida* di Francesco Rosi del 1958, dando inizio a quella che è stata poi chiamata agromafia. Le agromafie nel tempo hanno aumentato il proprio volume di affari infiltrandosi nei vari livelli della filiera agroalimentare nazionale e trasnazionale.

Oggi, in città, oltre a vari supermercati specializzati nella selezione di prodotti di alta qualità, esistono vari mercatini rionali molto attivi e molto frequentati a Fuorigrotta, Antignano, Porta Nolana, Pignasecca e così via in cui, adesso come nel passato, le voci dei venditori volte ad imbonire gli acquirenti, esaltando i pregi delle proprie merci, con battute, allusioni, botta e risposta tra concorrenti, dando vita in maniera estemporanea a veri e propri momenti teatrali che, va chiarito, sono espressioni spontanee e non manifestazione di folclore ad uso dei turisti.

Negli anni '30 la città era stata dotata in piazza Duca degli Abruzzi di un importante mercato del pesce con architettura d'autore. Lo aveva ideato in stile razionalista il grande ingegnere-architetto Luigi Cosenza, ma dopo vari decenni è stato chiuso dalla ASL per degrado e scarsa igiene. Il progetto del Centro Agro Alimentare di Napoli è di restituirlo alla città e agli operatori con annesso un polo gastronomico di prim'ordine. Il CAAN come si legge su *Il Mattino* del 30 gennaio 2015 *è il primo mercato all'ingrosso del Mezzogiorno per l'ortofrutta e l'ittica e il terzo a livello nazionale dopo quelli di Milano e Roma, ma è il più giovane e il meglio organizzato d'Italia. Ha iniziato a camminare a pieno regime nel 2014. Si candida a diventare il polo di riferimento dei 38 mercati all'ingrosso regionali e a gestire finanche i mercatini rionali sparsi nel territorio con l'obiettivo di far emergere la qualità e varietà dei prodotti della terra e del mare della Campania, a dispetto dell'immeritata pericolosità attribuita indistintamente a tutti i prodotti della Terra dei fuochi.*

Non ci resta che sperare in un futuro di prosperità per certe iniziative[37] che potrebbero dare una grande spinta all'economia campana e alla conoscenza del suo immenso patrimonio gastronomico, e soprattutto, auspicare che restino indenni dalla lunga mano della camorra e di ogni forma di associazione per delinquere che squalifica i prodotti o fa gonfiare i prezzi.

Aggiungiamo un accenno alle strutture che hanno trasformato la loro originaria destinazione d'uso rivolgendola ad eventi culinari. Negli anni '60 e '70 i luoghi demandati ai pranzi di matrimonio eleganti, o a pranzi istituzionali di aziende o autorità, erano quasi esclusivamente i grandi alberghi del lungomare, in particolare l'*Excelsior,* oppure i prestigiosi circoli cittadini. Con l'aumentare della domanda, molte ville antiche o palazzi d'epoca che i proprietari gestivano con difficoltà, si sono aperti all'accoglienza di eventi e meeting accompagnati dal momento conviviale.

Tra le prime ci fu villa Patrizi con le sue sale e il bel teatrino Settecentesco, ahimè richiusa alla fine degli anni '90 per un incendio che si sospettò doloso. Tra le altre ricordiamo la restaurata villa oggi chiamata "La Corte dei Leoni" dell'architetto Avena del 1922, e la villa Marinella entrambe su via Tasso; la villa Domi a Capodimonte; la villa Volpicelli a Posillipo, che è anche scenario della più che ventennale serie *Un posto al sole.* Alcune si sono organizzate con una cucina propria, altre attingono ai catering. Di recente si sono aggiunti alla lista gli eleganti antichi Palazzo Caracciolo in via Carbonara e Palazzo San Teodoro alla Riviera di Chiaia.

È positivo, a mio avviso, come avevo dichiarato nel mio libro sulle ville di Napoli, che tanti luoghi bellissimi, invece di finire nel degrado o essere lottizzati e stravolti in più appartamenti, vengano restituiti alla cittadinanza e (perché no?) ai turisti, offrendo la possibilità di

37 Tra le più recenti ricordiamo la seconda edizione del "Festival della cucina mediterranea e non solo", presso la Città della Scienza che ha trattato tematiche legate all'alimentazione, stili di vita sostenibili, di scambio e confronto su cibo tra nativi e migranti.

conoscerne da vicino l'architettura e la storia, godere dei bellissimi giardini e degli splendidi panorami, coniugando così, accanto al piacere del cibo, il piacere della "grande bellezza" di Napoli.

V. 21. Ti sia l'alimento farmaco!

Uno dei precetti della medicina ippocratica – ci scrive il prof. Gennaro Rispoli, fondatore e direttore del Museo delle Arti Sanitarie oltre che profondo conoscitore della storia della medicina – *fu certamente: "Ti sia l'alimento farmaco". Anche Galeno include la "dietetica", la parte della medicina attenta alla dieta, nei libri della "terapeutica" riservata alla cura con farmaco e rimedi naturali. Dalla antica medicina egizia, ove è sottolineato il valore simbolico ed energetico di ciò che viene introdotto nel corpo, la medicina alessandrina mutuò e trasportò a Roma gli stessi concetti. Così ritroviamo alcuni esempi di "ricette gastronomiche per guarire" nella medicina domestica romana. Ad esempio, Cicerone annota l'uso della brassica (il cavolo) bollita nel vino come rimedio contro la diarrea. Il vino fu considerato potente cura energetica e afrodisiaca "et Venus in vinis ignis in igne fuit"* (I, 237-244 – *Ars amandi* – Ovidio).

Nel Medioevo nei chiostri monastici una parte dell'orto destinato alla produzione alimentare, era riservata alla coltivazione delle piante officinali. Ancora oggi ritroviamo in molte culture, inclusa quella meridionale, il rito del digiuno (astensione dal cibo riservata a specifici periodi dell'anno in concomitanza di ricorrenze religiose) purificazione dietetica necessaria al corpo. Al contrario sangue, secreti e liquami organici animali e umani hanno costituito per secoli pasti di una certa simbologia cannibalica. L'uso delle interiora, il sanguinaccio, porzioni dell'intestino di maiale, 'o pere e 'o musso, 'e zandraglie evocano l'impiego alimentare di corpi di impiccati e di condannati a morte (basta consultare i libri dei "Bianchi della Giustizia" in merito a scellerati tentativi di profanare i corpi dei giustiziati).

Macabri rituali perpetuati ancora oggi nelle carceri, dove secondo una certa simbologia uccidere un nemico strappandogli il cuore o gli occhi da divorare comporterà l'acquisirne della sua forza.

Infine, passando alle diete ospedaliere, se si consultano i manoscritti conservati presso il Museo delle Arti Sanitarie, si trovano ricette alimentari specifiche ad uso dei pazienti come: lenticchie e castagne, zuppa di vino e la classica cena di sostegno (che rinnova la colazione) la zuppa di latte, oltretutto gli eccipienti dei prodotti farmaceutici contengono spesso sostanze alimentari accattivanti ed edulcoranti (zucchero ecc...).

Farmacia degli Incurabili, Museo delle Arti Sanitarie, Napoli

Alimentazione e salute sono dunque strettamente connessi. *L'uomo è ciò che mangia* sosteneva il filosofo Ludwig Feuerbach (1804-1872) e si sa che tutto ciò che ingeriamo ha effetti positivi o negativi sul nostro organismo. Così come eccessi di grassi o di alcol risultano oltremodo deleteri, allo stesso modo l'alimento può essere esso stesso un farmaco. Come ci ha ricordato il prof. Rispoli, e come più volte abbiamo riferito nel corso di queste pagine, ne erano consapevoli i Romani che ce ne hanno trasmesso il concetto: da Catone a Plinio ad Apicio fino a Galeno[38] che nel più grandioso "centro medico" del Mediterraneo, l'Asclepeion[39] di Pergamo, prescriveva cure naturali basate, oltre che su passeggiate, terme, musica e diletto dello spirito, essenzialmente sulla dieta e su medicamenti e decotti a base di erbe.

38 Claudio Galeno, fu medico personale dell'imperatore Marco Aurelio. A lui risale il nome dei medicamenti "galenici" che si preparano in farmacia.

39 I ruderi dell'Asclepeion offrono un'idea della raffinatezza e grandiosità raggiunta dal complesso sotto Adriano. Vi si accedeva percorrendo la Via Sacra [...]. Comprendeva un teatro in cui con finalità terapeutiche i pazienti andavano ad ascoltare musica e ad assistere a spettacoli, le vasche sacre in cui prendevano i bagni, le terme, l'edificio delle cure, le gallerie per le passeggiate, la stoà, la sala di lettura, il tempio di Asclepio e una grande statua del dio[...]. Da Yvonne Carbonaro, *Suggestioni di Viaggio*, ed. Albatros 2012.

Gli Arabi conoscevano le virtù salutari del riso, del carciofo, del limone e di tanti prodotti che inserirono nell'agricoltura del Meridione. Ruperto da Nola nel suo ricettario inserisce un elenco di pietanze da servire al re di Napoli in caso di indisposizione. Senza giungere alle scoperte della odierna scienza dell'alimentazione, nelle famiglie napoletane da antica tradizione domestica si sono tramandate tante piccole regole di terapia "fatta in casa". Si sa che il tè, la carota, il limone (e il riso, naturalmente) hanno un effetto astringente e disinfettante, che le prugne sono lassative, che verdure e frutta non devono mai mancare, che la camomilla rilassa e concilia il sonno mentre al contrario il caffè è un eccitante. Che il "canarino" caldo di buccia di limone messa a bollire in un bel po' d'acqua libera lo stomaco dai problemi di digestione e che il limone spremuto nel caffè libera dall'emicrania, che il brodino di pollo è un toccasana quando si ha la febbre e il brodo vegetale quando si hanno disordini intestinali, che l'aglio è un potente vermifugo, che un piatto di pasta con un sugo leggero nutre e dà energia senza appesantire. Che le pietanze calde sono più digeribili dei cibi freddi, che le premute di agrumi e di melagrane offrono un grande apporto di vitamine, che ai bambini e agli ammalati si dà la mela annurca grattugiata o cotta, che l'olio di fegato di merluzzo (tormento per tanti piccoli del dopoguerra la cui ingestione era seguita da uno spicchio di mela o di arancia per attuarne il disgusto) è un buon ricostituente, che l'olio di ricino è un violento purgante (come da infausta memoria fascista), che le erbe aromatiche mediterranee oltre a profumare le vivande hanno proprietà benefiche, e così via...

Molti di questi rimedi della nonna hanno avuto conferma di validità nelle ricerche attuali, a dimostrazione che la memoria familiare di esperienze empiriche ha comunque basi solide verificate nel corso della quotidianità. Ne è lampante dimostrazione la *dieta mediterranea* "scoperta" negli anni '50 dallo scienziato americano Ancel Keys[40]. A Pioppi, una frazione del comune di Pollica nel Cilento, egli studiò gli effetti positivi dell'alimentazione dei contadini meridionali (basata su

40 Biologo e fisiologo statunitense, il suo nome è anche legato alla formulazione, nel 1942, della Razione K, che costituì la base per l'alimentazione di sussistenza dell'esercito americano durante la Seconda guerra mondiale.

pane, pasta, legumi, olio extravergine di oliva, verdura, frutta, poca carne e formaggio) in relazione a ipertensione, arteriosclerosi, diabete e malattie cardiovascolari, che nel territorio, a differenza degli Stati Uniti, riscontravano una bassissima incidenza. Codificò i risultati delle sue ricerche nella "Mediterranean diet" dimostrando la correlazione tra alimentazione e salute.

L'Università Federico II, con la manifestazione "Atelier della salute: esperienze, percorsi, soluzioni per vivere... meglio!" presso la Scuola di Medicina e Chirurgia nel settembre 2017 ha organizzato incontri con esperti su attività fisica, prevenzione, benessere e alimentazione, insieme al food contest "Dieta Mediterranea? Sì grazie!"

Per i celiaci, infine, "Alimenta2000" crea prodotti freschi senza glutine a Somma Vesuviana.

V.22. Come le pietanze napoletane hanno conquistato l'Italia e il mondo

Quanto la cultura alimentare partenopea fosse ricca e variegata, e quindi che grande contributo, oltre alla pasta e alla pizza, (dai latticini alle verdure ai dolci), Napoli e il Sud in generale abbiano poi regalato nel tempo al resto dell'Italia, è evidente.

Nel 2009 il giornalista Aldo Cazzullo presentando da Loffredo il suo libro *L'Italia de noantri. Come siamo diventati tutti meridionali*, che era tra le righe abbastanza antimeridionalista, raccontò che i suoi nonni piemontesi non conoscevano gli spaghetti! E va anche ricordato che il gusto degli spaghetti "al dente" è proprio di Napoli e che fino a una quarantina di anni fa a nord di Roma non si riusciva ad averli se non scotti. Da decenni ormai la nostra enogastronomia è apprezzata sempre più e ovunque, dal Giappone alla Cina agli USA.

Negli Stati Uniti, fino a qualche tempo fa, si intendeva per "italian food" quella improbabile versione di "spaghetti with meatballs" fatta di spaghetti troppo cotti sormontati da una montagna di sugo di pomodoro tendente al dolciastro con un trionfo di grosse polpette. *Recipe i*nserita nei libri come ricetta italiana per eccellenza. Altra caratteristica del mangiare italiano erano considerati gli enormi e stucchevoli cannoli siciliani che si servono nelle Little Italy di New

York e Baltimora. Entrambi effetti di un più o meno vago ricordo dei piatti portati dagli emigranti, rielaborati sul filo di nostalgiche memorie e con prodotti imitati.

Gli emigranti italiani che giunsero negli Stati Uniti all'inizio del '900 hanno comunque avuto il merito di portare e piantare tante coltivazioni di viti da vino, frutta e ortaggi, tra cui gli zucchini, del tipo selezionato in Italia e sviluppato proprio dalla varietà di zucche scoperte in America. Così secoli dopo gli "zucchini" hanno riconquistato l'America conservando in inglese il nome italiano.

Oggi, con la diffusione di ristoranti di alto livello che utilizzano solo prodotti certificati e importati dall'Italia, i nostri sapori sono diventati sinonimo di buon gusto, qualità e genuinità, detronizzando la cucina francese che per secoli era stata considerata la più raffinata. L'EXPO 2015, ha infine convogliato più che mai l'attenzione mondiale sul cibo italiano e sulle grande varietà di ricette e di tradizioni culinarie, non a sufficienza però viene ricordato il grande apporto che il Sud per secoli ha offerto alla cultura enogastronomica italiana fin dalle epoche preromana, greca e romana.

V.23. In sintesi

Non molto tempo fa qualcuno (il giornalista Duilio Giammaria in *Petrolio*) ha definito il cibo *la magnifica ossessione degli italiani*, e in effetti in TV si parla sempre più spesso di cucina tanto da far esclamare a Paolo Poli: *è il secolo della cucina. Tutti a spadellare, a casa e in televisione. Che noia!*

È comunque un elemento decisamente fondante della nostra cultura e lo è sempre stato, come documenta la letteratura fin da Apicio. E una pubblicità dice: *perché per noi italiani mangiare non è solo mangiare...*

In realtà noi italiani lo avevamo sempre saputo che il mangiare (bene) è un aspetto fondamentale della nostra vita, che parliamo sempre di mangiare, prima e dopo aver mangiato, e anche a tavola, che commentiamo il cibo, i sapori, gli ingredienti, le variazioni di una determinata preparazione. Lo abbiamo sempre saputo, ma poi se ne sono resi conto anche gli altri e così ne abbiamo preso piena coscienza e siamo diventati sempre più fieri del nostro patrimonio gastronomico, la cui cultura è fortemente radicata in noi.

A Napoli più che altrove, come si è visto, si perpetuano addirittura attraverso i secoli (cosa che non avviene in nessun'altra città) i pranzi delle festività che, seppur con qualche piccola variante, vengono diligentemente replicati con precisione rituale.

In una città così magmatica, contraddittoria, rutilante, porosa, che, diciamolo senza tema di retorica, ha assorbito tutto e dove tutto è già successo e tutto può succedere, la trattazione di un argomento così corposo e articolato come il cibo potrebbe non trovare mai un punto conclusivo. Io penso, però, che il cerchio di intenti aperto nell'introduzione a questo punto si possa chiudere, avendo a grandi linee disegnato, sia pure in maniera non certamente esauriente (il che sarebbe impossibile per vastità e complessità del tutto), il percorso che si aveva in mente di esplorare.

E mi sia consentita, lungi da accenti autoreferenziali, un'annotazione di carattere personale: mi sono molto divertita, mi piace dirlo, nello svolgimento di questo lavoro che mi ha dato modo di coniugare i miei studi con le esperienze domestiche di cuoca dilettante a beneficio (o a detrimento, non so) di familiari e amici, e anche di "assaggiatrice" molto curiosa, tanto nel corso dei miei viaggi quanto e soprattutto in città. Ho avuto infatti modo negli anni di verificare di persona la qualità di molti degli esercizi che ho citato a titolo esemplificativo, o perché di antica origine o per certi interessanti aspetti di originalità e di innovazione. Le citazioni rispondono al fine di poter riferire in maniera accertata, a dimostrazione che ci sono sia coloro che si impegnano a conservare quanto più intatte possibile le pratiche del passato, sia coraggiosi giovani imprenditori del comparto enogastronomico che con studio, sperimentazione e passione giungono a risultati eccezionali fondendo nella ricerca rinnovamento e memoria.

Mi sembra anche giusto, pur con il rischio di apparire ripetitiva, riprendere, ribadire e riassumere i concetti espressi in apertura, innanzitutto il bisogno di recuperare il valore e l'attualità della cucina napoletana, evidenziando lo stretto rapporto che conserva con il passato.

Il confronto tra le pietanze riportate dalla letteratura ha consentito di verificare quante siano ancora attuali, quante siano dovute agli apporti di nuove circostanze e come l'apertura mentale di una popolazione, abituata da sempre al passaggio di genti diverse con abitudini diverse, si sia espressa nella capacità creativa di accogliere il nuovo, adottarlo e trarne sapori talmente eccezionali da diventare peculiarità della propria gastronomia. Tali peculiarità sono state registrate perfino nella canzone napoletana, che è qui la più diffusa, antica e tipica forma di espressività a specchio di un comune sentire.

Le leggende sull'origine delle varie pietanze, se non risalgono sempre alla verità dei fatti, non sono da respingere del tutto. Dimostrano che, così come sono nati i miti, la fantasia partenopea ha saputo ricamare tante belle cronache immaginarie, una vera e propria mitologia, ormai storicizzatasi, volta al desiderio di fissare data di nascita e autori di varie pietanze le cui caratteristiche si erano magari andate maturando e canonizzando gradualmente, pur con qualche variazione dovuta alle mode del momento tendenti a far emergere ora un piatto ora l'altro.

D'altra parte tante e nuove favolistiche interpretazioni di cibi e di dolci forse a sfondo ora esoterico, ora erotico, continuano inopinatamente a spuntare, a dimostrazione che la fantasia di cui si è detto non si ferma mai.

I proverbi e i modi di dire ispirati al mangiare non si contano. Napoli è greca di origine e di costumi e il pensiero della filosofia epicurea radicata nel territorio, dove l'incitazione a vivere il presente di fronte all'ineluttabilità della morte, si evince dai papiri della villa dei Pisoni, dalle *larvae conviviales*, dallo scheletro d'argento nel *Satyricon*, dallo scheletro spesso raffigurato nelle stanze da pranzo a Pompei, dagli argenti di Boscoreale e così via. Pulcinella, essenza dello spirito della città, non può non avere un approccio se non epicureo con la realtà che, aggiunto al ricordo di tanta fame sofferta attraverso i secoli, riassume nella frase: *Meglio murì sazio ca campà diuno.*

Gianni Rodari (1920-1980) in una sua filastrocca[41] gli fa dichiarare: *[...] Il mio nome è Pulcinella / ed ho inventato la moz – za – rel – la! / Da questa parte, signori e signore / son Pulcinella il grande inventore! / Per consolare i poveretti / ho inventato gli spaghetti. / Per rallegrare a*

41 Gianni Rodari, *L'invenzione di Pulcinella.*

tutti la vita / creai la pizza Margherita! / Olio, farina, pomodoro / nulla vale questo tesoro [...].

Meglio murì sazio ca campà diuno
Pulcinella, Bartolomeo Pinelli, incisione, 1835

V.24. Un invito alla conoscenza

Fino a qualche tempo fa in una Napoli mortificata attraverso gli anni da terremoto, camorra, monnezza e malaffare, corruzione e malgoverno, nell'indifferenza dello Stato che ha sempre espresso la sua solidarietà solo a parole, i turisti evitavano di fermarsi, terrorizzati dall'idea di subire scippi, frodi e fregature di vario tipo, e proseguivano direttamente per Capri, Ischia, Pompei, Costiera.

In questa generale atmosfera di scoraggiamento e umiliazione, anche nei ristoranti non si mangiava molto bene, era come se la rassegnazione avesse avviluppato tutti in un mesto "tirare a campare" alla meglio, senza troppo impegnarsi, "tanto a che serve?" Eduardo se ne lamenta nel suo poemetto sul cibo:

'O trattore è addeventato / na vetrina pe' guardà: / nun ce truov' 'o cucenato / nè chi sàpe cucenà. / Monzù,Monzù,Monzù,Monzù / nun ce sta cchiù!

Oggi vivaddio molte cose, tante, sono cambiate: è come se i ristoratori avessero dato ascolto alla raccomandazione di Eduardo:

Si cucine cumme vogl' 'i',
io te pavo cumme vuo' tu,
ma si pavo cumme vuo' tu,
e nun magno cumme vogl' 'i',
io te pavo cumme vuo' tu,
ma me nn'esco e nun torno cchiù.

La verità è che da qualche anno i turisti nazionali e stranieri hanno scoperto Napoli! Si sono accorti che, al di là dai soliti aspetti folclorici, è bellissima, caratteristica, unica, diversa da qualsiasi altra capitale europea, che non ha soltanto splendido sole e splendido mare, ma che è una città d'arte ricca di cultura e di tesori.

Le file ai musei e alla cappella Sansevero sono lunghissime, una folla incredibile di visitatori gira spensierata e a bocca aperta non solo nel centro antico ma anche nei vicoli dei Quartieri Spagnoli o alla Sanità, alla ricerca di chiese barocche, catacombe, pastori del presepe e resti greco-romani, ma anche di aspetti caratteristici e peculiarità del vivere e dell'agire quotidiano degli abitanti. Gli alberghi e i B&B sorti come funghi hanno sempre il pieno. Si è capito che non ci sono solo la pizza, la sfogliatella, la pastiera e il babà, ma che esiste una gastronomia ricchissima e tutta da esplorare e gustare. Le pizzerie si aprono a centinaia e così pure trattorie caratteristiche e ristoranti di livello gestiti da professionisti attenti e preparati. L'offerta è sempre più vasta e la concorrenza ha portato ad elevare la qualità e a riscoprire ricette e sapori tradizionali che i *furastieri* accolgono con grande piacere.

Sono nate perfino singolari forme di turismo alternativo come "Vascitour" (tour tra i *vasci*: bassi), una nuova proposta di viaggio esperienziale per il viaggiatore di cultura medio-alta, straniero o comunque non residente nella regione Campania. Prevede pernottamento nei "bassi", condivisione di pranzi e cene a casa degli abitanti locali, tour alternativi ai percorsi turistici standard, e il *Fratammè* servizio di guide non abilitate che si propongono come "local friend". Si tratta cioè di un abitante del luogo che con fare amichevole e fraterno accompagna nella visita del vicolo durante la quale può capitare di essere coinvolti in racconti di inedite vicende, danze e canti. Vascitour ha vinto il primo premio Coop start della Lega delle Cooperative. L'idea, nata nel Contamination Lab della Federico II, è portata avanti da quattro giovani laureati e, per loro stessa dichiarazione, si rivolge a quelli che vogliono avere gli strumenti per leggere la realtà attraverso la passeggiata nei vicoli di Napoli.

Spiegano anche che *una volta stabiliti ruoli ed obiettivi, le nostre chef vasciaiole decidono un prezzo per il pranzo e* (noi) *garantiamo una serie di norme di sicurezza e di qualità del cibo che devono rispettare perché la responsabilità legale è la loro.* Inoltre, a quanto pare, queste novelle imprenditrici turistiche (le chef) hanno fatto capire che nel vicolo non ci devono essere scippi altrimenti le danneggiano.

Cose che possono succedere solo a Napoli!

Ben vengano dunque i turisti giovani e meno giovani, più o meno abbienti, più o meno inquadrati, russi, tedeschi, americani, coreani, giapponesi, cinesi ecc…

La città li aspetta tutti a braccia aperte, orgogliosa di quanto è in grado di offrire! Ma soprattutto si vuole qui rivolgere un appello a quegli italiani che abitano nelle tante belle piccole città del centro e del nord, raccolte, "a misura d'uomo", ordinate e senza traffico, dove si pensa ai meridionali in genere e ai napoletani in particolare con sospetto e diffidenza, dove tanti dei nostri, (laureati e qualificati), che vi si sono trasferiti per lavoro, risentono dell'eccessivo riserbo del contesto.

Ci auguriamo che visitandoci possano finalmente capire che il nostro modo di fare (escludendo gli eccessi) non è invadenza ma socievolezza e desiderio di comunicare, non è sfacciataggine ma espansività e allegria, caratteristiche tutte che ci vengono da una cultura antica e ricca di scambi, aperta agli altri e partecipativa. E così come aperta e partecipativa è stata l'accoglienza di nuovi sapori e prodotti al punto che ogni cosa si è integrata al meglio, altrettanto aperta e partecipativa, oltre che ricca e varia, è la nostra tavola perché il senso del convito come condivisione del piacere del buon cibo, condito di orgoglio identitario, è frutto di un ancestrale e innato senso di ospitalità che Napoli, e con essa tutto il Meridione, fin dall'epoca greca ha sempre coltivato e vissuto nel profondo... *addo' magnano dduje ponno magnà tre.*

V. 25. E per chiudere: gli imperativi categorici della cucina napoletana

'O ccafè ha da essere vullente, cu 3 C: Comme C...o (diciamo *Caspita*) *Coce!*

o addirittura cu 5 C: *Comme C...o Coce Chistu Ccafè*

'o pesce vo' 3 F: Frisco, Fritto e Futo (sodo)

'a pasta nu s'ha da sculà molla, ma al dente: 'e vermicielli "vierdi vierdi" (come dice Cavalcanti)

'a pizza ha da essere cotta ma maie abbruciata sotto e 'a pasta liggiera e crisciuta

'a lasagna ha da essere cu ricotta, rraù e purpette piccerelle piccerelle

'o rraù nun s'ha da azzeccà sotto

'a genuvese nun ha da sapè 'e fummo

ll'ova s'hanna da friere cu ll'uoglio e no c' 'o burro

dinto 'o broro ce vo' 'o mazzetto

'o purpo se coce cull'acqua soia

'a sfugliatella ha da essere càvera càvera

'o babà s'ha da bagnà cu acqua, zucchero e rum, si nun ce sta 'o rum nun sape 'e niente

'a pastiera ha da cocere chianu chianu si no rummane crura sotto

d' 'o limone manco 'a foglia se jetta

'o vino nun ha da sapè 'e spunto

'a meglia mmericina:'o vino,'a cumpagnia i 'e purpette int' 'a cucina.

Si ringrazia l'esperta gastronoma Lejla Mancusi Sorrentino per aver acconsentito a testare in bozza il presente lavoro e per la costante gentile disponibilità.

INDICE ANALITICO
DEI PRINCIPALI PRODOTTI E PIETANZE

INDICE

SERIE ORO

VOLUMI PUBBLICATI

1. Ugo Nasi	*Le pagine perdute*	Thriller
2. Andrea Jelardi	*Annibale Ruccello. Una vita troppo breve, una vita per il teatro*	Teatro
3. Manlio Santanelli	*La serva del Principe*	Teatro
4. Enzo Moscato	*Lacarmèn (Una metastoria napoletana)*	Teatro
5. Nunzia Gionfriddo	*Gli angeli del rione Sanità*	Storia
6. Andrea Jelardi	*Nino Taranto. Vita straordinaria di un grande protagonista dello spettacolo del Novecento*	Teatro
7. Antonio Tedesco	*È accaduto a Twin Peaks*	Cinema
8. Bruno Sacco	*Artemisia e gli occhi del diavolo*	Storia
9. Yvonne Carbonaro	*Il cibo racconta Napoli*	Storia
10. Ciro Borrelli	*Peppino De Filippo. Tra palcoscenico e cinepresa*	Teatro

WHERE DID THE SECOND MONKEY COME FROM?

By

Colin Neave